江南大义

胡晓明 主编

学林出版社

目录

代前言

如何在良渚破译江南文化的远古密码　胡晓明　　001

江南·刚健

从江南的文学地名看刚健、深厚、温馨、
灵秀　胡晓明　　002
江南文化史不可忽视的一叶
　　——郑思肖对松江文人的影响　陈福康　　024
南北朝分立与"江南"习俗的定型　徐俪成　　050

江南·深厚

白马湖畔的江南文心　凤媛　　070
"家在江南黄叶村"
　　——一位南社诗人栖居江南的故事　朱兴和　　092
多面折射的"江南诗意"　曾庆雨　　125
"江南词人"谢玉岑
　　——常州词脉的悲风遗响　邹佳茹　　148

江南·温馨

略说江南爱情诗词的文化意蕴　胡晓明　　　　　　　　170
行尽江南都是诗　熊　雪　徐燕婷　　　　　　　　　198
从诗歌中的长干里看江南文化精神　冯坚培　　　　　219

江南·灵秀

再造桃花源：明代江南园林对陶渊明的接受与重塑
　赵厚均　袁子墨　　　　　　　　　　　　　　　　256
江南尺牍书法：乱世、杂帖与深情　韩立平　　　　　283
江南古镇旧曾谙　郎　净　　　　　　　　　　　　　298
醉梦客句吴，风味足江南
　　——郑文焯的半生幕旅与江南情结　时润民　　319

后记　　　　　　　　　　　　　　　　　　　　　　335

代前言

如何在良渚破译江南文化的远古密码

胡晓明

做考古的,要尽可能以科学的证据,恢复五千三百年前良渚文化的历史面貌,多一些实证发掘与还原真相;而作家与诗人,面对同样如此荒渺辽远的文明遗址,要神游五千年,尽可能引申与发挥,作一部狂想曲,生发其中的大诗意。而我既非诗人,也不是考古学家,我写的这篇文字非驴非马,可以看作是一个背包客,春天里二三故人,在良渚的一家小酒馆里,累了,喝一点酒,跌宕自喜,一同分享穿越时光的旅行观感及猜想,而已。

我时常在想,究竟良渚文化与后来的江南文化,有没有关系?如何解读?

良渚古城的选址是第一个谜。考古发现良渚文化分布的地理范围,其实正好覆盖了现在的长三角,目前所发现的良渚古国在今浙江余杭瓶窑镇，规模很大，方圆约290多万平方米。但当初的古人建造如此规模的中心都城，为什么不选在文化中心位置的江苏常熟或苏州一带，而选择现在偏于南方边缘的浙江良渚？当然，这跟当时的地理环境优势有关，这个地方进可以攻，水道六十里即可通太湖；退可以守，依山傍水，有纵横交错如井字型的水道交通，又有大片的稻田，古时的地理位置是很好的。依山，不仅可以取石材与土方作建筑用，而且可获取丰富的食品资源。但是，如果从文化深层的象征意义上来说，当时的人可能是故意不选择中间的发展，而是居于边缘，这是一种江南特有的姿态，一种久远的文化品质，就是"居于边缘，悄然发力"，不是进攻态势，不是君临天下，而是曲而求伸。后来的江南，一直在北方铁骑压力下退守，宋代和明代的最后一个皇帝都往南逃。但是最终，它还是在中国历史上，后来居上成为最好的地方。这是其中的一个密码信息。

第二个密码信息是水乡的文化。不论是震动考古界的水利工程，还是良渚古城的水道系统，都与水有缘。筑土堆墩，夹河筑城，今天江南古城仍可见其遗风，而都城的水路交通相当完整，居然考古发现了护岸、栈桥，相当于江南古镇水乡人家的临水码头！良渚人很聪明，把房子建高一点，堆土墩子，一来不会被水淹，更重要的是，堆墩所需的土方，挖出来形成了河道、池塘、河网密集，水稻就能种在村子周围。这个模式，就是考古学家所说的散点状密集分布的小聚落。分明有初级的人水共生的生态系统，这个已经说得太多，这里且不说了。

  我那天在谷口，十分惊骇，一个盆地，五千年前的水库，方圆数十里，竟然有高低错落的十条水坝！中国社科院考古所的专家说，他们通过 GIS 软件对高坝系统进行分析，发现坝体可以阻挡短期内 960 毫米的连续降水，换算过来，相当于可以抵御本地区百年一遇的洪水。我站在谷口的草地上，环顾四周，闭目遥想，五千年前的一次大洪水，从天目山咆哮而来，而一条长六公里的塘山水坝，屹然而立，挡住了古城背面从大遮山分流而下的山洪，将水乖乖引向西边，蓄在这个水库里。而没有山洪的时候，要从山中运木材、石块，也可以很方便地将用牛鼻绳串在一起的巨木以及上面的石头，浩荡而下。这是何等的智慧。

  更令人惊叹的是，如果更往外看，良渚古国外围的水利系统，设计范围超过 100 平方公里！十余年来的考古发掘已经越来越证明，无论是纵横咬合的草裹泥与黄土堆筑的造坝工艺，还是规模之大，以及其完备的综合功能——防洪、运输、储水，在世界文明史上是非常了不起的，是迄今所知中国最早的大型水利工程，也是世界最早的水坝系统，不要说晚在战国秦汉的都江堰、灵渠，跟埃及与两河流域早期文明相比，它们是以渠道、水窖等引水为主要目的水利系统，也形成一种鲜明对照。在文明史上，某某发明比谁更早，好像是一种现代考古学的智力竞赛，然而，我更关心的是神话与历史的互证：大禹治水的神话传说，不是古人编的，顾颉刚先生地下有知，再也不会说大禹是条虫了吧。神话中有史实的影子，史实中有神话的要素。

后来历史上江南长期的治水，完全证实了这样一种生态系统长期的合理性，正如清人钱泳《履园丛话》专章《水学》，从黄河与长江之异讲起："黄河之水，迁徙不常，顺逆乍改，其患在决。虽竭人功，而天司其命。江南之水，迂回百折，趋纳有准，其患在塞。虽仰天贶，而人职其功。"他在书中充分揭示了江南水利原则，譬如所谓"遏其冲""分其势""导其流""通其脉"，"如人之一身，血脉流通，经络贯串。盖血脉不和则病，经络不舒则困"。从后来的历史上看，江南人长于治水，"宋有天下三百年，命官修治三吴水利者三十余次。明有天下三百年，命官修治三吴水利者亦三十余次"。江南水乡泽国，人地互动，天人一体，自然与人为的配合协作，要比黄河流域来得更见成效。这个生态的密码，早就存在于良渚文化中。后来南方的哲人老子说上善若水，又说心善渊，跟水有很深的因缘。从今天的长三角看江南古老的水乡,从江南水乡看良渚的水文化,人与自然如何和谐共生,可以获得许多启示。

第三个密码是玉器里那些精致的工艺,象征着灵性的光辉。它的抛光程度,几乎可以鉴影;它的精致程度,可以在一根头发丝上刻出三条细线!看多了世界其他原始文明的飞扬、粗粝、顽皮、野蛮,甚至狰狞、暴力,我们在玉器中看到更多的是精美、细腻、内敛、温润、含蓄、端然,以及一种深具灵性的内在力量。无论是与神沟通的玉琮、还是象征财富的玉璧玉璜,象征军事力量的玉钺,都是如此耐看耐读耐思。中国有玉器的早期文明,以北方的红山文化和南方的良渚文明为最典型。然而,红山文化不仅存在着成组玉饰,而且还有许多玉制的斧、铲、凿、刀等"玉兵"器物,正如《越绝书·记宝剑》中风胡子所说黄帝之时"以玉为兵",是暴力的、刚烈的、向外扩张的,而良渚文化则是平和安详的、柔性的,似乎有水波的影子含漾于玉器之中。

风胡子把中国秦代以前划分为石、玉、铜、铁四大发展阶段,是不同质态的工具和武器,与举世公认的汤姆森把人类发展史划分成石器时代、青铜时代和铁器时代所依据的实用性工具和武器不一定相合。因为玉器跟其他的石器、青铜、铁器相比,它并不是生产工具,并不能代表生产力。然而我以为不然。风胡子有它的道理。我们今天的互联网、大数据本身，也并不是生产工具，并不代表物质生产力，但不能不说互联网、大数据已经开启了一个社会生产力发展的新阶段。平台与连接力很重要。而玉器的好处正是精神灵性、组织平台与超强连接力，我们对玉器的了解，还十分有限，不能强以为知，不能以石器或青铜器的标准看待玉器。我们不妨来神游一下：那些五千三百年前的古老先民，吃完了稻米饭与山中的烤肉，坐在城墙上看星星，以及城墙外河水暮色中的波光，心中充满神秘的敬畏、感动与对神灵的无限向往与崇尚，于是用非常久、非常虔诚认真的心意，将波光、星光与心灵，一点点磨进玉的温润与成色之中，那灵性的生命即是无穷能量与满贮圣意的玉器，有大有小，有琮有璧，而当国家有事，城墙将修，水利工程破土，如何以强大的召唤力来动员人力资源？对古人来说，玉器就是法器，就是呼唤，就是命令，就是酬报，就是能量本身。我们能说它不是生产力么？我这一番话，友人说是精神考古学。什么学是次要的，重要的是远古密码的破译。

  当然，后来的玉器，变成了君子温润的象征，变成了江南文化的精深、工艺的精美与生活的精致。也变成了因为炼之未就，乃遇茫茫大士渺渺真人，携之于花柳繁华之地，温柔富贵之乡的江南，或是以世俗万般温软、万般繁华，作为炉，作为火，加之百炼的情种贾宝玉，这是玉器的转身，也是江南的灵气摇漾。

写到结尾，我忽然想起那天在瓶窑镇的谷口，看完高坝遗址，正要上车，忽见一队雁阵，呈伞形，由北而南，由远而近，蹁跹而来。似乎还能听到头雁的唤叫。北雁南飞，是因为南方温暖的气候永远地吸引它们生命中恒久的基因。而伞形，正是长三角生长的动态图形。那雁阵中，是不断变化却又保持着一种永远成型的团队，有不断的接力，有相互的鼓励，有争先而共竞，有稍歇而又进……是的，良渚文化后来消失了，但是它的文化基因却没有毁灭，我们不是从南方的三星堆、金沙与北方的龙山文化、二里头、殷墟都发现了良渚的玉琮么？我们不是从江南的稻作技术、精美工艺以及治水工程等，看到了文化江南的延续么？我看着远去的雁群想，这莫非正是有一只看不见的手，在良渚古老而年轻的春天长空，书写了一幅江南的密码？

作于二〇二一年三月二十七日
修订于二〇二三年十一月二十一日

● 范宽《雪景寒林图》（天津博物馆藏）

● 谢时臣《西湖春晓图》局部(山东省济南市博物馆藏)

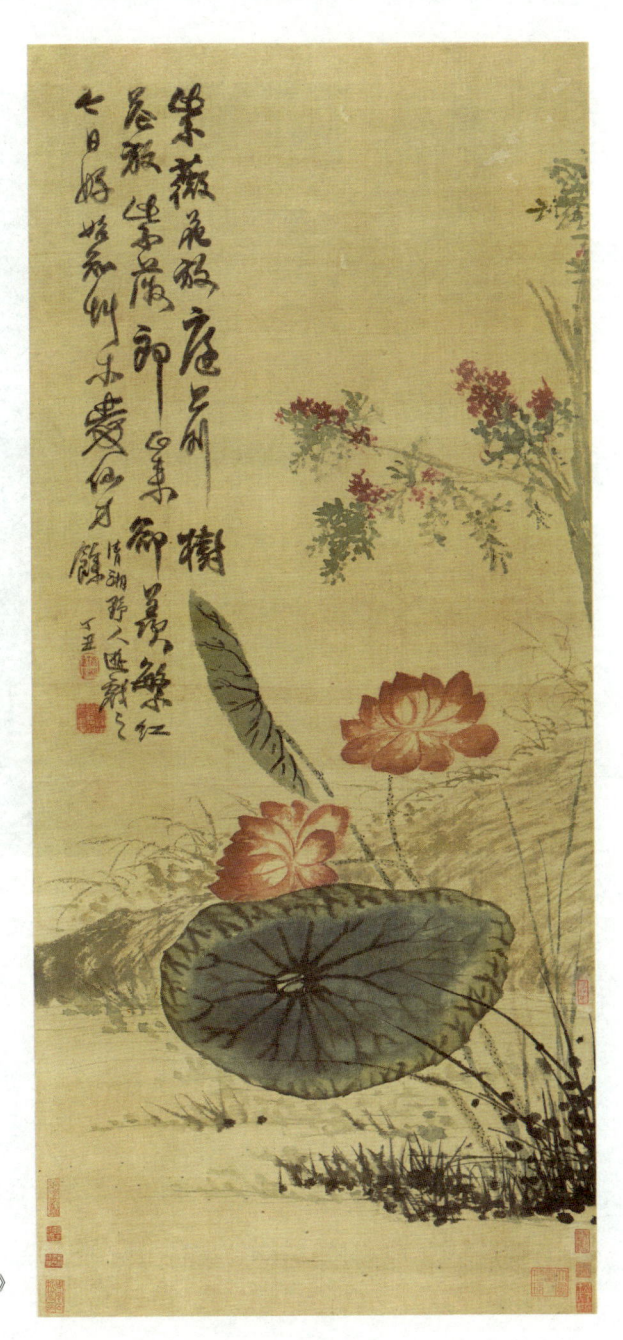

● 石涛《紫薇芙蕖图》
（四川博物院藏）

● 文徵明：《品茶图》局部（台北故宫博物院藏）

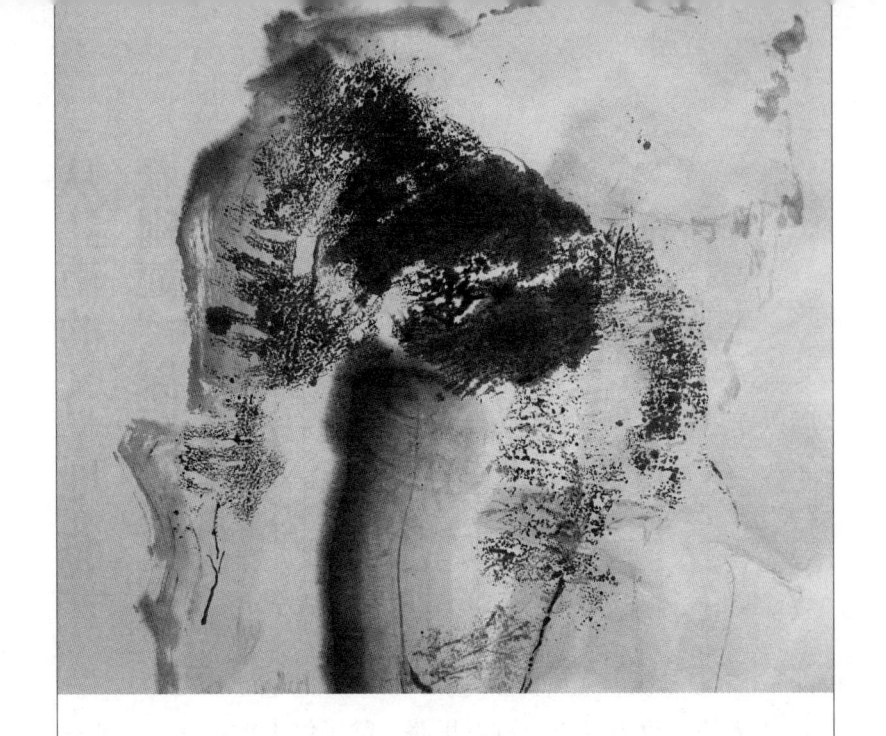

江南·刚健

　　长期以来，作为精神共同体的"江南"，深深地融合了南北中国的文化要义与向往，而不仅仅是一种地域文化。江南大义的第一项即是刚健。刚健是中国江南自由精神的传统所在，江南不止水暖风清、温柔敦厚，也是最具有反抗精神、最有骨气的地方。刚健的精神在和平年代，就转化为向上的生命力，使江南成为中国文化中最有创造力的所在。

从江南的文学地名看刚健、深厚、温馨、灵秀

华东师范大学终身教授
胡晓明

古人说，读万卷书，行万里路。除了纸上的文化，还要有大地上的书写。地名，就是我们传统文化在大地上的诗篇。地名是我们民族的集体记忆，是我们民族认同的重要媒介，所以我们要好好珍惜地名，不要轻易让它在我们的历史中消失。下面要讲的就是江南文化中的文学地名。

每一座山、每一条河流、每一条小街小巷，都包含着前人的智慧、故事、情感、心理、记忆、想象。这里先修正一个观念，关于人文地理，西方把它叫作人文主义地理学。西方理论会对此做一些仔细的区分，华裔地理学家段义孚（Yi-Fu Tuan）就把地方（place）和地景（landscape）做了一个区分。他认为place更重要，place不一定是一个地景（又可以称为景观），比方说我们上学回家、放学回家的一条小路，它不是landscape，但它是个 place，因为观者置身其中，它是我们生活的世界的一个部分，是有生活的质地、特质的。比如说我们家门口的一个小吃店，只是一个 place，我们的记忆、我们从小到大的生活点滴融于其中。landscape 被认为是一种强烈的视觉观念，观者位居地景之外，能够进行一种视觉的观看，西方学者说：我们不住在地景里，我们观看地景。这个观念其实也没有错，但是有一个问题，他们认为 landscape 绝对没有人的情感，没有人的生活，没有人的记忆，那就不对了。

其实地景里也蕴含着非常多人的心理、情感记忆，只不过这些地景中的记忆、民族与文化的符号需要经历长期的积淀，有一个长时间的过程。所以我们要修正某些人文主义地理学理论太过于区分 landscape 和 place 的观念，它不是不正确，只是不够全面。

西方也有些学者特别强调地景（景观）有一种历史的积淀，是对大地的集体塑造。美国艺术史家米切尔（W. J. T Mitchell）说，我们不是把地景看作一个可供观察的物体，或者可供阅读的文本，而是一个"过程"。地景本身也是一个过程，这个过程直到今天都还在不断塑造，它是可以不断生长变化的（《风景与权力》）。

回到中国文化中，我们来看这首诗歌，李白的《谢公亭》：

> 谢公离别处，风景每生愁。
> 客散青天月，山空碧水流。
> 池花春映日，窗竹夜鸣秋。
> 今古一相接，长歌怀旧游。

谢公亭是一个江南的小亭子，古人离别时常有长亭连短亭的情景，谢朓当初在这里跟故人离别的时候，就写了一首诗歌。因此这个小亭子对李白来说，就是浓浓的、饱含情感的一口深井，满满生发着、代代储存着古人的情感记忆。他写"今古一相接，长歌怀旧游"，里面有无穷的情感。诗人的笔触，那种生命与生命的交流、情感与情感的贯通，这就是我们的地景，这就是我们民族的记忆，这就是我们写在大地上的诗歌。

所以我们怎么能说 landscape 只是一个观者置身于地景之外的客观的视觉文化呢？

殊途同归的是，有一位英国学者写了一本书叫《传奇的风景》。这本书的英文标题叫作"Storied Ground"，也可译为"满含着故事的大地"。这本书也把地景看作英国人灵魂的一个部分，里面提到湖区、丘陵、工业城，还有曼彻斯特。一条小街，一条小河，全景式地展开英国的面貌，描述地景的自然特征，揭示了"历史的沉淀""集体的记忆"以及"文化的传承"，这几个关键词都非常好。书中讲地景，并不是一个客观的、外在观看的对象，而是历代传承的文化，包含着记忆。而且他说在社会的转型过程中，地景对于塑造英国民族身份有特殊性和重要性。一个人爱自己的国家，不能不爱它的山川河流。

从某种意义上而言，大地是一个大的图书馆。有人说，随便在江南挖一锄头土地，上面都有故事，都有诗歌，都有传奇的东西。所以地景的文化意义，不仅有强烈的视觉经验，而且有持久的心理体认；不仅是一时的观光感受，而且有历史的集体记忆；不仅是文献的书写记录，而且有鲜活的情感脉动；不仅是历史的过往痕迹，而且是民族的灵魂寄托。

屈原创造了湘水，谢灵运创造了永嘉，陶渊明创造了桃花源，王维创造了辋川，杜甫创造了草堂，东坡创造了赤壁，黄公望创造了富春江。如果没有这些人物，没有这些著名的诗人、艺术家、文学家、画家，这些地方很可能只是一条河、一幢房屋而已。一方面，诗人把他们的感情和意念投入特定的地景之中，使地景成为活生生的人的生命的一部分。另一方面，地景也将历代诗人生命的记忆和情诗保存，而且可以增值，可以不断地再生产。钱穆曾经说过，中国文学有一个特点，作品中所写到的每一个地方，我们都可以从地图上指出来。而西方的诗歌，大量故事是虚构的。西方诗歌最重要的一个源头即是《圣经》，它的资源大量来自《圣经》的人物故事传说。而中国的诗歌、中国的文学，它是大地的书写，是可以写实的。

每一个文学的地名都应该是多学科开掘的一座宝库。地名中包含着诗歌、散文、史传、故事、传奇，甚至还有戏曲、园林、绘画、书法、旅游、美食、文创、休闲等。而江南的地名又蕴含着怎样的风采？要了解这一点，我们要先讲讲江南的精神。

江南精神是什么？江南的文化的特质是什么？以及本书的书名提到的，江南的"大义"是什么？

江南大义有四：第一是"刚健"，第二是"深厚"，第三是

"温馨",第四是"灵秀"。看起来很简单的八个字,可是我认为唯一一个能够把这八个字、这四种美,全部都集于一地的,却只有江南。为什么?譬如"刚健",北方也有刚健,"风萧萧兮易水寒,壮士一去兮不复还",但是北方的刚健,缺少什么呢?它缺少"温馨"。江南是又温馨又刚健,无论是它的环境,它的人,都充满了温馨的意味。"深厚",北方不深厚吗?中原文化有几千年的积淀,当然也非常深厚。但虽然深厚,又缺少一点什么?"灵秀",它是光深厚不灵秀。江南这个地方很奇怪,又深厚又灵秀。

那么如何去看最具有刚健精神的一些文学地名呢?

江南有许多具有豪杰、悲壮意味的文学地名。伍相祠在哪

● 《梦里山河》(胡晓明绘)

里？在苏州。要离冢在哪里？在苏州。五人墓碑呢？也在苏州，在中学课本中就提到这个故事，讲述明代苏州的五位烈士，非常有名。

从伍相祠说起，春秋时期，伍子胥的爸爸和哥哥都被楚平王杀害了，古人对好儿子、好弟弟的标准之一，就是要完成父兄的遗愿。父亲和哥哥死后，伍子胥该怎么办？唯一的办法就是复仇，所以他到苏州去找了当时的吴国国王阖闾，让吴国成为南方一大强国，并打败楚国，把楚平王从地下挖出来鞭尸，完成了他的复仇计划。然而伍子胥的命运也很悲壮，他被后来的国王夫差打入冷宫。他对吴国有很深的感情，所以让人把他

的眼睛挖下来，挂在城门那里，他要睁眼看着吴国灭亡。

因为他的忠义，所以后来整个吴国的百姓都特别推崇伍子胥，而且他是一个移民，不是江南的土著。今天江南的很多城市都是移民城市，苏州有50%的外来人口，但是它的外来人口为这个地方创造了很高的价值。所以苏州也好，杭州也好，上海也好，江南也好，有非常大的包容性。任何一个地方来的人都可以在这里扎根，都可以在这里贡献你的力量，而且江南人不会忘记你的功劳，江南对那些具有英雄气的人特别推崇。伍子胥就是这样一个非常具有豪杰精神的人。

要离冢也在苏州，现在已经荒废了。要离是春秋战国时期的一个身材矮小的人，为了完成主人对他的托付，他牺牲了性命。春秋战国时期有一个最大的特征，就是强调"忠"，推崇忠义之士，当时荆轲等侠客都特别有忠义之气。忠义之士最重要的，就是要完成他的主人对他的嘱托。因为主人的尊重与认可，实际上也象征着他自己尊贵人格的一种精神肯定与价值实现，他完成主人的托付，也是尊重自己的生命，所以他要去为他的主人复仇。怎么办呢？他就让自己受伤致残，然后躺在仇人的船上，趁仇人不备的时候，完成了他的复仇行动。要离后来也成为对春秋义士回忆与纪念的代表。

岳王庙、于谦墓、张苍水墓都在杭州。岳飞我们都很了解了。于谦是明代抗瓦剌的英雄，"土木之变"，明代的皇帝英宗被抓。敌军威胁他，要是不投降的话，他们就要把明英宗杀掉。但于谦非常明确地说：民为贵，社稷次之，君为轻。他宁可让皇帝被他们杀掉，但坚决不放弃领土，一直守住领土不投降。

张苍水也非常了不起，他在清朝入关、已经统治了十几年的背景下，还要顽强抵抗，反清复明，所以特别具有中国人的民族精神。江南的其他文学地名也表现出这种民族精神，比如苏州承天寺，在承天寺的井中还发现过一件宝物。明末此地出土了很重要的一部史书，叫作《心史》，而这部史书是谁写的呢？

是郑思肖。他画了一幅图叫《无根的兰花》，隐喻当时的国破家亡。郑思肖，字所南，是宋朝的遗民，宋朝覆灭之后，他在万般悲痛中写了一部《心史》，意为心灵之史，并用铁函装起，埋藏于苏州承天寺的一口井中。"所南心史"后来非常有名，这部井中奇书在明末清初时被发掘出来，极大地鼓舞了当时的反清复明义士，大家在传颂的时候，也是在传递一种信念与密誓。《心史》相当于一个民族的心灵密码，密码中有巨大的能量，打开后不断散发，成为中国文学的经典。上海外国语大学教授陈福康的著作《心史考》，即专门考证了这部书的真相，有一些史学界学者认为《心史》是后人伪造的，陈福康教授找了大量材料，证明这是一部真实的传奇史书。现在史学界已经有一半以上的学者认为《心史》是真实存在的，另一部分学者还是不承认。但我想，即使它是后人托名郑所南而造的一个铁函心史，它也包含了那个时代的心灵密码信息，包含了那个时代的民族记忆，包含了那个时代的生命之痛。那必定是我们民族的记忆的一个部分，其实真真假假已经不重要了，它已经包含了如此多的东西。

另一个具有民族精神的地名叫作春在堂,春在堂也在苏州。苏州有很多园林,其中有一个曲池型的园林,叫作曲园,非常袖珍。这个小园林是谁的呢?是清末大学者俞樾的私家园林。俞樾在晚清高中进士,他科举考试的作诗老师是曾国藩。俞樾有句诗写得非常好,"花落春仍在"。

他的老师曾国藩看了以后大为赏识。我们知道近代中国风雨飘摇,国家处于三千年未有之大变局。这句诗象征了民族背后有希望,有精神,就像花虽然看起来是凋落了,但是明年还会再开,年年岁岁都会开。花谢只是一时的现象,花背后的春天是永在的,就像民族的复兴。华夏民族就是这样,永远都有一种内在的能量,五千年的文明,打也打不垮。曾国藩看了俞樾科举考试的这句诗,特别赏识,把他拔为当年科举考试的第一名。俞樾也非常感谢老师,后来在他的家乡苏州的园子里刻了一个匾,叫"春在堂"。春在堂影响了整整的一代人,钱穆、陈寅恪、冯友兰、钱仲联等很多大师都提到春在堂。我们今天到苏州去,可以在马医科巷看到这个春在堂,我在20世纪90年代的时候,读了余秋雨先生的《白发苏州》,我就觉得余秋雨先生的散文虽然写得好,但是写《白发苏州》太可惜了,缺少一个点睛之笔,他居然没有写到春在堂,后来我还给余先生提过意见。

还有一个重要的地名叫"西台",在富春江上面。富春江上有两个台,一个叫东台,一个叫西台,这两个台都非常有名,东台出了一个中国历史上很了不起的钓翁,叫严子陵,他从来不钓鱼，钓什么呢？什么都不钓，就坐在那里。这个故事极具传奇，严子陵是一位高人，他与东汉光武帝刘秀是同学，刘秀得天下后，跟严子陵讲，咱们是同学哥们，你到我那里去，我给你一个"三公"的职位。严子陵说，我不去，你走你的阳关道，我过我的独木桥。刘秀还是邀请他去看一看。严子陵去了，去到皇宫以后，跟皇帝一起晚上睡了一觉。第二天，天官说，不好，天上的太岁星被冒犯了。一问，原来皇帝跟严子陵睡觉的时候，严子陵的脚高高地翘在他的肚皮上，所以冲撞了太岁星，做起居注的史官就记上了一笔。所以严子陵完全是一个不把权力放在眼里的高人，高风亮节，很了不起。

西台有一个宋末的义士叫谢翱，他写过一篇文章叫《登西台恸哭记》。谢翱是抗元英雄，那个时候元兵已经统治十多年了，但是在江南一地依然有地下抗元的游击队。谢翱就是其中的义士，谢翱其实最早是文天祥的部下，这篇文章是记叙祭奠文天祥的活动，文天祥被抓、被残杀后，悼念者在西台痛哭，但是剩下的义士一定不能让老师丢脸，一定要抗击到最后。这篇文章表达了他的抗元意识，后来就变成了一个满满的储存着精神能量的符号，在明末清初依然鼓舞着人们。后来在抗日战争的时候，也同样是一个非常重要的精神能量。《登西台恸哭记》是一篇名篇，从民国到今天，历代的文选都不会失收这篇文章，我在大学里教文选课程的时候，每年都会教。

这些地名背后所包含的那些民族的记忆、民族的精神、民族的认同，非常值得今天的年轻人看。他们去往山水里，不光可以烧烤、旅游、打麻将、晒太阳，还要去看我们的这些大地的书写、大地的诗篇。不过有些地方，比如要离家可能已经不在了，因为随着江南的土地开发，一些重要的地名、古墓都已经消失了，这是非常可惜的。

讲完了刚健，下面讲江南的深厚。

江南的文学地名的深厚，真是"南朝四百八十寺，多少楼台烟雨中"，能讲的东西太多了，比如十大佛教名山，有四座就在江南：九华山、天目山、普陀山、天台山，这四座山我都去过，也住在山上，住在普陀山感受到的那种气场，那种特别美好的空气感，很有一种让人全部身心得洗沐的意味。十大名寺也有四座在江南：杭州的灵隐寺，扬州的大明寺，南京的栖霞寺，浙江的国清寺。每一个寺庙、每一座名山都有非常丰富的故事。

我们先讲讲雷峰塔的故事。"雷峰塔的倒掉"是一个很有意思的文学现象。据学者曾庆雨的研究，关于这点，鲁迅先生的笔下和近代诗人陈曾寿的诗里有不同的表述。鲁迅杂文《论雷峰塔的倒掉》里的意思是，中国的历史充满了换汤不换药的改朝换代，总是局部的修修补补。鲁迅是不主张改良主义的，他喜欢革命，主张彻底的砸烂和破坏，认为只有这样才能根本地救我们这个民族。鲁迅将雷峰塔的倒下看作一个中国文化重新再造的契机。

而陈曾寿是一个充满文化生命忧思的诗人，他笔下的雷峰塔，有三个不同寻常的意义，更值得我们好好去思索。第一，他认为雷峰塔是一个艺术品，是一个古迹，不能轻易地让它被破坏、倒掉。它毕竟是历史的一个部分，而且越是古老的东西，越是有一种神韵在里面。

第二，雷峰塔是擎天镇地、历经千年风雨不倒的"柱石"，那么它也是一种标志、一个象征，象征着我们中华民族的传统文明。为什么中国是全世界唯一没有中断的文化？因为中国的文化跟社会秩序之间有一种平衡的维系，它可以作为一种思想的支柱，一种民族精神的认同，一种精神皈依的象征。

第三，它是贯穿古今天人之际的"津梁"，雷峰塔和读书人之间有一种微妙的联系。陈曾寿特别感受到了近代中国翻天覆地的大变动，所以他认为应该有一个基本秩序来维系社会的基本价值，雷峰塔是作为文明的底线、文明的支柱而存在的。所以他就在《八声甘州》里，表达了不同于鲁迅的、对雷峰塔倒掉的看法。

由上可见，一个小小的地名，能够给我们提供不同的思维维度，让我们能把握事物的不同方向，让我们的思想变得有宽度。一旦对历史的现象只有一个维度的看法，就会造成一种思想的僵化。因而，地名是非常重要的，它贮存了文化思想的资源，展示了一种思想可能的格局，它也是我们先辈写在大地上的诗歌。

杭州还有一个比较重要的景点叫老龙井。它不是我们今天旅客去得最多、建设得比较漂亮的明代的龙井，而是宋代的龙井，因此叫老龙井。长期以来龙井村的村民都在那里耕种，附近的牌楼都是后来复建的，只有那口井是老的，当年苏东坡题"龙井"二字还刻石在井侧，另有两棵宋梅依然奇迹般地活着。

老龙井有非常著名的茶树，茶是整个西湖的龙井茶中最贵的，叫"乾隆御制十八棵"。这种最贵的明前茶，卖得比黄金还要贵。不过老龙井最厉害的还不是茶树，是什么呢？在北宋年间，它是一个文化重镇，在这里会举办类似今天的文学沙龙。苏东坡、秦观、赵忭等人，跟当时的一位高人辩才法师，常常聚在一起讨论哲学，讨论儒家、道家、禅宗、佛教的问题。

我们可以从老龙井看出，宋代时，中国的文化达到了一种高度，佛教、道教、儒家文化汇聚一堂，通过自由思想的论辩，使老龙井成为文化聚集地，很多诗人学者都到那里去喝茶、讨论。我写过《辩才法师年谱》，发表在上海的刊物上，就把北宋年间的文化沙龙事实清理出来，公之于世。其实很多地名中包含的历史思想文化的信息都被掩埋了，需要学者来揭示，老龙井是一个非常重要的标志着北宋文化高度发展的地名。

宋代著名书法家米芾题写了《杭州龙井山方圆庵记》，秦观也写了《游龙井记》，并且刻碑立石，后来董其昌还把它拓印出来，写了跋。熟悉书法史的人都知道米芾的《杭州龙井山方圆庵记》碑，因为米芾留下的真迹不多，但这幅书法因龙井而留存下来。我们今天去老龙井玩，如果是天晴的时候去，用一根很长的竹竿搅动一下，会有一道金光从下面冒出来，传说有金龙藏底。这个井水泡的茶就是好，跟杭州城里面喝的龙井茶真的不一样，好茶一定要有好水。

江南的深厚是讲不完的，只能略窥一隅。下面继续谈江南的温馨。

具有温馨性情的文学地名是非常多的，比如三生石在杭州，桃叶渡在南京，长干里在苏州。吴梅村的墓在邓尉山，苏州的梅花最好，最伤心的诗人，葬在最美的看梅花的山上。

我们中国人有一个特点，很少有人去看诗人的墓。我们在清明节会祭奠自己的祖先，但是基本不去看文学家、艺术家的墓。但西方不是这样的，巴黎有三个重要的公墓，拉雪兹神父公墓、蒙帕那斯公墓、蒙马特公墓。里面所葬的全是名人，重要的文学家、诗人、哲学家，这三个墓都很大。而且进入这个墓，就是进入重要的景点，门口会发给你一个指南，指南上面有编号，标注着巴尔扎克、雨果、肖邦等，你可以前往参观，表达你对名人的敬慕。这些墓修得各不相同，每一个墓都有自己的个性，比如唯美主义小说家王尔德，他的墓碑上面有很多的红唇印，不知道有多少人向他献吻。在中国，其实我们也应该这样去看看诗人的墓，吴梅村的墓还在，苏州的朋友可以去看他。

三生石在灵隐寺飞来峰的下面，现在有个茶楼叫三生石茶楼。这是中国非常温馨、非常美的一个地名。现在年轻人都知道，这是恋爱中山盟海誓的地方。一开始，三生石其实不是指男女情爱，它讲的是两个男性的友情，而且是一种非常深厚的友情。唐朝的时候，有一个和尚叫圆泽，他跟一个叫李源的读书人是非常好的朋友，有一天他们要一起到峨眉山访道，但是去峨眉山有两条路可走，和尚要走一条路，书生李源要走另一条路,最后还是依了书生。和尚心中有事,不愿走那条路,依了书生之后,半路上就碰见一个孕妇,这圆泽和尚脸色一变,他说:我坚持不走这条路的原因就是这个,前面妇女怀的小孩就是我,她怀孕已经三年,今天见面了,再也躲不过去了。一会儿你看那个孩子,如果笑了,那么我们一定有缘,我们十二年之后,在钱塘天竺寺外、西湖边上、飞来峰下,我们可以一见。那孩子三年都没有出生,果然等和尚说完以后,妇女一下子生产了,而李源过去一看,婴儿果然真的笑了。故事中的三生是指前生、今生、来生,这是从佛教那里来的一个观念,非常浪漫。我们现在相信人只有一生,强调一生一世,但是那个时代的人相信有三生。终于等到了十二年之后,李源就去原先约定相见的地方看他,左等右等都不见人来。等了半天,一个牧童唱着歌过来了,唱什么歌呢?"三生石上旧精魂,赏风吟月不要论。惭愧情人远相访,此身虽异性常存。"

来了却又不见面,他的意思是说,虽然过了十二年,但是缘定三生。前生今生,还有来生。只有三生都能相守,才是最好的、最深的情感,所以此生我们还是不能见面,再等十二年,我们再相见。这成为中国文化史上一个非常重要的情感象征。有人说,最好的朋友就是同一个灵魂,分出两个身体,肝胆相照,生死与之,又浪漫深情,细腻敏感,是男性友谊的最高境界。

后来有很多的作家与诗人写过关于三生石的故事和诗歌,

比如明代高濂有《三生石谈月》:"中竺后山,鼎分三石,居然可坐,传为泽公三生遗迹。山僻景幽,云深境寂,松阴树色,蔽日张空,人罕游赏。炎天月夜,煮茗烹泉。与禅僧诗友,分席相对,觅句赓歌,谈禅说偈。满空孤月,露浥清辉,四野轻风,树分凉影。岂俨人在冰壶?直欲潭空玉宇!寥寥岩壑,境是仙都最胜处矣。忽听山头鹤唳,溪上云生,便欲驾我仙去。俗抱尘心,萧然冰释。恐朝来去此,是即再生五浊欲界。"更有名的就是《红楼梦》了,《红楼梦》开宗明义讲述三生石畔的因缘故事:只因西方灵河岸边三生石畔,有绛珠草一株,时有赤霞宫神瑛侍者以甘露灌溉。那绛珠仙草得以久延岁月,后因此绛珠仙草就受天地之精华,又加以雨露滋润,脱却草胎木质,修成女儿身,只因为了酬报灌溉之恩所以下凡去还债,产生了一段人间缠绵不断的情感。地名的故事不是固定的,人们会不断增写,不断改变,从男性的友谊变成女性的情爱,直到今天变成了男女定情的打卡圣地,是三生石的活化再生。

江南还有一个重要的地方叫横塘,横塘在哪里呢?在苏州。横塘也有一个非常美的故事,源于贺铸的词,大家都比较熟悉的是最后三句:"一川烟草,满城风絮,梅子黄时雨。"这是讲江南的风景,实际上这首诗的背后还有一个女孩子,就是前面写到的"凌波不过横塘路,但目送、方尘去"。诗人爱上了一个姑苏的女子,这种"婉转有余韵"的情致,就是我们所说的"温馨"。贺铸过而悦之,本来他已经准备和那个女子谈婚论嫁了，但是对方却不幸生病早夭。所以贺铸就没有完成他的心愿，但是这首《青玉案》十分有名，演变成词学中专有的名词，叫"江南断肠句"。后来的人反复书写，但是写得最好的还是贺铸的《青玉案》，所以黄山谷说"解作江南断肠句，只今唯有贺方回"，对他有很高的一个评价。

　　长干里，也是一个很美的地名。从古到今，这里产生过一些非常好的诗歌。唐代诗人崔颢写："君家何处住？妾住在横塘。停船暂借问，或恐是同乡"，"家临九江水，来去九江侧。同是长干人，生小不相识"。讲的是一种非常微妙的、含蓄的、朦胧的、没有表达的男女情爱，在水上相遇，如水一样的美好，如水一样的柔情，如水一样的含蓄。诗人借助女性的口吻，表达江南女子的那种温婉，表达又大胆又自由又含蓄又温馨的一种小儿女的情感。

　　当然还有虎丘，江南的虎丘。

　　龚自珍的诗歌写："太湖夜照山灵影，顽福甘心让虎丘"；"凤泊鸾飘别有愁，三生花草梦苏州"。这个"三生花草梦苏州"，把"三生"这样一个美好的意境，和苏州这样美好的地方放在一起，他认为对苏州的爱，一生一世还不够，还要前生今生后生都爱。虎丘，它是一个奇怪的地方，一方面离城市很近，从水路经过，"十里山塘到虎丘"，古人到山塘都是划着水到虎丘去的。另一方面它又很深厚，就像白居易写的"祇园入始深"，很多著名的诗人都在此留下了墨迹。这里的景点还流传着英雄故事，比如阖闾、夫差墓，还有剑池、真娘墓，又刚烈又温婉,凝聚着浓厚的感情。虎丘里的真娘墓,是唐代诗人特别怜香惜玉的一个表现。因为真娘后来不屈服于权贵,被强迫自杀,所以得到了后代很多诗人的表彰。她不仅贞洁,而且多才多艺,诗词曲画俱佳,古代的诗人很喜欢真娘,她十九岁就去世了,世间美好的东西都是这样容易消逝。"世间尤物难留连",让诗人永远流连忘返。

讲完了温馨,我们最后讲灵秀。

有一首耳熟能详的唐诗最能体现灵秀与空明之美:"姑苏城外寒山寺,夜半钟声到客船。"直到今天,还有人专门去苏州寒山寺边上的酒店听敲钟,苏州老城区的大街小巷都在卖这两句诗的书法作品。甚至日本人还会组织"除夕听钟团",非常向往我们的江南文化。

前文讲过虎丘的温馨之美,它也兼具灵秀的魅力。虎丘有一块石叫千人石,另一块石叫点头石。千人石,字面上来说也就是可以坐一千人的石头。虎丘经常有演出活动,演出昆曲等节目,到了夏天举办得尤为盛大,有点像希腊利用古代剧场举行的音乐节。点头石更有意思,从前佛教传到中国来,第一个来到南方的佛教高人,叫竺道生,他就在虎丘传道。传说他一番讲经,讲得所有的石头都点头了。这个故事说明了传道的魅力,竺道生最重要的贡献是强调宗教的平等,人人都有佛性,人人皆是平等,这给当时中国的很多老百姓一种很大的心理满足、一种重要的心灵解放。后来竺道生对禅宗慧能的影响很大,慧能发明了宗教的顿悟,认为每个人都有他的顿悟。

　　灵秀，还能联想到什么？水乡。中国的最美的水乡就在江南。我到过江南的七八个古镇，江南的古镇星罗棋布。江南人通过水路来生活：交通、航运、物流、灌溉，古人聚水而居，水乡是人与自然的一个和谐的生命共同体，充满了很多很美的事物。我们到水乡去，就会感受到一种特别的宁静，心会放得很平，不像大城市这么浮躁。

　　古代江南有大运河，再加上除了大运河之外的那些支流和小的河道，水路丛生，这对江南的繁荣，对江南的生活，对江南的民居，对江南的经济贡献极大。江南的水乡非常重要，我们略举几首诗为例：

　　　　镜湖水如月，耶溪女似雪。新妆荡新波，光景两奇绝。

　　这是李白的《越女词》，他把山水和美女融合在一起来写。若耶溪在绍兴，还有另一首更有名的，湖州的《渔歌子》。"西塞山前白鹭飞，桃花流水鳜鱼肥"，这在中国文学史上都是经典的代表性篇章。我们能够想象这样的画面，古人在江南的水边唱歌、吹洞箫，渔歌相答，极鸥波缥缈之美。

　　最后再讲一个上海松江关于水的地名，朱泾。朱泾的水或许今日已经难觅踪迹，变成了高速公路，但是在唐代的时候它非常有名，为什么？因为有一位船子和尚，他在这里写了三十多首《拨棹歌》。这个和尚跟我一样都是四川人，而且都崇拜江南文化。我到江南来以后,被这里迷上了,我就觉得好像自己上辈子是江南人。这个和尚也走遍了全中国很多地方,一看松江朱泾这个地方很好,他就留下来了。他在那里干什么?以摆渡为生,写了三十多首《拨棹歌》。其中这首写得最好,传颂不绝:"千尺丝纶直下垂,一波才动万波随。夜静水寒鱼不食,满船空载月明归。"其中蕴含着深刻的人生的道理,佛教中认为,人心是一个很深的深渊,用今天科学的话来说,叫潜意识。最难知道的就是人心,佛教叫作"无明",这就是"千尺丝纶直下垂",人心就像深渊水一样,特点是"一波才动万波随",为什么这样说?佛教还讲一个道理,叫因果。有因就有果。佛教最根本的思想是种因得果,不一定是指你实际上做了什么事情,而是只要你动了一个念头就埋下一个种子,这个种子就会在你的深渊的心灵里,慢慢地产生一个果。如果是善因就会有善果,如果是恶因就会有恶果。佛教特别强调因果、种子,这叫"一波才动万波随",动了一个不好的念头之后,将来不知道哪一天会带来后果,我们用今天的话来说,得克萨斯州的一个蝴蝶扇动它的翅膀,不知道哪里就会发生一场风暴,就是这个道理。怎样才能够避免这样一个因因果果的关系?最重要的就是"夜静水寒鱼不食",鱼在这里代表什么呢?代表着贪欲,人生在世不应该有贪、痴、嗔。如果你能够把这些东西都放下、放松、放平,你就会做到"满船空载月明归",唱着歌,划着船回家,代表非常美好的一种心灵境界,无边的月色都属于你。为什么不写"空船满载月明归",而写"满船空载月明归"呢?按道理前者应该更通，空船，里面没有一条鱼。他来这里不是为了打鱼，是为了修行，为了生命的境界，享受自己生命的美好。但为什么不这样写？其实很简单。诗歌艺术就是这样，不要那么直白，太直白了就是散文了。"空船满载月明归"哪里有诗意？诗歌就是要陌生，要给你一种意外，但是又在意料之中。所以这首诗很美，又有佛家的一个道理，又有空灵的意境。华东师范大学的施蛰存教授是松江人，是研究唐诗的专家，他特别喜欢这首作品。

最后，我想我们应该用一些方式去记录和留下这些地名。2010年，我在哈佛大学燕京图书馆访问时看见过一部很大的套书，堆起来有桌子那么高，排列成一大排，每一本都很厚，叫《日本文学地名大辞典》，按照一个县一个县编的，分为散文编、诗歌编、小说编。只要是一条街里产生过一首诗，就把它作为一个词条写进去；只要这个草坡有一个画家画过，或者是一个文学家来过，也会做成词条写进去。这就是对于大地的温情和敬意。

新加坡的一位汉学家萧驰，写过一本厚重的大书叫《诗与它的山河》。这个名字写得真美，对诗歌中的每一座山、每一条河都充满了感情。中国诗人，诸如谢灵运、李白、苏东坡、白居易去过的地方，作者都去一一考察，有时候时间晚了回不来，就摸黑找当地的农民家住下。中国很多诗歌的地名都是真实的，不是虚构的，他要把它们的方位落实下来。

台湾还有一位著名学者叫简锦松，他提出了一种研究方法叫"现地研究法"。那个时候还没有全球定位系统，他带着一个地理定位仪器，去考察杜甫、李白写的那些地名，在地图上把它定位。这些人真的是中国文化中非常重要的情种，他们对中国的一草一木都非常珍惜，让我们向他们学习，更多地切近我们中国的文学地名，贴近我们的祖先，了解我们的先辈在大地上的书写。

（根据上海图书馆的讲座录音整理，2021年4月12日）

江南文化史不可忽视的一叶
——郑思肖对松江文人的影响

上海外国语大学教授
陈福康

"中国最大之爱国诗人"①，这是20世纪江南新文学诗人汪静之在抗日战争时对宋元之际江南诗人、画家郑思肖的盛誉，不是我说的话；不管此话是否有点过誉，我认为郑思肖是我国历史上伟大的爱国诗人，这是毫无疑问的。

郑思肖（1241—1318），号所南，字亿翁，一生生活在距松江不远的杭州和苏州，在松江也有他的朋友。他最著名的《心史》一书，用铁函封锢沉藏于古寺深井，至明末在苏州发现和刊刻后，立即在松江文人中广为流传。郑思肖其人

---

① 见汪静之编：《爱国诗选》第二册《作者小传》，商务印书馆1938年版，第105页。

其事，其画其诗，尤其是其书《心史》，对松江文人有很大的影响。

郑思肖在松江的交游

七百多年前住在苏州的郑思肖，在松江是有朋友的。清末姚光发[①]纂，光绪癸未（1883）刊的《松江府续志》卷三八有《附·冢墓考证》，记有《华亭县宋章氏墓碣》，按语云：

> 案，明章台鼎[②]辑《章氏宗谱》云："宋元冲公维聪暨配陆孺人，葬海隅乡蕴士里，今属青浦，其合葬墓碣郑思肖撰，存郡城云峰寺。"前《志·青浦》不载维聪墓，而第称章氏墓碣在云峰寺，又不明指其人，均失考。

可惜章维聪生平不详。郑思肖既为章氏夫妇合葬墓撰写碣文，可知必是他的朋友无疑。如果这块宋（或元初）墓碣或其碣文拓片还幸存于世，我们就可以看到郑思肖的一篇佚文了。不知道现在还能不能找到？

[①] 姚光发（1800？—1888？），字衡堂。江苏娄县（今上海松江）人。由拔贡任高邮州训导，肄业门墙者多知名士。道光戊子（1828）成进士，适卧病，次年改庶吉士，散馆观政户部。以母老乞归。养亲事毕，年已六旬，不复出山。当路延其主讲云间、求忠、景贤三书院。时遭兵燹之后，学殖多荒落，赖其启迪善诱，有登鼎甲者。重修县府志，为总纂，三年而书成。董积谷仓事，井然有条理。年八十有九。

[②] 《松江府续志》："章台鼎，字青莲，华亭人，诸生。工诗文，与董其昌、陈继儒鼎立词坛。姚宏绪称其诗如云中白鹤。万历间陈继儒修《郡志》，台鼎实助其成。"

郑思肖画作对松江文人的影响

在郑思肖生前，或者说在《心史》发现之前，郑思肖是以画家著称于世的，尤其是他画的墨兰最为有名。元代有一位松江籍僧人、画家雪窗，在郑思肖逝世后二十年，为苏州云岩寺住持，又为承天寺（即郑思肖《心史》沉井之地）住持。雪窗应该未能见到郑思肖，但在当地必然听到郑氏画兰的故事，也可能见过他的画，并肯定受其影响。雪窗亦以画兰称，当时画家柏子庭甚至有诗说在苏州"户户雪窗兰"。据我所知，雪窗墨兰和所南墨兰都对日本画坛很有影响。

郑思肖画兰特别有名，历来知道的人很多；而他还善画竹，如今知道的人却不多。明代朱存理《铁网珊瑚》[①] 十六卷本的《画品》卷三即著录有郑氏墨竹，题为《郑所南推篷竹卷》。其后，在清康熙时集中出现的一批书画著录专书，如卞永誉《式古堂书画汇考》、顾复《平生壮观》、高士奇《江村销夏录》、吴升《大观录》中，以及后来的陈撰《玉几山房画外录》等书中，

[①] 四库馆臣认为《铁网珊瑚》实明代赵琦美得无名氏残书，又以自己所见书画真迹增补编次而成；或因朱存理别有《珊瑚木难》之书，后人遂附会此书为朱氏所作。《四库全书》否认此书著者为朱氏，径著录为《赵氏铁网珊瑚》。但钱曾《读书敏求记》卷三《朱存理铁网珊瑚十四卷》云："存理字性甫，别号野航，吴之长洲人。采辑唐宋元名人书画跋语裒成一集，名曰《铁网珊瑚》……其留心搜讨，真不遗余力矣。余……近购得所南老子《推篷竹卷》、徐禹功仿杨补之《梅花卷》，……又得张伯雨楷书《玄史》等，……野航采此三卷，俱录入'法书''名画'中，定为上品。可见吴下名迹登此书者多矣。……赵清常《脉望馆书目》更有《续铁网珊瑚》，未知谁氏所集，吾不得而见之矣。"可知钱氏确认《铁网珊瑚》为朱氏所作。而赵氏藏目既著录他人之续书，怎么不提是自己写的此书呢？据《铁网珊瑚》赵氏跋，他先从秦四麟（酉阳）处得此书钞本（书品、画品各四卷）；后从焦竑（弱侯）处得另一卷帙较多钞本。因两本互校，增为书品十卷、画品六卷，调整次序，又以自己所见少许真迹续于后，成于万历二十八年（1600）。赵氏且提到朱氏名字。可见他虽整理过此书，但并非其著者。

对此竹卷皆有著录。《江村销夏录》记："宋郑所南《墨竹卷》，纸本，高三寸，长四尺。诗款在卷中错杂于竿叶之间。颓毫焦墨，笔法苍老，若不经意。真逸品也。先生为宋宿儒，入元高隐，盖信国之俦也。"《式古堂书画汇考》记："所南老子《推篷竹图》并题卷，纸本，高三寸，跋高七寸，长四尺。"《大观录》记："郑所南《竹枝图卷》……此卷纸本，高仅三寸，长四尺。此君（按，谓竹）清标劲节，于澹烟苍霭间如见漪漪寒玉。跋纸高七寸，题咏散华落藻，并元明妙迹。余录南宋诸贤故事，附公于简末者，亦以公为宋遗民有采薇终焉之志也。"《平生壮观》记"《推篷竹卷》，纸，高三寸，长四尺。上不露竹顶，下不见竹根"，后人的题跋则是写于"后纸"，计有"蒋堂、郑元佑、周惟新、钱良右、庄（藏）六翁、汪遂良、张渊、王廷器、陆行直、哲烈（烈哲）、葛寿孙、周寿孙、陆居仁"等。这里提到的陆居仁，就是元末明初松江的一位诗人。

陆居仁（1300？—1387），字宅之，号巢松翁，又号云松野褐、瑁湖居士。泰定三年（1326）乡试，仅得第七名，即隐居乡间，教书度日。与王逢、杨维桢、钱惟善交往密切。去世后，与杨、钱同葬于干山，被称为"三高士墓"。陆氏跋文，据《式古堂书画汇考》钞录如下（末有印章"瑁湖居士"）：

竹之与笋，盖草木中之殊名，亲属一物。其根叶茂而坚，其茎心空而直，其枝背戾而袤，其叶玲珑而繁，贞而不刚，柔而不屈，居天下之大端，贯四时而不易叶，盖得气之本也。是故君子爱之。壮者谓之竹,弱者谓之笋,厥譬母子焉,少慕长焉,言其济人之利溥矣。

所南画竹,机杼自别,虽片楮断轴,咸意出尘表。此卷写掀篷见竹,尤为瑰奇。因书竹事短句。

洪武五年夏月,陆居仁书。

洪武五年为1372年,已入明。陆氏赞叹此画"机杼自别""咸出意表""掀篷见竹,尤为瑰奇"。确实,这幅墨竹构思极巧,就像在船上推开篷窗一条缝,仅见长方形一横截。故又称"推篷竹卷"。后来,国画中专有"推篷竹"这一名目,殆即创始于郑思肖。①

这一《郑所南推篷竹卷》今是否存世?国家古籍整理出版规划小组成员、国家文物鉴定委员会常委傅熹年说,此画曾印于日人高岛菊次郎《槐安居乐事》中。这是1964年5月日本东京求龙堂出版的高岛氏所藏中国古代绘画、法书、法帖、碑拓的图册,印这本书是作为他90岁的纪念。此书绘画部分第一帧即此郑氏墨竹。可惜的是书中无一语记述此画来历。从照片上看,疑窦甚多,当非以上诸书著录之《郑所南推篷竹卷》。但此画在陆居仁题跋后,又有落款"照"、钤印"张长卿"的诗一

---

① 今人启功在《启功絮语》的《推篷竹图,效郑所南》诗序中说:"所南翁墨竹矮矮,只画竹丛之中截,号曰推篷,盖写船窗中所见也。"但若推篷图之首创,我认为肯定不是郑思肖,可能是比郑思肖早百余年的宋人陈伯西。元刘埙《隐居通议》卷十一《诗歌》六《咏梅诗词》载:"陈伯西……吉之泰和人,学杨补之作梅,其酷嗜如师而得笔外意,作推篷图,或半树,或一树,横斜曲直,莫不天成……世言补之未尝作半树梅,惟伯西喜作半树。"陈伯西生卒年不详,其师杨无咎(1241—1318)比郑思肖早一百四十多年。

首，为上述各书所未有：

犯雨蒙霜只自知，清阴不改岁寒时。
一丛翠玉荒江上，供给先生写《楚辞》。

此人当是清初松江文人张照（1691—1745），初名默，字得天、长卿，号泾南、梧囱、天瓶居士。康熙四十八年（1709）进士，由检讨历任侍讲学士、左都御史、内阁学士、刑部尚书等。张氏善鉴赏，晚年曾在乾隆宫内鉴定过郑思肖墨兰卷。高岛所藏此卷墨竹，经查今在日本东京国立博物馆。据该馆资料介绍正是高岛所赠。（又查1946年中国战时文物损失清理委员会编《中国甲午以后流入日本之文物目录》，卷七"高岛菊次郎"名下，有"南宋郑思肖墨竹卷"。）这卷画是否郑氏真迹，我认为十分可疑，因其尺寸和题跋名单次序，与上述康熙时各书著录者无一相同。但张照题诗当属可信。

元明松江文人记述的郑思肖事迹

陶宗仪（1316—1396?），字九成，号南村，台州黄岩人，因战乱隐居松江，以读书耕田为乐，并撰有《南村辍耕录》三十卷。其卷二十有《狷洁》一则，专记郑思肖，为今知有关郑氏生平最早的文献之一：

郑所南先生思肖，福州连江人，宋太学上舍，应博学宏词科，刚介有立志。会天兵南，叩阙上疏，犯新禁，众争目之，由是遂变今名。曰"肖"曰"南"，义不忘赵，北面他姓也。隐居吴下，一室萧然，坐必南向。岁时伏腊，望南野哭，而再拜，乃返，人莫识焉。誓不与朔客交往，或于朋友坐上见有语音异者，使引去。人咸知其狷洁，亦弗为怪。工画墨兰，不妄与人。邑宰求之不得，闻先生有田三十亩，因胁以赋役取，先生怒曰："头可斫，兰不可画！"尝自写一卷，长丈余，高可五寸许，天真烂漫，超出物表，题云："纯是君子，绝无小人。深山之中，以天为春。"《过齐子芳书塾》云："此世但除君父外，不曾别受一人恩。"《寒菊》云："御寒不借水为命，去国自同金铸心。"其忠肝义胆，于此可见。晚年究性命之学，以寿终。

这也是元人较详细的一篇郑思肖传记文。其中提到元兵南下时，郑氏曾叩阙上疏，因"犯新禁"，很受众人注意，因此就改了名字。"思肖"即"思赵"（宋朝国姓），"所南"即心向南方。那么，郑思肖原名叫什么，也就成了一个谜。（今在福建连江所南故里的郑氏族谱资料中，见清时有人称其原名"少因"，亦不知何所据。）陶氏已届元末，国内民族矛盾不如元初那样尖锐，所以他只把郑思肖强烈的民族意识和爱国精神轻描淡写地说成"人咸知其狷洁，亦弗为怪"。

元明之际还有一位王逢（1319—1388），字原吉，号梧溪子、席帽山人。江阴人，因避战乱，亦流寓于松江。王逢曾为郑思肖墨兰题诗，并作有长序，实亦是一篇郑氏小传：

　　公讳思肖，字所南。"肖"与"南"何居？义不忘赵，北面他姓也。世家三山。曾、大父咸仕宋。起，淳祐道学君子；公，太学上舍，应博学宏词科。会元兵南，叩阙上宋太皇、幼主疏，不报。国初诸父老犹能记诵之。语切直，犯新禁，俗以是争目公。公遂变今名，隐吴下。所居萧然，坐必南向。遇岁时伏腊，辄野哭，南向拜而返，人莫测识焉。有田三十亩，邑宰素闻公精墨兰，不妄与人，因绐以赋役取之，公怒曰："头可得，兰不可得！"宰奇而释之。又嗜诗，尝题兰云："玉佩凌风挽不回，暮云长合楚王台。青春好在幽花里，招得香从笔砚来。"《过徐子方书塾》云："天垂古色照柴门，昔日传家事具存。此世但除君父外，不曾别受一人恩。"《寒菊》云："宁可枝头抱香死，何曾吹落北风中。"《水仙》云："御寒不借水为命，去国自同金铸心。"其为文操行率类此。晚年益究天人性命之学，竟以寿终。
　　　　旧传独行老康成，文物衣冠鲁两生。
　　　　甘与秦民潜避世，耻为殷士裸如京。
　　　　天池水浅鲲南息，衡岳峰高雁北征。
　　　　三百运终遗墨在，秋风九畹不胜情。

王逢此诗序，内容以至文字，均与上引陶宗仪《狷洁》一则

江南大义　031

颇为相同。二人年龄相仿，但我认为王逢此序较陶氏《狷洁》晚出。因陶氏文中称"天兵"，显然作于元末；而王序提到"国初"，自是明初无疑。（若是元初，王氏也尚未出世。）王氏此序，也不是仅仅钞用陶氏成文，而当是别有一点资料来源的。如他引的《过徐子方书塾》，是全诗。其他写到郑氏者所引，或作"过齐子芳书塾"，或作"题郑子封寓舍"，且往往只引二句，不全。① 还有，陶氏说邑宰是"胁"以赋役；而王氏则说是"给"，又"奇而释之"。（王氏说的"曾、大父咸仕宋"，亦很值得注意，后人曾作错误理解，此处不讨论。）王氏也引录了《寒菊》诗二句，但与陶氏不同；而陶氏所引的二句，王氏题为《水仙》。我认为从诗意看，王氏是对的。但王氏也有说得不对的，如说思肖"字所南"，实际是字亿（忆）翁、号所南。所说"太皇"，当是"太皇太后"。还可一提的是，王氏与郑思肖不过相隔七十年左右，他诗中道"三百运终"，当然是指宋朝的年祚；但"三百运终遗墨在"一句，字面上竟又像预见了三百年后郑氏《心史》遗墨会重现于世，不亦奇哉巧哉！王氏此诗及序，收于他的《梧溪集》卷一，又附于后人编的郑思肖父亲的《清隽集》和收入《宋遗民录》中。

郑思肖《心史》对松江文人的影响

以上松江文人的诗文中，皆未提到《心史》，是因为他们中除张照以外，都不可能看到尚未出井的《心史》。《心史》是明

---

① 另只有元明之际王达所撰《郑所南先生传》中引此诗，也是全的；但题目及诗句均有文字不同处。

末 1638 年才发现的，1640 年由张国维写序刻印。而张国维也是与松江有关的人。据《明史》记载，"张国维，字玉笥，东阳人。天启二年（1622）进士。……崇祯元年（1628）擢刑科给事中。……七年（1634），擢右佥都御史，巡抚应天（今南京）、安庆等十府。……国维为人宽厚，得士大夫心。属郡灾伤，辄为请命。筑太湖、繁昌二城，建苏州九里石塘及平望内外塘，长洲、至和等塘，修松江捍海堤，浚镇江及江阴漕渠，并有成绩。迁工部右侍郎兼右佥都御史，总理河道。岁大旱，漕流涸，国维浚诸水以通漕。山东饥，振活穷民无算。"

《心史》出井及呈书稿于张氏，就在张氏任江南巡抚并领导治河、抗旱期间。崇祯十六年（1643），清兵"入畿辅，国维檄赵光忭拒螺山，八总兵之师皆溃。言者诋国维，乃解职，寻下狱。帝念其治河功，得释。召对中左门，复故官，兼右佥都御史，驰赴江南、浙江督练兵输饷诸务。出都十日而都城陷。福王召令协理戎政……马士英不用……国维乃乞省亲归。南都覆，……闰六月，国维朝鲁王于台州，请王监国。即日移驻绍兴，进国维少傅兼太子太傅、兵部尚书、武英殿大学士，督师江上。……顺治三年（1646）五月，国安等诸军乏饷溃，王走台州航海，国维亦还守东阳。六月，知势不可支，作《绝命词》三章，赴水死。年五十有二"。张国维不愧为伟大的爱国名臣！我们应特别注意《明史》中记载张氏曾"修松江捍海堤"，松江人民更应该记住这位先人。

而《心史》面世以后，从明清之际到新中国成立，三百年

江南大义 033

间郑思肖对松江文人影响巨大。以下便据所知以年代先后略举一些人物。

徐孚远（1600—1665），字闇公，晚号复斋、钓璜堂，人称东海先生。华亭人。崇祯壬午（1642）举人。复社社员，曾署名著名的《留都防乱公揭》。与同里陈子龙、夏允彝等友善，又同创几社。南都破，与夏、陈等起兵抗清，不克，遂入闽，唐王授福州推官，擢兵科给事中。唐王败，浮海至浙，而浙亦溃，遇钱肃乐于永嘉，恸哭偕行。又投鲁王，擢左佥都御史。舟山破，从亡，入闽。又支持郑成功抗清，郑氏颇器重之，曾随郑入台。①戊戌（1658），滇中桂王迁其为左副都御史。即入滇，迷失道路，入安南。还从鲁王。明年，郑成功失败，未几郑亡，徐氏失去最后希望，浮沉海上，不久亦悲愤而卒。徐氏百折不挠的斗争精神永远值得我们学习，而他的这种精神显然是深受《心史》影响的。徐氏有《钓璜堂存稿》，卷十八有《题心史》一诗：

亡宋孤臣郑所南，萧然无室亦无男。
欲传万古伤心恨，遗史成时铁作函。

《钓璜堂存稿》卷十二又有专咏之诗，写道"郑所南《心

---

① 有关徐孚远晚年行踪、去世地点及曾否至台湾，众说纷纭。《明史》谓其因松江破，遁入海，死岛中。《泉州府志》谓其居厦之曾厝垵，卒。《福建通志》本《龙溪县志》，谓其游龙溪后不知所终。《鲒埼亭集》《南疆逸史》均谓其殁于台湾。《鹭江志》亦言其垂老更适台湾，挈家佃于新港，躬耕没世。《同安县志》因之。《野乘》谓康熙癸卯岛破，诸缙绅多东渡，独闇公驾船归华亭。陈乃乾、陈洙于《徐闇公先生年谱》中明确指出上述说法并属传闻之误。综合各项信息，可测徐孚远确曾去过台湾，唯其停留时间并不长，故其非卒于台湾，当以卒于广东饶平之说法较为可信。

史》锢之井中,其书始出而胡又乱华,不知复有作史如先生者乎,若果屯大瞿,将濡笔以俟之"。所谓"屯大瞿",指当时有人提议屯田海外大瞿山,徐氏认为此"亦全节俟时之一策也,鄙人日望之"。诗云:

> 每怀兴替日渍渍,难把愁容住世间。
> 海外一丘真绝迹,云峰千迭莫窥关。
> 不知晋魏堪长隐,可作阳秋付别山。
> 井底不沉亡国恨,高风今古尚能攀。

在抗清英烈、亦深受《心史》激励的张煌言的遗诗集《奇零草》卷首,还见到徐氏"永历十五年辛丑岁"(1661)"题于思明"(厦门)的一篇序文,其中悲愤地提到了《心史》:

> 南宋之末,文信公忠贞冠江左,今勿论矣。郑所南悼宋国之覆,作《心史》,锢之井中,三百余年其书始出,书中犹曰宋室中兴有日也。然则所南先生固不知宋之不复中兴矣!

王沄,生卒年不详,原名溥,字大来、太来,一字胜时、胜持,号僧士。华亭人。明末贡生。世居听鹤轩东,为陈子龙弟子。子龙死,收葬之。晚归老康园,著有《辋川诗钞》。王氏为同乡徐孚远写《东海先生传》,以徐氏之遗诗比为《心史》:

先生著书甚富,每云《十七史》后学苦其浩繁,不能遍读,东莱吕氏虽有《详节》一书,而又削去宋、齐、梁、陈、魏、齐、周七史,未成全璧。因子更寒暑,纂成《十七史猎俎》一百四十五卷,真读史之津梁也。又著诗五千余首,以抒其忠愤,较之《心史》无以加,兹未知铁函何时复启。

明末寄籍松江的著名学者朱舜水(1600—1682),名之瑜,字楚玙,一字鲁玙,浙江余姚人。被日本水户藩聘为宾师后,取号舜水,云"舜水者,敝邑之水名也",以示不忘故国故乡,后以号行。朱氏初为诸生而以诗见知于张国维。两奉征辟,不就。福王立,召授江西按察司副使兼兵部职方司,力辞。马士英以其不奉诏,将逮捕,乃走避舟山。与王翊相谋恢复,数度渡海,赴日乞师,募集军饷。鲁王监国,累征辟,不就。又赴安南,国王强令拜,不为屈,国王转敬礼之。复至日本,时舟山既失,师友拥兵者如朱永佑、吴钟峦等皆已死节,乃决蹈海全节之志,遂留寓长崎。日人师事之,束脩敬养。水户侯德川光圀厚礼延聘,待以宾师,为制明室衣冠服之。朱氏教授日人二十余年,循循不倦,彼邦文教为之彬彬焉。卒后日人谥曰文恭先生,立祠祀之。朱氏坚持抗清斗争亦为深受《心史》激励者。从日本正德壬辰(1712)所刻《舜水先生文集》卷二中可以看到,当时有一位叫野节的日本人,就因朱氏之约,送去了《心史》。文集卷二有《答野节书十首》,在第七首中,朱氏写:"《遗闻》《心史》、道服均领到。"还写道:"家国之感不去心,亦不须典籍激发也。"意思是说，自己与郑思肖一样充满家国之仇，不必重读《心史》而激发也。①

《舜水先生文集》卷二二《杂著》三《笔语》，还收有野节的提问，其中一条问的就是："前所呈《明季遗闻》及《心史》，未开卷否？"可惜，朱氏回答之笔语中今只见谈前一书，而未见谈《心史》（或是字条未保存下来之故）。今又在日本佐贺县鹿岛市佑德稻荷神社"中川文库"所藏之《舜水问答》钞本中，看到朱氏致日人野道设（按，即人见懋斋，卜幽轩之养子）信中提到："旧年有《铁函心史》一部三本②，烦安之兄奉还。友元令兄（按，即野节）今云转恳尊公老先生（按，当是卜幽轩），台兄知其事否？"可见朱氏对《心史》是非常珍爱的。

那个当时给朱舜水送去《心史》的野节，即人见竹洞（1638—1696），本姓小野，名节，故简称野节。字宜卿、子苞，号鹤山、竹洞、葛民、括峰，通称又七郎、友元。著名汉学家林鹅峰的弟子，善汉诗文，曾助林氏完成《续本朝通鉴》。又认真向朱舜水学习。1991年日本汲古书院出版的《人见竹洞诗

---

① 《明季遗闻》，无锡人邹漪撰。邹氏为明遗民邹式金之子，字流漪，黄道周弟子，近人张其淦《明代千遗民诗咏三编》卷四也咏及他，但邹氏却并不以遗民自居。《明季遗闻》后在乾隆时也被列为禁书，但其实书中对清朝多有粉饰，并每以"皇清"称之。因此，绝不可能成为激发朱舜水"家国之感"之书。再说，该书为当时人写的当前事，朱氏也绝不会称为"典籍"。朱氏在回答日人野节提问时，对此书评价甚低："明季以道学之故，与文章之士互相标榜，大概党同伐异。邹漪，南直之常镇人，朋党之俗不能除，故其毁誉不足尽信，且其笔亦非史才，但取其时事以备采择耳矣。"因此，可确认朱氏所说"家国之感""典籍激发"云云，全然仅就《心史》而言。又据全祖望《跋绥寇纪略》记，明遗民林时对"每言&漪辄切齿"，称其为"不肖门生""无聊子"。全氏《记方翼明事》甚至说："邹氏《明季遗闻》秽诬不堪。"

② 这里说的三册《心史》，未知是何种刊本。今见苏州张序本有分订为二册或六册的，南京林序本有分订为二册或四册的，未见有分订为三册者。隆武闽本《心史》则是二册。

文集》卷二中，收有他写给朱氏的信（此信今藏日本国立国会图书馆"人见文库"），即写到《心史》。从中可知此日人亦深受《心史》的感染，并认为朱舜水就是当代的"郑思肖"；还可知道上述朱氏《答野节书》中说到的"激发"，即野节信中之语："且所约之《铁函心史》三册、《明季遗闻》四册，备之高览。《心史》之书，读之使人意气凛凛。朱明南渡，中原悉为北贼之有，翁亦为思肖之徒也。读此书，想此人，感其时，思其土，弥多所激发乎！"

清初陆汾，生卒年不详（可能生于明末），号云间散人（因此当是松江人）、倒埋散人。康熙戊午（1678）为著名诗僧读彻（亦深受《心史》激励者）编刊《南来堂诗集》并作序，序中云：

……今集成，而千百年不朽；千百年不朽，而公亦不死。昔孔子殁三百三十年，而壁经始出；所南亡三百岁，而井中之史现。今公去世二十四春秋而集乃成，非天之欲永其传者，故秘其始乎！

陆氏亦以郑思肖《心史》来比拟读彻之《南来堂诗集》，以此颂扬读彻之诗的爱国精神的。

清代寓居松江的蒋汾功（1672—1757后），字东委，号济航，斋号读孟居。阳湖人。雍正癸卯（1723）恩科进士，知县湖北即用，乞养归。后官松江府教授，雍正甲寅（1734）罢官。

善诗文，于《孟子》用功尤深，自谓尊孟，实取诸家之长。颇为戴名世、方苞等所推重。有《读孟居文集》等，后人又编有《蒋济航先生文集》。《读孟居文集》卷四有《正统论》（后收《国朝文汇》卷七），首曰："古今为正统之说者众矣，皆自善其见，为不可易矣。而其闲最著者，莫若欧阳氏、苏氏。近世易堂魏氏因之，增以宋末郑氏之言……"所谓"郑氏之言"即指郑思肖《心史》中的《古今正统大论》。蒋氏亦自是深受《心史》影响者。

姚培谦（1693—1766），字平山，号松桂、述斋，华亭人。弱冠补邑庠生，再试于乡，不利，辄弃去。发愤著述。云"吾乡自明季陈、夏结几社，狎主敦盘，东南名士云集鳞萃"，慨慕其为人，乃设文会于家塾，寓书走币，缔交于当世之鸿才俊生。一时杯盘缟纻之胜，几遍大江南北，而云间之声气亦骎骎乎复古矣。然因慷慨任气，宾客恒满，亦以是受困。中历忧患，晚而家益落，读书咏歌则终始如一日也。家故多藏书，湘帘棐几，校理不倦。一字之疑，群书比栉，必疏通证明而后止。于排模拟纂，尤为专门。著有《松桂堂诗文全集》。姚氏在乾隆年间编有类书《类腋》，博览子史，穿穴义疏，为其一生心力所萃。姚氏所辑《类腋》卷七《天部·十二月》有"穷冬"条，引《心史·醉乡行》诗句"穷冬骄寒冻地裂"，可知姚氏亦读过《心史》。

袁栋（1697—1761），字国柱，号漫恬（一作田），别号玉田仙史。吴江人，先世为松江陶姓（明代赘袁氏，遂承其姓）。

代有隐德，以读书为事，屡试不遇，怡然如故。无他嗜好，凡所披览中有所得，随时札记，名曰《书隐丛说》。书隐者，所居之楼名，亦以自号也。《四库全书提要》云："是书杂钞小说家言，参以己之议论，亦颇及当代见闻。原序拟以洪迈《容斋随笔》、顾炎武《日知录》，栋自序亦云摹仿二书，然究非前人之比也。"其书卷三有《井中心史》，纪事简洁：

  宋末郑思肖，字所南，吾苏人。入元不仕，目击心非，著《心史》二卷，中有书元隐事，不敢示人，乃以匣盛铁裹，而藏之井中。至明末叶，张国维抚苏时，民间捞井得之。张为序而梓之以传，名曰《井中心史》云。

其书卷十六又有《幻术迷人》言及《心史》，虽然荒诞，亦可作谈助：

  宋陈州蔡仙姑能化现丈六金身。常设净水，至者必先净目。而入有廖县尉者，只洗一目。及入，以洗目视之，宝莲台上金佛巍然；以不洗目视之，大竹蓝中一老妪箕踞而坐。乃出而擒之。《井中心史》载妖僧剖食孕妇，乃持所咒妖水，令元主君臣拭目，尽见孕妇母子乘彩云而去。其意略同，而胡僧之术尤工矣。

蔡显（1697—1767），字景真，号闲渔，华亭人。雍正己酉

（1729）举人。一生潦倒，家居授徒。又潜心著述，陆续刊刻。《闲渔闲闲录》于乾隆丁亥（1767）三月刻成，中有记述清人南下时之屠杀暴行及官场丑闻。当地劣绅于街头匿名揭帖，称其怨望讪谤，号召公举。蔡氏畏惧，于五月到府自首，请求做出公断，实乃自投罗网。松江府上奏，拟凌迟处死，长子拟斩立决，其余家人俱解部给付勋臣之家为奴。乾隆最初认为蔡氏尚与诋谤肆逆者有间，着"从宽"改为斩决，长子改为应斩监。后又重阅该书，复下令"按律严治不得姑息"，株连甚惨。今见《闲渔闲闲录》卷四引诗涉及《心史》：

黄冈杜茶村论诗云："诸妙皆生于活，诸响皆生于老。"偶录诸前辈绝句，以明茶村论诗之确：……韩其武《题赵承旨画兰》云："花花叶叶带春风，出自王孙挥洒工。犹有遗民作《心史》，也将余墨写幽丛。"

徐长发（1725—？），字象干，号玉厓，娄县（今松江）人。乾隆庚辰（1760）举人，授户部司务。辛卯（1771）进士，迁兵部主事，转员外郎，历郎中，补建昌道。以军功赏戴花翎，署观察使。备著劳绩。官署之暇，辄与诸生讲学。民安之，忘其为长吏达官。年七十，乞归。著有《寒玉山房诗钞》《经稼堂诗集》《鱼通集》等。嘉庆时所修《清溪县志》卷一《土地类·城市》录有徐氏诗《清溪城濠中掘得铜章，系天顺二年颁给芦山县印，铸篆如新，偶题长句》，中有句云："井中《心史》

有时出，隐见未必无精灵。"

徐祚永，生卒年不详，字价人，一字学斋，号散樵，又号畲山山人。华亭人。乾隆辛卯（1771）航海赴闽，寓居多年，并于壬辰（1772）至丙申（1776）年间撰成《闽游诗话》。该书卷上写到《心史》：

连江郑所南先生，宋末太学上舍，刚介有志节。会元兵南下，叩阙上疏，犯新禁，众争目之，遂变名，隐居吴下。一室萧然，坐必南向，义不忘赵也。著有《心史》。工画墨兰，多露根，与云林画山水不画人同意。尝自写一卷，长丈余，高可五寸许，题云："纯是君子，绝无小人。深山之中，以天为春。"有邑宰求画兰不得，因胁以他事，先生曰："头可斫，兰不可画！"其狷洁如此。赵双白有句云："画中草木无元地，史上乾坤是赵家。"十四字可包先生一生大节。侯官邱素堂一绝云："《心史》何年出世间，早怜空谷解人难。吴兴多少流传墨，可抵先生尺幅兰？"蕴藉可风。

姚椿（1777—1853），字子寿，一字春木，号樗寮生，晚号蹇道人、樗寮病叟、东畲老民。娄县人。自幼从父宦滇、蜀。后师从姚鼐。道光辛巳（1821）举孝廉方正，辞不就。历主书院，以实学励诸生。郭麐《灵芬馆诗话》续卷五称："松江姚春木椿，天下士也。年未四十即弃去举业，杜门扫轨，以著述为事。"清《续文献通考》称其："才情宏放，所为诗出入李杜韩苏之间，文亦有风骨，粹然儒家言，盖尝受业于姚鼐之门，渊源有自也。"著有《通艺阁诗录》《通艺阁和陶集》《通艺阁文集》《晚学斋文集》《樗寮文续稿》等。姚氏友人陈文述《颐道堂诗选》卷十一有长诗《云间赠姚春木，兼怀吴巢松太史、严丽生孝廉》，其中写到他："杜门结轸辖，徒步放骎骎。《井史》资辨讹，《壁书》供搜讨。蔚宗《隐逸传》，孟坚《人物表》。亭林释《方舆》，季由储《史稿》。欲追龙门作，岂羡《鸿都考》。"可知姚氏整天研究井出《心史》与孔壁出书，及范晔、班固、顾炎武、万斯同等人的史著，可证姚氏亦热爱《心史》者。

杨葆光（1830？—1912），字古酝，号苏庵，别号红豆词人，娄县人。岁贡生。同治间，居保定莲池书院，与修《畿辅通志》。官龙游、新昌知县。学问淹博，兼攻书画。晚年客游上海，鬻书画以自给。与杨逸友善，尝继杨逸为豫园书画善会会长，又任丽则吟社社长。有日记《订顽日程》，长达二十七年，今存。民国时修《衢县志》卷九《防卫志》收有詹熙《衢州奇祸记》，记庚子（1900）六月"江山著匪"刘加幅肇乱衢州事，又收杨氏诗《题詹肖鲁衢州奇祸记后》，其中写到《心史》：

> 太阴亘寒纯阳销，天公酿雪冻不浇。
> 夜窗展读《奇祸记》，虚堂毛发森调刁……
> 我友觥觥郡中望，召父之子良弓调。
> 当其与贼不两立，奉母挈妻判共焦。
> 及至幸存乃载笔，谓是《心史》无虚枵。

我当其时正困守，危城夜听风萧萧。
激厉士卒勉眷属，效死勿去期后雕。
与君异地有同志，两家交情真琼瑶。
读君此记感何极，直笔采向天边轺。

陈遹声（1846—1920），诸暨人，曾任官松江。字毓骏，又字蓉曙，号骏公，晚号畸园老人。早年师从俞樾，光绪丙戌（1886）进士，选翰林院庶吉士，散馆授编修，出为松江知府。铲除当地盐枭，浚河利农，创融斋精舍课学子，并严禁赌博，境内称治。戊戌（1898）父丧回里，主纂《国朝三修诸暨县志》，翌年创办景紫书院。服满复职江苏，因功迁道员，入参政务，主练兵、税务诸政。丁未（1907），授川东兵备道，曾向英商赎回江北煤田。治渝两载，颇有政绩。宣统己酉（1909）引疾归，遂不复出。辛亥革命后，以老遗民自居。一生作诗甚多，尤喜同郡陆游之诗。陈氏是所谓清遗民中很富"激情"的一个，经常提到《心史》。[1] 编有《宋金元明四朝遗民诗选》等，著有《畸庐稗说》《畸园老人文稿》《畸园手定诗稿》等。《畸园三次写定诗稿》共二十三册，有1922年起手稿石印递印本。该诗稿的《沧桑集·上》有作于壬子（1912）正月的《前纪事诗》七律八十一首，其七十首提及《心史》：

[1] 但据我判断，陈遹声似只知《心史》其事，而未能看到其书，否则必然引用更多，且一定会有专咏。如《畸园三次写定诗稿》的《带山草堂集》卷四有作于丙辰（1916）的好多首读书诗（多有咏宋遗民所作诗文集），其中《书宋郑起清隽集后》云"思肖洵堪称肖子，画兰长作宋时春"，却未提及《心史》。

> 绿树鹧鸪啼断魂，金阊访友月黄昏。
> 莺花劫后过麋苑，兵燹堆中见鹿门。
> 大盗操戈谋入室，故人秉烛话开元。
> 应忘罪我著《心史》，帝统赖君笔底存。①

其七十三首又提及《心史》：

> 思泛鉴湖理钓纶，茫茫宙宇一闲身。
> 鸲鹆鸣后无三学，枭獍蘩中讲五伦。
> 槐井铁函缄秘史，草堂砖额署前民。
> 青鞋布袜具行脚，去访莲华社里人。

《畸园三次写定诗稿》的《沧桑集·中》又有作于壬子年的《后纪事诗》七律八十二首，末首云：

> 奸雄愚世多称疾②，遗老行吟学卖呆。
> 石子冈歌翻北曲③，竹如意裂哭西台。
> 大河雷雨黄熊殁，剩水江潮白马来。
> 百六十诗存实录，铁函留待董狐开。

---

① 作者自注："访京中同官于金阊。"
② 作者自注："太仪司马仲达然也。"按，"太仪"，原文如此，误，当为"太傅"。
③ 作者自注："辛亥九月，南军多唱北曲，未几而金陵陷。"

《畸园三次写定诗稿》的《沧桑集·下》又有作于壬子年的《画兰》云：

等闲莫作所南看，《井史》才沉又写兰。
惆怅官家无尺土，画花容易著根难！

《畸园三次写定诗稿》的《村居集·上》又有作于癸丑（1913）的《村居》七古二十首，其十九云：

龙门金匮臧名山，浦江铁函沉井水。
吾在史馆逾十年，九朝实录识首尾。
中兴以后闻见亲，归家筑亭继元氏。
点窜《鲁史》成《春秋》，当年亦是一家史。
非莽非操亦非温，今日世变非昔比。
或拟撰纪仿庚申，或讳纪年书甲子。
衡以《春秋》干侯例，纷纷私议俱非是。
帝在房陵正统存，《唐书》何尝改年纪？
野史断首自壬癸，纪年不应壬癸止。
纵使中兴难再期，当以宣统相终始。
吁嗟乎，近闻修史征名流，几人皮里有阳秋！

《畸园三次写定诗稿》的《带山草堂集》卷三又有作于乙卯

（1915）的《紫石山房杂诗》五律二十六首，其六云：

> 六十年前我，安知老一乡。
> 汗青余竹帛，头白学农桑。
> 古井函沉铁，名山石作床。
> 署衔称旧史，珍重此中藏。

沈砺（1879—1946），金山人，民国初任官松江。字勉后，号道非，别署醪公，室名帆影楼。光绪丙午（1906）结识高旭、柳亚子、陈陶遗等，为上海健行公学讲师，随即加入中国同盟会。丁未（1907）与高旭、陈去病、朱葆康、刘季平五人同游苏州，止于张国维祠，启两年后南社虎丘雅集之机。是年秋瑾、徐锡麟、陈伯平、陶成章等被清廷杀害，沈氏在上海参与筹办追悼会，未成，发起"神交社"。戊申（1908）与陈去病、高旭、柳亚子等十一人在上海国华楼商议结社，定名"南社"。次年11月13日南社在苏州虎丘张祠正式成立，沈氏参加。入民国，任孙中山大元帅府松江军政分府参谋长。1913年任上海卫戍司令。1927年任南京国民政府秘书、南京市财政局长兼土地局长。1929年任国民政府文官处参事，1941年任该处人事室主任。后卸职回家，郁郁寡欢。1946年冬因煤气中毒身亡。有《无适斋诗话》《四备簃剩瓠》等。1910年冬，沈氏在《南社丛刻》第三集发表《立春夕读郑亿翁心史诗集及百二十图诗，因集其句，得二十首》。

姚鹓雏（1892—1954），名锡钧，字雄伯，号鹓雏，笔名龙公、宛若、红豆诗人等。松江人。早年为京师大学堂高才生，作文宗林纾。辛亥革命时加入南社。旧派诗词小说家。曾任上海进步书局编辑，先后主编《七襄》《春声》杂志及《太平洋报》《申报·自由谈》等。20世纪20年代初任教南京美专，后任江苏省政府秘书。新中国成立后，由陈毅推荐任松江县副县长。一生创作甚丰。在《恬养簃诗》卷一《搬姜集》中有作于民国初年的《龙丁属题所画朱兰》，提到郑思肖和《心史》：

> 旧闻所南翁，国破身在野。
> 画兰不画土，寄恨谁会者。
> 研朱写香祖，清露共涓泻。
> 意境弥孤夐，风情更姚冶。
> 佳人餐流霞，微醉覆玉斝。
> 虽异《心史》心，瑶愁亦盈把。

姚氏在《红豆簃诗·江汉湖湘卷》中有《江汉湖湘之间杂诗》，为抗日战争时1938年作，中有"闻张仲仁先生不屈于寇，投井殉国"而写的哀诗，将张氏比诸文天祥、郑思肖：

> 祝宗祈死意如何？赓咏文山《正气歌》。
> 南国衣冠终不愧，此心古井久无波。

姚氏自注末二句又作："差拟所南比芳洁，此心古井久无波。"可知姚氏一生崇敬郑思肖和《心史》。

郑思肖的唯一一首词

我在研究郑思肖时曾一直想一个问题：词，在宋代达到其艺术高峰，是当时具有代表性的文学样式，而郑思肖的熟人中即有张炎、仇远那样的著名词人，郑思肖为张氏词集作过序，而且他自己的《试笔漫语》等作也颇有词的意趣，可是《心史》中并没有词，郑思肖其他的存世诗文集中也未见词作，那他怎么不写词呢？直到十几年前，我才喜知有研究者从南京图书馆所藏未刊稿本，清康熙二十二年（1683）宋庆长辑集的三十六卷本《词苑》的卷一中，辑得了郑思肖的《十六字令》（又名《花娇女》《绛州春》《苍梧谣》）一首，而宋庆长也是松江人。这是现在所见的唯一一首郑思肖写的词：

身，莫置操心比石坚。风自疾，劲草上粘天。①

惟尚不知宋氏生平，不知其辑自何处，亦不知钞写是否有误。词的后一句甚有气势，令人想到《心史》中的被清人洪亮吉《北江诗话》誉为"古今奇语之冠"的诗句"翻海洗青天"。

---

① 见邓子勉：《宋词辑佚五首》，施蛰存编：《词学》第十二辑，华东师范大学出版社2000年版，第304—306页。

南北朝分立与"江南"习俗的定型

华东师范大学中文系副教授
徐俪成

"江南"一词的最初含义

说到"江南"所指的地域,我们首先想到大概就是长江下游吴越一带柔媚的水乡。但如果只看"江南"的字面意思,它表示的就是长江南面的土地,不但包括我们一般认为江南之地的吴越地区,也应该包括同处长江以南的云贵、两湖、两广、江西、福建乃至岭南的广阔地区。那么,为什么我们现在说到"江南",主要指的是吴越之地呢?其中有一个逐渐变化的过程。

实际上,在先秦到汉代,"江南"一词涵盖的主要地域,并非吴越,而是长江中游,偏向于湖北南部和湖南大部分地区。

《史记·五帝本纪》载舜帝巡狩南方,"葬于江南九疑,是为零陵"①,零陵在现在的湖南省永州市,从地理上说是非常典型的楚地。楚辞中的名篇《招魂》是最早出现"江南"一词的文学作品,诗中列举了东西南北上下四方环境之恶劣之后,劝导漂泊在外的魂魄回归故乡,尤为令人感动的是最后一句:"湛湛江水兮,上有枫,目极千里兮,伤春心。魂兮归来哀江南!"②《招魂》所招的魂魄,有人认为是楚怀王,也有人认为是屈原,但不论是楚怀王还是屈原,他们的故国,都位于长江中游的洞庭湖流域,也就是我们现在所说的荆楚地区③。那么,为什么"江南"在先秦和秦汉主要用以指代荆楚地区呢?其中起决定作用的,还是政治因素。东周的强大诸侯国,无论是春秋五霸还是战国七雄,大多集中在长江以北,长江以南维持长时间大国地位的只有楚国,其余如吴国和越国虽然都曾经历过强盛时期,但时间都比较短,从影响力上还是无法和楚国相比。从春秋开始,楚国开始逐渐吞并周边小国,到了战国后期势力范围几乎遍及整个长江以南的地区,国力得以与中原大国秦、齐分庭抗礼。从战国人的角度来看,楚国与中原六国最明显的区位不同,就只有它是"江南"的,其他国家都是"江北"的,因此以"江南"代指楚国,也就不奇怪了。而楚国虽然面积广阔,但首都

---

① (汉)司马迁:《史记》,中华书局1982年版,第44页。
② (汉)王逸章句,(宋)洪兴祖补注:《楚辞章句补注》,岳麓书社2013年版,第213页。
③ 关于先秦"江南"的范围,参见周振鹤:《释江南》,《中华文史论丛》第49辑,上海古籍出版社1992年版,第141—148页。李伯重:《简论"江南地区"的界定》,《中国社会经济史研究》1991年第1期。

一直在长江中游,因此"江南"也逐渐开始偏指这一楚国政治的核心地带。

秦代至汉初,全中国被分为三四十个郡,汉武帝时期又对《禹贡》"九州"的记载进行了改造,设立了比"郡"更高级别的"州",战国时楚国的面积过于广阔,因此在汉代被拆分成不同州郡,从州的层面上看,长江中游的荆楚地区属于荆州,下游的吴越地区属于扬州,由于传统力量的延续,"江南"还是多指长江中游。笼统地说,吴越也可以统称为"江南",但由于秦汉时期吴越和荆楚属于不同行政区域,而"江南"已被荆楚地区占用,因此吴越地区就需要另外的称呼。

那么我们现在称作"江南"的吴越地区,在秦汉时期又怎么称呼呢?如果我们严格追究长江的流向就会发现,长江并不是严格地从西向东流的,准确地说,从上游到中游,长江大致是自西向东,而到了鄱阳湖一带之后,开始有了折而向北的趋势。也就是说,在下游地区,长江的整体走向是从西南到东北,既可以看作东西走向,也可以看作南北走向,而如果将之看作南北走向的话,那么现在的吴越地区,就不是江的南面,而是江的东面。因此,在秦汉时期,长江下游的吴越地区更多被称作"江东"而非"江南"。我们都知道项羽兵败垓下之后,拒绝乘坐乌江亭长准备的船只,并说出了"纵江东父兄怜而王我,我何面目见之?"①的名言。项羽早年跟随叔父项梁生活在会稽郡

---

① (汉)司马迁:《史记》,中华书局1982年版,第336页。

（今天的江苏、安徽长江以南的部分，以及上海和浙江北部），刚起兵的时候，身边的亲随都是吴越人士，因此这里的"江东父老"，说的就是吴越地区的父老。

"江南"和"江东"的区分在三国历史中最为明确，《三国志·蜀志·关羽传》说赤壁之战后"先主收江南诸郡"①，说的显然不是刘备占领了孙权的大本营吴越地区，而仅指湖北南部和湖南北部的荆州地区而言。《三国志·吴志·孙策传》说孙策临死前将大业托付给孙权，认为"举江东之众，决机于两陈之间，与天下争衡，卿不如我；举贤任能，各尽其心，以保江东，我不如卿"。②则以"江东"称呼孙吴立基的吴越之地。建安二十四年（219）以后，孙吴重新夺回荆州地区，势力范围涵盖了长江中游和下游，他们便又开始将自己的政权称为"江南"，如吴国末代皇帝孙皓在亡国投降之际，先前因为被孙皓排挤而投降晋朝的吴国宗室孙秀感叹说"今后主举江南而弃之，宗庙山陵，于此为墟。悠悠苍天，此何人哉！"③就又把吴国统治的国土称作江南了。

南北并立的局势与"江南"所指地域的扩展

从上面的讨论中我们可以看出，"江南"一词所指的地域范围，不只取决于其字面上的意义，更与政治局势的变化息

---

①②③（晋）陈寿：《三国志》，中华书局1982年版，第940、1109、1113页。

息相关。"区分"是语言最重要的功能之一，作为一个地理名词，"江南"的最大作用，就是满足人们区分地域的需要，在春秋战国时代，诸侯分立，其中楚国和其他北方国家在地域、政治和文化上差别都较大，因此"江南"就起到了区别楚国和中原诸国的作用；到了汉代，天下一统，不同行政区之间的区别代替了诸侯国之间的区别，因此就有了以"江南""江东"分指荆州、扬州的用法；到了三国时代，魏蜀吴三国的区别成为地域区别中最重要的部分，因此当孙吴的势力范围仅限长江下游时，更倾向于自称"江东"，以与占据长江中游的刘表、刘备等势力区别；当吴国占领荆州诸郡，势力扩展到长江中游时，便更多自称"江南"，以与主要领土在江北的魏国区分。

"江南"一词真正重新涵盖整个长江南部的广大地区，是在东晋以后，这一义涵的变化也与当时最重要的政治事件——西晋的灭亡和东晋的建立息息相关。西晋统一三国之后，由于统治阶级的腐朽和政权交接中种种失误，仅仅五十年就灭亡了，匈奴刘渊建立的汉赵代替了晋朝司马氏的统治，许多传统文化修养深厚的中原士族随司马睿南渡，以建康（今南京）为都城建立了东晋，这一事件被称为"永嘉南渡"。东晋建立之后，中国陷入了长达三百年的南北对峙时期，南方的是东晋和后来被称为南朝的宋、齐、梁、陈；北方则大致是所谓"五胡十六国"到北魏、东魏、西魏，再到北齐、北周。

在南北对峙时期，南方政权和北方政权的边界线随着两方实力的变化而不断推移，但总的来说，南方占有的土地主要在淮河以南，北方占有的土地则主要在淮河以北。由于淮南江北的区域经常处于两方争夺之中，所以对南朝而言，真正稳固的领土，仍然是在长江以南。从这个意义上说，南北分裂的局势下，南方政权和北方政权的区分成为公元4世纪到6世纪最重要的地域区分，"江南"一词的含义，也随着这一局势进一步发生了改变。广州郊外曾出土过东晋永嘉时期的墓砖，上有铭文曰"永嘉世，天下灾。但江南，皆康平"①，这里的"江南"，很明显就不止局限在荆楚或吴越，而是指包括广州在内的广阔东晋领土了。

到了南北朝时期，南北对峙的局势进一步固定下来。其中南朝的领土既包括长江中游的荆楚地区，也包括长江下游的吴越地区，对南朝政权来说，这两个区域在南朝分属不同行政区。因此南朝人在谈到境内事务时，常常会以"荆州""西府"或"上游"称呼荆楚之地，以"扬州""吴地"或"东南"称呼吴越之地，以作区别；当处理南北关系问题时，南朝人一般以"北人"称呼北方政权，称呼自己时则大多使用当时的国号，如"大齐""大梁"等。因此，虽然南朝领土主要在江南，但南朝人自己在正式场合倒是较少提及"江南"这一称呼，仅仅在需要表述具体地点位置，或者在诗赋作品中泛指南方地域时使用。

与之相对，在正式场合较多使用"江南"一词的反倒是北

---

① 麦英豪，黎金：《广州西郊晋墓清理报导》，《文物参考资料》1955年第3期。

朝人。北朝政权占据了长期作为中国政治中心的河洛一代,自北魏孝文帝定都洛阳之后,便以中原正统自命,他们常常在正式场合将南朝政权称为"江南",这个称呼看上去客观,其实也有讽刺南朝不在天下中心,偏安江南一隅的意思。如历仕北魏、北齐的魏收所作《魏书》的《序纪》里,对东晋王朝建立的表述是:"司马叡僭称大位于江南。"[1] 又如北魏宗室元英在义阳打败梁朝军队,俘虏梁将蔡灵恩等人,就关于如何处置这些俘虏的问题请示魏世宗,魏世宗下诏书说"会平江南,此等便可放归也"。[2] 这里的"平江南"就是指平定南朝政权的意思。南北朝时期,常有南北使者进行外交会见,在这类活动中,北朝使者也常称南朝为"江南",比如《颜氏家训·勉学》记载梁朝和北齐使者会见时,宴席上刚好有露葵,北齐使者便问南朝使者"江南有露葵否?"[3] 南朝使者直接作了回答而对"江南"一词没有提出任何异议,可以看出南朝使者似乎也认可北朝人称呼自己为"江南"。更典型的例子是南朝文人丘迟的名篇《与陈伯之书》,陈伯之是梁朝将军,在南北交战中投降北齐,丘迟受梁王之命写信劝降陈伯之,信中使用了各种方式劝导陈伯之回归梁朝,其中一项就是动之以乡情,这就有了那句著名的"暮春三月,江南草长,杂花生树,群莺乱飞。见故国之旗鼓,感平生于畴日"。[4] 其中也用到"江南草长"来称呼陈伯之的"故

---

[1][2] (北齐)魏收:《魏书》,中华书局1974年版,第9、499页。
[3] (北齐)颜之推撰,王利器集解:《颜氏家训集解》,中华书局1993年版,第233页。
[4] (唐)姚思廉:《梁书》,中华书局1973年版,第315页。

国"——南朝的景色。这种用法也延续到了隋唐,由于隋唐政权继承的是北朝的道统,他们也常用"江南"称呼南朝故地,唐代所修的史书《晋书》《隋书》《南史》等皆是如此,这些文本都促进了"江南"义涵的转变。

东晋时来到南方的中原士族,起初尚有恢复中原,重返故乡的愿望,但几代之后,他们已经习惯了江南的生活,虽然郡望还在北方,但已完全将自己认同为江南人了。在东晋孝武帝时,经学家范宁就已发现中原士人在经历了永嘉南渡后"自尔渐久,人安其业,丘垄坟柏,皆已成行,虽无本邦之名,而有安土之实"。① 这一点,在那些出生在南朝,后来因为种种原因不得不稽留北朝的文人那里,表现得最为明显。比如南朝入北的一代名家庾信,从郡望看出身中原的新野庾氏,但数代都在南朝为官,在梁朝后期,庾信出使西魏,途中梁朝灭亡,他怀着亡国之痛写下《哀江南赋》,在标题中即用宋玉"魂兮归来哀江南"的典故悼念自己的故国,同时,他还在赋中写下将稽留西魏的自己比作离乡赴洛的吴人陆机②,可见已经完全将自己认作江南文人了。又如和庾信一样因梁朝灭亡而稽留西魏的南朝旧臣王褒,他的郡望属于北方的琅琊王氏,但长期生活在南朝,早已忘记了北朝风俗,因此稽留北朝后觉得北方音乐特别陌生,写下了"心悲异方乐,肠断陇头歌"③之语。又如由梁入北齐的

---

① (唐)房玄龄等:《晋书》,中华书局1974年版,第1986页。
② (北周)庾信撰,(清)倪璠注,许逸民校点:《庾子山集注》,中华书局1980年版,第162页。
③ (唐)徐坚:《初学记》,中华书局2004年版,第102页。

颜之推，他的郡望是琅琊颜氏，本来也属北方，但当他写作回忆平生经历的《观我生赋》时，特地强调琅琊颜氏在东晋以后经历了"去琅琊之迁越，宅金陵之旧章，作羽仪于新邑，树杞梓于水乡"①的过程，已经从北方家族变成了南方家族，在赋的后半段，颜之推说到自己滞留北齐时，特地用"不得还南"来表述这段经历，这已经完全将自己看作江南人了。

  由此可以看出，在南北政权之间的区隔成为最重要的地域区隔之后，"江南"在语用中逐渐与"江北"对应，成为称呼南方政权控制地域的常用词语，其所指的意义，便又从荆楚之地，扩展到了整个南朝的领地，基本回到了"江南"一词的字面意义。我们现在称为"江南"的吴越地区，也属于南朝的范围，而且是南朝首都建康所在的地区，属于南朝政治中心，所以南朝诗文中也越来越多地用"江南"称呼吴越地区，比如南齐时谢朓在《隋王鼓吹曲·入朝曲》中说南齐首都建康是"江南佳丽地，金陵帝王州"②，梁代萧绎作《乌栖曲》曰"沙棠作船桂为楫，夜渡江南采莲叶。复值西施新浣沙，共向江干眺月华"③，我们知道西施是越女，诗中"夜渡江南"之后遇见西施，可见此处的"江南"指的是越地。到了唐代以后，吴越地区经济进一步发展，吴越地区代表"江南"在诗文中出现的机会越来越多，逐渐促成了今天"江南"一词偏指吴越的状况。有意思的

---

① （唐）李百药：《北齐书》，中华书局1972年版，第618页。
② （南朝齐）谢朓著，曹融南校注：《谢宣城集校注》，上海古籍出版社1991年版，第149页。
③ （宋）郭茂倩编：《乐府诗集》，中华书局1979年版，第696页。

是，由于南朝人将包括首都建康在内的整个苏南、皖南地区都划为"扬州"，导致"扬州"也变成了"江南"的一部分。后来虽然扬州的范围缩小，且地点移到了长江北岸，但人们的意识中"扬州"仍属江南，唐代杜牧作《寄扬州韩绰判官》，写给自己在扬州的朋友，首句就是"青山隐隐水迢迢，秋尽江南草未凋"。[1]可以看出扬州地理虽在江北，但在杜牧心中还是属于江南的一部分。

从好斗到文雅："江南风俗"的演变

说到江南人的性格或者吴越人士的性格，大多数现代人首先想到的大约是"文弱""风雅"之类的词，但是在秦汉人眼中，吴越人士的性格却并非如此。《汉书·地理志》归纳吴越风俗说："吴、粤之君皆好勇，故其民至今好用剑，轻死易发。"[2]汉代专门讲述吴越历史的《越绝书》说"吴王夫差之时，其民殷众，禾稼登熟，兵革坚利，其民习于斗战"[3]，可知汉朝人眼中的吴越人士，完全是冲动易怒、勇猛善斗的形象。到了三国时期，吴人依然有善战之名，东吴大臣华覈上书吴主孙皓时曾说"江南精兵，北土所难，欲以十卒当东一人"[4]，认为东吴士卒对阵北方军队时可以以一敌十。华覈作为吴人，对本国士卒战力的看

---

[1] （唐）杜牧著，吴在庆校注：《杜牧集系年校注》，中华书局2008年版，第546页。
[2] （汉）班固：《汉书》，中华书局1962年版，第1667页。
[3] （汉）袁康、吴平辑，李步嘉校释：《越绝书校释》，中华书局2013年版，第283页。
[4] （晋）陈寿：《三国志》，中华书局1982年版，第1467页。

法或有夸张成分，但即使是作为对手的晋人，也认为吴人不好对付，如西晋灭吴后，本拟将年幼宗室分封到吴国，晋淮南相刘颂坚决反对，认为"吴、越剽轻"①，幼年宗室恐怕难以对付。果然，在平吴之后，吴国的故土还多次爆发反晋的兵乱。后来晋武帝司马炎希望通过招揽吴地士人来促进西晋、东吴的融合，于是召见吴中名士华谭，比较曾经的敌人蜀吴两国说："蜀人服化，无携二之心，而吴人恣睢，屡作妖寇"，相对蜀人来说，吴人要更加凶暴而不服管教。华谭对此的解释是"殊俗远境，风土不同。吴阻长江，旧俗轻悍"②。认为悍勇是吴人的传统"旧俗"，而这种风俗是风土决定的。如果华谭知道我们现在的观念中，吴地是"江南水乡"的风土，培育出的是"温文尔雅"的风俗，想必会大吃一惊。

秦汉魏晋人认为吴人悍勇好斗，固然和当时吴地本土风俗有关，但还另有多方面的原因。一方面，吴地从地理上远离中原，秦汉时吴地的开发还不是很彻底，儒家那套温柔敦厚的礼仪教化还没有完全支配吴人的风俗，中原人一直视其为"僻陋之邦，蛮夷之民"③，再加上吴越山地较多，山中还常有被称为"百越"的少数民族部落，在中原人进入山中开发时，常常会与那里的部落民发生武力冲突，《魏书·司马睿传》载东晋南渡时"中原冠带呼江东之人皆为貉子，若狐貉类云"④，反映了中原

---

① ② （唐）房玄龄：《晋书》，中华书局1974年版，第1294、1450页。
③ （汉）袁康、吴平辑，李步嘉校释：《越绝书校释》，中华书局2013年版，第184页。
④ （北齐）魏收：《魏书》，中华书局1974年版，第2093页。

人士对吴越人的偏见,这种偏见之下,会觉得吴越人比较野蛮,也就可以理解了。另一方面,不论在春秋战国时期还是在三国时期,吴地政权和中央政权都一直处在军事冲突的状态,吴地倚仗长江天险,又很难被攻破,对中原人来说,是棘手的民族,因此会认为吴越人特别善战。

那么现在江南"文弱""雅致"的风俗,又是如何产生的呢?这也要追溯到东晋永嘉南渡。西晋灭亡之后,中原士人有一个大规模向吴越迁移的过程,《晋书·王导传》中说"洛京倾覆,中州士女,避乱江左者十六七"[1],这个比例也许稍有夸张,根据当代学者谭其骧先生在《晋永嘉丧乱后之民族迁徙》的研究,"晋永嘉之丧乱,致北方平均凡八人之中,有一人迁徙南土;迁徙之结果,遂使南朝所辖之疆域内,其民六之五为本土旧民,六之一为北方侨民是也"。[2] 这样的迁移活动,明显改变了吴越地区的人口结构,中原士人的到来,为吴越地区带来了大量中原文化习俗。这些由北入南的士人大多是高门大族,具有很高的政治地位,相反,本就居住在吴地的原住民,反而在政治上饱受排挤,正如周一良先生在《南朝境内之各种人及政府对待之政策》中总结的,在整个南朝前期,朝政一直被北来侨人掌控,他们"摒南人于政治势力以外,当时南人重用者绝少"。[3] 故此,东晋南朝的北来士人虽然仅占人口比例的六分之

---

[1] (唐)房玄龄:《晋书》,中华书局1974年版,第1746页。
[2] 谭其骧:《长水粹编》,复旦大学出版社2015年版,第209页。
[3] 周一良:《魏晋南北朝史论集》,中华书局1963年版,第53页。

一,但他们的文化习俗,对整个吴越地区的风俗产生了很大的影响。

首先是语音的改变。北士士人中最流行的语言是所谓"洛下书生咏",由于北来士人大多身居高位,洛阳口音就成了身份和地位的象征,相当于后来的"官话"、现在的"普通话",受到人们的追捧。据宋明帝所编《文章志》说,东晋丞相谢安能作"洛下书生咏"[1],口音十分标准,大家纷纷学习他的说话方式,但谢安小时候曾患过鼻炎,鼻音很重,大家为了学得像,说话的时候都要以手掩鼻。可见当时洛阳音的流行。如果学不会洛阳音,就会被排除出精英士人圈子之外,比如南朝刘宋的开国皇帝刘裕,史书说他"虽累叶江南,楚言未变,雅道风流,无闻焉尔"。[2]即使当了皇帝,还是被认为粗俗。到了南朝后期,有些吴越地区的人士,已经能够说非常标准的洛阳音,比如南齐时出身吴中四姓的张融,曾经在山中遭遇盗匪绑架,他"神色不动,方作洛生咏"[3],用洛阳音咏唱诗篇,盗匪听了这口纯正的洛阳音,觉得他肯定不是一般人物,最后居然把他放了。

不过,也并非所有吴人都接受对洛阳音的学习,在东晋南渡之初,出身吴地顾氏的顾恺之就拒绝学习洛阳音,有人问他原因,顾恺之愤慨地说:"何至作老婢声!"[4]又如东晋著名道士葛洪也是吴人,他曾在自己的著作《抱朴子》中批评家乡人士

---

[1] 《世说新语》刘孝标注引,见余嘉锡:《世说新语笺疏》,中华书局2007年版,第206页。
[2] (南朝梁)沈约:《宋书》,中华书局1974年版,第1506页。
[3] (南朝梁)萧子显:《南齐书》,中华书局1972年版,第721页。
[4] 余嘉锡:《世说新语笺疏》,中华书局2007年版,第992页。

对洛阳音趋之若鹜的现象,说"乃有转易其声音,以效北语,既不能便良,似可耻可笑。所谓不得邯郸之步,而有匍匐之嗤者",[1]认为吴人学北音,如同邯郸学步。因此,也有不少吴中士人始终拒绝学习洛阳音,如《宋书》说:"宋世江东贵达者,会稽孔季恭、季恭子灵符、吴兴丘渊之、及琛,吴音不变。"[2]与此同时,许多北方士人为了融入江南社会,也努力学习吴语,比如东晋初年名相王导,就坚持用吴语和吴中士人对话,《世说新语》说北方士族刘惔有一次拜访王导,出门后感叹丞相已经"唯闻作吴语"[3]了。又如南齐名将王敬则,本来出身北方移民家族,但"接士庶皆吴语"[4],因此能和手下幕僚、士兵打成一片。

在这样南北语音的融合之中,南朝江南整体语音产生了很大的变化,据由南入北的士人颜之推说,梁陈之际,南朝的语音已经"南染吴越",而北方的语音则"北杂夷虏"[5],都与西晋时的洛阳话不同了。由于南北朝时南朝处于文化中心的地位,被吴越之音同化的"金陵音",反而成为雅言的代表。《梁书·卢广传》说从北朝归附南朝的学者"并聚徒讲说,而音辞鄙拙",只有卢广"言论清雅,不类北人"[6]当时北魏已经迁都洛阳,那些由北入南的学者操持的都是"洛阳音",但在语音已经发生巨

---

[1] (东晋)葛洪著,杨明照校笺:《抱朴子外篇校笺》,中华书局1991年版,第12页。
[2] (南朝梁)沈约:《宋书》,中华书局1974年版,第2078页。
[3] 余嘉锡:《世说新语笺疏》,中华书局2007年版,第930页。
[4] (南朝梁)萧子显:《南齐书》,中华书局1972年版,第484页。
[5] (北齐)颜之推撰,王利器集解:《颜氏家训集解》,中华书局1993年版,第529页。
[6] (唐)姚思廉:《梁书》,中华书局1973年版,第678页。

大变化的南朝士人看来,他们的口音反而是"鄙拙"的了①。

隋代统一南北之后,隋炀帝非常热爱南朝文化,甚至娶了南朝宗室之女为妻,他在与妻子说话时会特地使用吴语,据《资治通鉴》载,隋末天下大乱,隋炀帝知道大势已去,转身对皇后说:"外间大有人图侬,然侬不失为长城公,卿不失为沈后。"②这里的"侬"就是吴语"我"的意思。由此可见,南北语音是互相交融影响的,到了后期,吴语口音不但已经流行于南朝宫廷,甚至影响了北朝的征服者。

与语音同时发生变化的还有吴楚之地的风俗。晋朝"以孝治天下",对于父母丧礼的规定特别繁杂,其中有一条就是父母去世后孝子面对前来吊唁的客人,必须痛哭流涕,以表哀悼。这种"哭"并不是一般意义上的流眼泪,而是需要配合一定的语言和音调,用来表现自己的痛苦,进而显示自己是一个孝子。江南人在丧礼中一般是"号"而非"哭",也就是仅仅高声哀号,并不讲究语言和音调。到了东晋之后,北方士人将丧礼这种哀哭的礼仪带到了江南,影响了南方本地的丧礼风俗。葛洪在《抱朴子·讥惑》中就说东晋时的江南人"乃有遭丧者,而学中国哭者,令忽然无复念之情"。③江南人看到北方人居丧而哭,认为是合礼得体的行为,于是自己居丧时便也学习北方人的口语和音调去哭,认为这才是美的。葛洪严厉批评了这种做

---

① 关于东晋南朝语音的改变,参见陈寅恪《东晋南朝之吴语》,载陈寅恪:《金明馆丛稿二编》,生活·读书·新知三联书店 2001 年版,第 304—309 页。
② (宋)司马光:《资治通鉴·唐纪一》,中华书局 1956 年版,第 5775 页。
③ (晋)葛洪著,杨明照校笺:《抱朴子外篇校笺》,中华书局 1991 年版,第 15 页。

法，他认为"丧亲者，若婴儿之失母，其号岂常声之有"①，要表达痛苦，哀号便已足够，不需要考虑好听难听的问题，而且亲人去世之后的哭泣是发自内心至性，这时候用自己习惯的方言方音，才最能体现真情实感，刻意去学习北方的口音语调，反而会显得不自然，甚至虚伪。不过，葛洪的反对并没有起效，根据颜之推在《颜氏家训》中的观察，到了南朝后期，"江南丧哭，时有哀诉之言耳；山东重丧，则唯呼苍天，期功以下，则唯呼痛深，便是号而不哭"②，这里的"江南"指南朝，"山东"指北朝，此时南北在丧礼期间哀哭的方法已经有了颠覆性的改变，南北朝时江南人完全接受了东晋初年北方士人带来的传统，在丧礼时婉转哀诉；而同时代的北方人反而像东晋时的南方吴人一样，不讲究哭泣的音调，只是"号而不哭"了。究其原因，南朝时江南上层士人的主流，已经是西晋时北方移民家族而非汉代以来的吴地人士了。

当然，北方士人带到江南的各类礼教和文雅风俗，不仅在移民家族内部延续，也同样影响了吴地出身的士人。西晋时期流行清谈玄言，南渡的士人通常都比较文雅，喜欢舞文弄墨，讨论哲学问题，不爱带兵打仗。到了东晋南朝之后，整个社会逐渐转变为所谓"世族社会"，一个人能否当官，能当多大的官，完全取决于的家世背景，而与本人的能力无关。既然不需要努力就可以获得高位，贵族子弟自然就不喜欢去承担武

---

① （晋）葛洪著，杨明照校笺：《抱朴子外篇校笺》，中华书局1991年版，第15页。
② （北齐）颜之推撰，王利器集解：《颜氏家训集解》，中华书局1993年版，第95页。

将、地方长官等费力的工作,纷纷去追求那些清闲而地位高的职务,每日无所事事,游手好闲。地位高而不用操劳的官称为"清官",为士人所推崇;反之则为"浊官",为士人所不齿。这种官分清浊的观念,也影响了吴越士人,比如吴人丘灵鞠,曾被任命为骁骑将军的武职,他觉得将军要带兵打仗,非常操劳,是"浊官",这种任命是对自己的侮辱,感到非常不高兴,顺带恨起了当初接纳东晋政权在吴地定居的吴地士族领袖顾荣,他说"江南地方数千里,士子风流,皆出此中。顾荣忽引诸伧渡,妨我辈涂辙,死有余罪"。①

由于吴楚人士有善战的名声,他们在东晋和南朝之初往往担任武将,其时吴人地位较低,也很难拒绝这些任命。不过,一旦这些出身吴地的武将建立了功勋,获得了一定的地位,他们的后代就会想办法弃武从文。比如刘宋时的名将,吴兴(今湖州)沈氏的沈林子、沈田子,都曾参与过刘裕带领的攻灭后秦、收复洛阳、长安的军事行动,立下赫赫战功,而他们的后代却一直在向文职发展,到了齐梁之间,沈氏的后人沈约,成为当时最著名的诗人和学者,他编纂了二十四史中的《宋书》,并成为"永明声律"的主要提倡者,为诗歌声律规则的发明作出了很大的贡献。而吴兴沈氏的另外一位名将沈庆之,曾参与宋文帝元嘉北伐,在拥立宋孝武帝的军事行动中起了决定性的

---

① (南朝梁)萧子显:《南齐书》,中华书局1972年版,第890页。关于南朝官职清浊问题,参见周一良:《南齐书丘灵鞠传试释兼论南朝文武官位之清浊》,周一良:《魏晋南北朝史论集》,中华书局1963年版,第94—116页。

作用，沈庆之的儿子沈文季却以文雅自居，"讳称将门"，南齐司徒褚渊曾经推荐沈文季担任边关守将，结果引得他勃然大怒，大揭褚渊对刘宋不忠的疮疤①。再如陈朝建立者陈霸先，和沈约一样也是吴兴人，史称"涉猎史籍，好读兵书……多武艺"②，以基层小吏的身份参军，一路建立军功，做到了将军，在梁末乱世抓住机遇，建立了陈朝，可谓是以武兴国。但仅仅过了三代，他的侄孙陈后主陈叔宝，就完全变成了一个文人，每日和文臣一起饮酒赋诗，当隋朝大军兵临城下时，他竟连一战的勇气都没有，一边说着"锋刃之下，未可与争"③，一边带着贵妃进入宫井躲避，最后还是被隋军发现，沦为俘虏，成了后代无数文人在诗文中讥笑的对象。

当我们在评价一个地方的文化时，常常抱着"一方水土养一方人"的观念，认为某个地区人的性格，是受当地地理环境的影响。在评价江南人的性格时，便也认为江南人文雅柔弱，是受了江南地方山清水秀的风景的滋养。但历史告诉我们，事实并非如此。从上面这些例子可以看出，南朝以后江南人士重视礼节的习俗和风流文雅的性格，并非汉代以来吴地人士所有，而是东晋永嘉南渡后由北方传来，由于北方士人在南朝政权中身份高贵，他们的好尚也便传播开来，影响了原先的吴地人士，使整个南朝士风转向文弱和雅致。颜之推在《颜氏家训·涉务》中总结梁代士人的性格时说："梁世士大夫，皆尚褒衣博带，大

---

① （南朝梁）萧子显：《南齐书》，中华书局1972年版，第775页。
②③ （唐）李延寿：《南史》，中华书局1975年版，第257、309页。

冠高履，出则车舆，入则扶侍，郊郭之内，无乘马者。……及侯景之乱，肤脆骨柔，不堪行步，体羸气弱，不耐寒暑，坐死仓猝者，往往而然。"[1]这样的个性，与当今我们对"江南文人"的印象相符，而与先秦汉魏吴人"好勇""轻死"的性格，已经有了天壤之别。

从上面的分析中可以看出，不论是"江南"一词所指的地域，还是"江南人"囊括的群体，抑或是"江南风俗"包含的内容，都并不是一成不变的。我们现在心目中以太湖流域吴越地区为主要地域，风俗温文尔雅，多出文士的"江南"，是在东晋以后，西晋北方士族文化和南方吴文化融合，再经由南北朝对立隔阂发酵而逐渐产生定型的，在这一过程中，王朝的更迭、政区的变动、人口的流动、习俗的融合，都是塑造"江南"概念的关键因素。由此观之，"江南"实在是一个文化概念而非单纯的地理概念。

---

[1] （北齐）颜之推撰，王利器集解：《颜氏家训集解》，中华书局1993年版，第322页。

江南·深厚

  江南因为水陆交通的便利，自古以来汇聚了各地的移民与精英，积淀了厚重的学术底蕴。江南人文渊薮，历代经史子集、文献数目十倍于北方，充分体现了千百年来文教学养的深厚，一代又一代的文人在此地通过文献典籍，沉淀人文教化，形成源远流长的江南文化，传承博大精深的中华文明。

白马湖畔的江南文心

华东师范大学中文系教授
凤 媛

白马湖畔的文人雅集

20世纪20年代初期,"文学研究会"宁波分会的部分作家,如夏丏尊、丰子恺、朱自清、刘延陵,朱光潜及后来的俞平伯、叶圣陶等,聚集在浙江上虞的春晖中学任教和讲学。他们在教书育人的同时,经常彼此诗文往返、唱和切磋,又佐以江南特有的黄酒助兴,形成了一个文风和趣味都相当接近的文人雅集。说它是一种"文人雅集"并非浪得虚名。聚集在白马湖畔的这些作家们无论是交游方式,精神气质、生活趣味、处事方式还是他们的文学创作,都一再表现出和他们前辈江南文人的气息相通。

　　在江南文化发展史上,"兰亭雅集"作为一个历史事件已经成为标识江南文化特质的重要符号。时间追溯到西晋时期,大批北方的士族与百姓为逃避当时匈奴、羯族等少数民族在中原地区引发的肆虐战乱,纷纷选择南下,这就是著名的"永嘉南渡"。北方士族原本希冀在江南一隅寻求偏安,但孰料,随后而来的东晋、宋、齐、梁、陈等频繁的王朝更迭、政权动荡、宗室残杀,让这些寻觅江南以求安定的文人却屡屡遭受血腥与死亡的威胁,故而也造就了他们精神世界中那种感伤悲怆、人生无常的颓废底色。

　　不过,好在江南的佳山丽水尚还亲切,这些饱经动乱的文人们便把一己的人生理想,交付于江南山水中,"何必丝与竹,山水有清音",在自然之美中,这些心怀忧惧的文人们找到了在政治争斗中从没有过的个体生命的舒放与自由,体悟到了自我价值的另一种实现方式。这种沉迷于自然山水的生活状态,并未止乎山水,而是愈加扩大,延及日常生活的角角落落,并氤氲成为六朝时期文人普遍的一种艺术化、趣味化的生活方式。在这其中,最有代表性的就是东晋永和九年(353)的"兰亭雅集"。

　　史载永和九年的农历三月初三,也就是永嘉南渡后不久,这天天朗气清,惠风和畅,以王羲之、谢安、孙绰等为代表的四十一位文人集结浙江兰亭,修禊、饮酒、赋诗。"禊"乃是古代春秋两季于水边举行的一种祭礼。《晋书卷八十·王羲之》曾

江南大义　*071*

表述过这次"雅集"的原因:"羲之雅好服食养性,不乐在京师,初度浙江,便有终焉之志。会稽有佳山水,名士多居之,谢安未仕时亦居焉。孙绰、李充……皆以文义冠世,并筑室东土,与羲之同好。"①可以看到,"兰亭雅集"的触发点是会稽的"佳山水",所以赏会自然山水是兰亭诗人的重要内容。荡漾于"千岩竞秀,万壑争流"的江南山水中,并于诗文唱和中接通古今,迁想人生,在这种阔大的境界中,仿佛之前所有的政治隐痛都不复存在,唯余这种艺术化的生活带给人心灵的荡涤。

　　应该说,这种纵情自然山水的态度,并非从兰亭聚会开始,更早一些的以阮籍、嵇康为代表的"竹林七贤",也有从自然天地中放纵性情的诗篇,但这些诗人和"竹林七贤"相比,却没有了后者因为和现实社会的紧张对峙而生出的沉痛和任情。这些饱经战乱、颠沛流离的文人们,甫到江南便有了"终焉之志",那些金戈铁马、案牍劳形的前尘旧事不必再提,就在眼前的这片温润山水中放纵一下久受压抑的内心,在这种诗酒唱和、赏会自然的安逸生活中乐享人生,所以,永嘉南渡之后的这次"兰亭雅集",可以说是中国知识分子精神发展史上的一个重要事件,更是江南文人精神演变历程中的一个无法绕过的关节。它少了"竹林七贤"的矫性偏智、抗世独行,也没有陶渊明般的劳形苦神、遁迹山林,它就在山明水秀的江南之地选择了"兰亭"。从此,"兰亭"便成为江南文人艺术化生活方式的

---

① (唐)房玄龄等:《晋书》,中华书局1974年版,第2098—2099页。

● 沈周《夜坐图》(台北故宫博物院藏)

一个指称，它是由先前沉痛的人生经验化出，进而于"暮春饮游"、诗酒唱和中寻觅到一种生活的趣味和情致，以此来平衡人世沉痛所带来的巨大的心灵空洞，从而实现个体生命和性情的自由与舒放。

所以，"兰亭"所代表的这种艺术化的生活方式，正是作为一种精神传统的"江南"的生发和开始，它得益于魏晋六朝时期整体的精神解放，同时兼有南渡文人政治隐痛的影响，两相作用之下，这种以江南文人的结社交游、文辞唱酬为主要活动方式、以追求个体性灵的自由舒放为主要目标的生活形态，成为六朝以及此后几百年里绵延不绝的江南精神的重要特质。

江南的地方认同

在人文地理学者蒂姆·克雷斯韦尔（Tim Cresswell）看来，"地方"（Place）是一个充满人类经验和意义的场所，人类生活在地方，地方则承载了人类对过去的记忆和对未来的想象，同时也让人类建立起自身和地方之间的身份、情感的认同。地方既是一种实际的地理空间，也是有着巨大精神感召力的存在，它为人类的记忆、想象和认同提供了基本场所，而这些由人类代际传承下的记忆、想象和认同又共同塑造了"地方"，即地方感、地方记忆和地方认同等[1]。江南精神传统的形成和传衍，同

---

[1] Tim Cresswell, *Place: A Short Introduction*, Blackwell Publishing, 2004, pp.1—12.

样和历代的江南知识分子对江南之地的栖身、想象、记忆与认同密不可分。

不妨先来看看吸引20世纪20年代的这群江南知识分子竞相寄身的这片白马湖吧。白马湖位于浙江省上虞县（今上虞区）东北部的驿亭镇，因为状如一匹奔腾的骏马，故称白马湖。《水经注》有载，晋朝时该地有个县令名曰周鹏举，"出守雁门，志务悠闲，思上虞景物之胜，乘白马泛铁舟，全家溺于此，时人以为地仙"，从中也可看到白马湖之地景色的超凡脱俗。白马湖三面环山，层峦叠嶂，碧水如天，犹如画境。从上海刚到白马湖的丰子恺，一下子感受到了喧嚣都市和此间山水的巨大反差，他不免感慨说："上海是骚扰的寂寞，山中是清净的热闹"，"我对于山水间的生活，觉得有意义"①。初到此地的朱自清感到一路上的"山光水色，扑面而来"，感叹"我这城里人下乡，却也有许多的惊异"，他也更加具体地描述了这片山水带给他精神上的影响："山的容光，被云雾遮了一半，仿佛淡妆的姑娘。但三面映照起来，也就青得可以了，映在湖里，白马湖里，接着水光，却另有一番妙景。我右手是个小湖，左手是个大湖。湖有这样大，使我自己觉得小了。湖水有这样满，仿佛要漫到我的脚下。湖在山的趾边，山在湖的唇边；他俩这样亲密，湖将山全吞下去了。吞的是青的，吐的是绿的，那软软的绿呀，绿的是一片，绿的却不安于一片；它无端的皱起来了。如絮的微痕，界出无

---

① 丰子恺：《山水间的生活》，《春晖》1923年第13期。

数片的绿;闪闪闪闪的,像好看的眼睛。湖边系着一只小船,四面却没有一个人,我听见自己的呼吸。想起'野渡无人舟自横'的诗,真觉物我双忘了。"①

"物我双忘"真是一个好词!它既真切地说明对于这些有着都市生活经历的知识分子而言,白马湖畔的青山绿水最能荡涤灵府,陶冶身心,让他们实现外在环境与主体世界的相融无间,又分明在提示我们,这些现代知识分子的精神血脉中仍旧回荡着前朝江南文人的跫然足音。这种沉浸在山水间的"忘我"状态,我们可以在六朝文人的山水诗文中频频见到,比如陶渊明的"归去来兮,田园将芜胡不归?"(《归去来兮辞》),"此中有真意,欲辨已忘言"(《饮酒二十首(录一)》),谢灵运的"昏旦变气候,山水含清晖。清晖能娱人,游子憺忘归"(《石壁精舍还湖中作》),南朝文人沈约更是在《郊居赋》开篇就说"惟至人之非己,固物我而兼忘"。而六朝文人这种理解个体和自然的态度,显然又和老庄的道家思想在当时的盛行关系甚密。庄子在《齐物论》中多次阐述"物化"和"物忘"的境界,意指超越欲望和偏私,消除种种障碍,让生命力得到自由解放,同时也弥合了物我界限,在主体与客体的反复移情和互渗中达到天人合一的境界。庄子的这种重视个体心性之圆融的精神追求在六朝文人那里得到了极大的阐发。

---

① 朱自清:《春晖的一月》,朱自清:《朱自清全集》第4卷,江苏教育出版社1990年版,第121—122页。

千百年后，白马湖这片佳山水显然又为20世纪20年代的江南知识分子召唤出追求"物我双忘"、强调心性自由的生活理想。先来看看他们在白马湖边的居所。夏丏尊的"平屋"中，有他精心摆弄的盆栽，朱自清曾回忆过那"有诗有画"的情景："一盆是小小的竹子，栽在方的小白石盆里；细细的干子疏疏地隔着，疏疏的叶子淡淡地撇着，更点缀上两三块小石头；颇有静远之意。上灯时，影子写在壁上，尤其清隽可亲。另一盆是棕竹，瘦削的干子亭亭地立着；下部是绿绿的，上部颇劲健地折着几片长长的叶子，叶根有细极细极的棕丝网着。这像一个丰神俊朗而蓄着微须的少年。这种淡白的趣味，也自是天地间不可少的。"① 丰子恺的"小杨柳屋"则是因为寓屋的墙角种了一株杨柳而得名，屋内的陈设更为别致，在那间天花板几乎要压到头上来，像"一颗鹁子"似的客厅里，放着一架钢琴，墙的两壁上则贴满了丰子恺的漫画，"微风穿过它们间时，几乎可以听到飒飒的声音"②，虽然朴陋，却兴味盎然。曾在春晖中学任教的朱光潜就回忆说："当时的朋友中浙江人居多，那一批浙江朋友都有一股清气，即日常生活中也别有一般趣味，却不像普通文人风雅相高。"③

不光如此，这些聚集在白马湖边的作家们几乎都是以文会

---

① 朱自清：《"海阔天空"与"古今中外"》，朱自清：《朱自清全集》第1卷，江苏教育出版社1988年版，第143页。
② 朱自清：《〈子恺漫画〉代序》，朱自清：《朱自清全集》第1卷，江苏教育出版社1988年版，第222页。
③ 朱光潜：《丰子恺先生的人品与画品——为嘉定丰子恺画展作》，朱光潜：《朱光潜全集》第9卷，安徽教育出版社1993年版，第153—154页。

友，文友关系非常密切。朱光潜曾回忆当时弥漫在他们中间浓厚的文学气氛："佩弦和丏尊、子恺诸人都爱好文艺，常以所作相传观。我于无形中受了他们的影响，开始学习写作。"① 朱自清是夏丏尊创作、译作的最早读者之一，曾为其两次作序；夏丏尊则把朱自清的《踪迹》介绍到上海出版；丰子恺为《踪迹》制作了一个很富诗意的封面，朱自清则给丰子恺的第一本漫画集作序，给他的第二本漫画集写跋；刘延陵帮助朱自清编辑刊物《我们》，朱自清又和后来的俞平伯、叶圣陶共商《我们》的编辑事宜。时为"白马湖"核心人物的朱自清似乎特别留恋这段山水唱和、以文会友的历史。他在为温州十中的老友、书画家马公愚所作的《石鼓图》题跋时，曾有诗云：

文采风流照四筵，每思玄度意悠然。
也应有恨天难补，却与名山结喜缘。②

《晋书》卷七十九《谢安》中有记：东晋南迁大族谢安寓居上虞东山时，就曾与王羲之、孙绰、许洵等交谊甚厚，"出则渔弋山水，入则言咏属文"，形成盛极一时的文人群体，并诞生了以吟咏山水来体会玄理的玄言诗派。著名的"兰亭雅集"正是

---

① 朱光潜：《敬悼朱佩弦先生》，朱光潜：《朱光潜全集》第9卷，安徽教育出版社1993年版，第487页。
② 朱自清：《题马公愚所画〈石鼓图〉》，朱自清：《朱自清文集》第5卷，江苏教育出版社1990年版，第355页。

以这一文人群体为主的更大规模的文人集会。朱自清显然极慕这群江南前辈纵情山水、超越凡俗的情趣，故而以诗明志，这也充分说明了白马湖作为人文地理学意义的"地方"所聚集的"江南认同"①的深远感召力。

"白马湖作家群"这种以文会友的古典情致尤其体现在诗文书画的相互唱和方面。这里不得不提及这一作家群的一个非常有趣的现象，那就是同名同类题材散文的创作。最典型的就是朱自清和俞平伯的《桨声灯影里的秦淮河》。那是1923年的仲夏之夜，朱、俞二人同游秦淮，秦淮的夜色实在撩人，游毕，两人相约各写一篇同名散文，于是便有了现代散文史上的"双璧"之作。关于这两篇文章的各自妙处，学界已经谈得够多，毋庸赘述。需要突出强调的是，朱、俞二人这种于畅游山水间的相互唱和，实在和几百年前的江南前辈于山水间觅得玄理真谛的作法别无二致。不仅如此，丰子恺和朱自清的同题散文《儿女》，夏丏尊、朱自清、丰子恺、叶圣陶悼念早逝亡友白采的同题文章《白采》，夏丏尊、丰子恺以"猫"为描写对象的"猫文"等，都是当时有口皆碑的文人酬唱的佳作。

诗文如此，对于书画的相互鉴赏、评析、点化更是"白马

---

① 胡晓明教授多年来一直深耕于江南诗学理论，他提出并建构了"江南认同"这一概念，认为"江南认同"超越了一般地域的文化认同，成为一个想象的精神地域共同体，其中最重要的是文教认同、移民认同、审美认同和自由精神认同。审美认同和自由精神认同既指向了江南文人日常生活的审美化，也指向了他们对暴政的反抗、对文化多元和生命自在状态的追寻。笔者认为，"白马湖作家群"所体认的"江南认同"，更多地集中在审美化的生活和不受压抑的自在状态。参见胡晓明：《江南文化诗学》，上海人民出版社2018年版，第3—26页。

湖作家群"的重要特色。丰子恺作为这一群体中较为独特的一位,画名盛于文名。他早年在日本游学期间,接触到日本漫画家竹久梦二等人笔简意赅的漫画,十分心仪,在吸收了这种异域画风,并融合了中国传统画的基础上独创了他自己的漫画风格。在春晖中学教授音乐和美术的时候,他就已经在校刊《春晖》上发表过以春晖中学的生活为题材的漫画作品,深得周围同仁的喜爱,他们于喜爱之外则积极鼓励丰子恺继续这种风格,甚至结集出版示以世人。夏丏尊就是重要推动者之一。他在给丰子恺的第一部漫画集《子恺漫画》所作的序中不无得意地说道:"……记得子恺的画这类画,实由于我的怂恿。……画的好歹不谈,子恺年少于我,对于生活有这样的咀嚼玩味的能力,和我相较,不能不羡子恺是幸福者!"[1] 从中既可见出夏丏尊对于丰子恺画所含深意的心有感应。朱自清对于丰子恺的画同样颇多感悟。他们二人曾于白马湖的黄昏之际共同鉴赏过竹久梦二的漫画,对于那个情境,朱自清曾有过梦幻般的描述:"你总该记得,有一个黄昏,白马湖上的黄昏,在你那间天花板要压到头上来的,一颗骰子似的客厅里,你和我读着竹久梦二的漫画集。你告诉我那篇序做得有趣,并将其大意译给我听。"[2] 对于子恺的画,朱自清也一再表示出"满心欢喜":"……我们都爱你的漫画有诗意;一幅幅的漫画,就如一首首的小诗——带核儿

---

[1] 夏丏尊:《〈子恺漫画〉序》,丰子恺:《子恺漫画》,开明书店1931年版,第10页。
[2] 朱自清:《〈子恺漫画〉代序》,朱自清:《朱自清全集》第1卷,江苏教育出版社1988年版,第221页。

的小诗。你将诗的世界东一鳞西一爪地揭露出来，我们这就像吃橄榄似的，老觉着那味儿。"① 这种喜爱，还表现在夏丏尊和朱自清会请丰子恺给他们的作品配图。1923年，夏丏尊将意大利的亚米契斯的《爱的教育》译成中文，他便延请丰子恺为他的译作配了十幅插图，并设计和绘制了封面，此书后由开明书店出了单行本，风行中国二十余年，再版了三十多次。1924年朱自清的诗、散文合集《踪迹》由上海亚东图书馆出版，封面也是由丰子恺设计和绘作的。

书画唱和固然是"白马湖作家群"的一个重要特点，诗酒文章也是他们生活中不可或缺的一个章节。朱光潜在《丰子恺先生的人品与画品》中对于当年他们之间的诗酒人生作过相当细致的回忆：

……同事夏丏尊、朱佩弦、刘薰宇诸人和我都和子恺是吃酒谈天的朋友，常在一块聚会。我们吃酒如吃茶，慢斟细酌，不慌不闹，各人到量尽为止。止则谈的谈，笑的笑，静听的静听。……我们大半都爱好文艺，可是很少拿它来嘴上谈。酒后有时子恺高兴起来了，就抬一张纸作几笔漫画，画后自己木刻，画和木刻都在片时完成，我们传看，心中各自欢喜，也不多加评语。有时我们中间有人写成一篇文章，也是如此。这样地我们在友谊中领取乐趣，

---

① 朱自清：《〈子恺漫画〉代序》，朱自清：《朱自清全集》第1卷，江苏教育出版社1988年版，第222页。

在文艺中领取乐趣。①

他们身处江南故地，喝的当然是绍兴黄酒。草草杯盘，昏昏灯火，在绍兴黄酒的一片醇厚微醺中，这群江南文人品赏诗画，雅谈人生，整个就是魏晋士人的现代翻版，只是少了这些前辈的任诞和放旷，多了几分源自这片温山软水的优雅和闲适。安居在白马湖畔的这些作家一直非常享受这种诗酒生活，甚至到了他们离开白马湖，在沪上相聚于开明书店时，这批作家仍旧保持了这种饮酒之风，并成立了一个著名的"开明酒会"。在这个每周一次的酒会上，夏丏尊、丰子恺、叶圣陶、郑振铎等除了畅饮"加饭"之外，很多重要的文章组稿和雅谈趣事均发生于此间。

其实，饮酒本身并不是目的，对于这些江南文人而言，由饮酒的微醺和快意遥想到千百年前的江南先贤开启的自由舒放、纵情人生的生活方式才是根本，那也是维系了千百年来江南之地的精神和灵魂的核心。1925年的新春，朱自清在白马湖畔写给俞平伯的一封信中这样说道：

新春曾泥醉一次，是喝了"新酒"以后。那一醉真非同小可，一夜不得安眠，尽是梦想颠倒！我自恨笔不健，不能将那时的难受传些给苦忆江南的老兄，因为此亦

---

① 朱光潜：《丰子恺先生的人品与画品——为嘉定丰子恺画展作》，朱光潜：《朱光潜全集》第9卷，安徽教育出版社1993年版，第153页。

为江南味也。[①]

显然，朱自清所说的这种"江南味"，就是传统江南文人的那种纵情诗酒、舒放人生的生活状态，也是经历了多少代江南文人的残破人生和惨痛经验，才积淀而成的"江南认同"，纵然时空无法回转，哪怕用这种"泥醉"的方式，"颠倒梦想"，也要向它致意！

有山，有水，有诗，有画，有酒，更有一班情致相投、趣味谐和的文人雅士，这些现代江南文人终于在"兰亭雅集"的风雨千年后，就在距离兰亭不远的白马湖畔，重寻到了一种充满了"江南味"的古典生存方式，自由舒放，雅致脱俗而又趣味盎然，这也可算是中国现代文坛对于江南精神传统的一种最为会心的辉映和传承。

春晖中学的精神延续

值得注意的是，除了流连山水，诗文唱和之外，"白马湖作家群"还有另外一重重要身份，即他们大多数都是春晖中学的教师或者曾在春晖中学短暂兼课，而教育领域也成为这群知识分子贯彻和践行江南精神传统的一块试验田。

春晖中学现在说起来已然是中国现代教育史上的一个传奇，

[①] 朱自清：《致俞平伯·九》，朱自清：《朱自清全集》第11卷，江苏教育出版社1998年版，第130—131页。

这离不开它的创始人经亨颐先生的远见卓识和倾力付出。经亨颐先生（1877—1938），乃浙江上虞人，早年赴日本留学，归国后即投身教育改革事业，历任浙江两级师范学校、浙江省立第一师范学校（简称"浙江一师"）的校长。担任浙江一师校长期间，经亨颐着力推行他的人格教育理念，要求学生不仅要掌握必需的科学文化知识，更要具备高尚的品德、健全的人格和良好的身体素质。他认为，"人格者，一方面为自立的、个人的，他方面为协同的、社会的；相互实现，渐渐发展者也，为人格而有社会，为社会而有人格，犹非中肯之谈。惟人格实现，同时社会进于洽善"①。在经亨颐看来，健全的人格和良善的社会是互生互助的，缺失一环或者轻此薄彼，都不能称理想的人格教育。这种人格教育理念贯彻到当时的浙江一师，表现为特别重视音乐、美术等艺术教育。五四新文化运动时期，经亨颐还和他的得力助手夏丏尊、刘大白等积极推行国文教育改革，大力宣传新文化和新思想。1920年3月，由浙江一师的学生施存统的一篇《非孝》文章为导火索的"一师风潮"爆发，浙江一师的进步学生和浙江省政府、教育厅的保守派力量发生了激烈冲突，后来在北大校长蔡元培的调停之下风波最终平息，但经亨颐校长和夏丏尊、刘大白等教员仍旧选择了去职离开。

离开浙江一师后的经亨颐先到北京高等师范学校任职，后

---

① 经亨颐：《最近教育思潮》(在浙江省教育会丁巳夏期讲演会上的讲稿)，经亨颐著，张彬、经晖、林建平编：《经亨颐集》，浙江大学出版社2011年版，第45页。

回到上虞老家，专心筹办私立春晖中学。1921年冬，从浙江一师离职的夏丏尊受经亨颐之邀，回到故乡上虞帮助筹办事宜，经亨颐因为当时还有更多政务活动和社会活动在身，所以春晖的日常校务是由他信任的老搭档夏丏尊代为执行。而在朱自清看来，经校长"似乎将学校的事全交给了夏先生"。在夏丏尊的邀请下，朱自清、丰子恺、朱光潜、俞平伯、叶圣陶等先后来到春晖中学任教或者短暂访问、讲座，这也使得学生们能够在"一个有诗有画的学术环境"中，"按着个性自由发展"①。

从私人情感上说，经亨颐校长对夏丏尊而言是亦师亦友的关系，两人既是同乡，又是多年并肩协作、关系默契的同事，但从教育理念上来看，两人确实存在着某些分歧。前面已述及，经校长倡导的人格教育，希望的是学生有完善健全的人格，并有益于社会现实，他希望的是学生能够关心政治、投身现实社会的改革，这和他的社会活动家的身份也颇为吻合。相较言之，夏丏尊则希望对学生施之以一种无所为的超功利主义的教育理念。

1923年，夏丏尊撰文《中国的实用主义》，对流行于中国社会几千年的实用主义价值观进行了犀利的批判。他指出，"中国民族的重实利由来已久，一切学问、宗教、文学、思想、艺术等等，都以实用实利为根据"，"中国人的实用实利主义，实足扑杀一切文明的进化"，从而导致创造的冲动被压灭，文明停

---

① 朱自清：《教育家的夏丏尊先生》，朱自清：《朱自清全集》第4卷，江苏教育出版社1990年版，第460页。

滞不前，因此他呼吁"不应只作实用实利的奴隶"，只有"无所为"的知识方有"大用"[1]。作为中学国文教师，夏丏尊还特别强调了文艺的"无用之用"，他说，"我们不愿把文艺当作劝惩的工具者，并非说文艺没有劝惩的功用，乃是不愿把其功用但局限于劝惩上的缘故。不愿把文艺当作茶余酒后的消遣者，并非说文艺无消遣的功用，乃是不愿把其功用但局限于消遣的缘故"。可见无论是对一般性的知识和思想，还是对文学艺术，夏丏尊都并非一味排斥它们具有的实用性，但他反感的是对这种实际功用作浅薄和过度的追逐。

　　夏丏尊主张对知识的超功利性追求，和他在中学教学实践中一直秉持的"爱的教育"思想密切相关。"春晖"时期，夏丏尊在繁忙的教学之余还翻译了意大利作家亚米契斯的《爱的教育》一书。之所以要翻译它，是因为书中所述的"亲子之爱，师生之情，朋友之谊，乡国之感，社会之同情，都已近于理想的世界"，"以为世间要如此才好"。而他所反感的正是当时中国教育的诸多怪象："学校教育到了现在，真空虚极了。单从外形的制度上方法上，走马灯似地更变迎合，而于教育的生命的某物，从未有人培养顾及。好像掘池，有人说四方形好，有人说圆形好，朝三暮四地改个不休，而于池的所以为池的要素的水，反无人注意。教育上的水是什么？就是情，就是爱。教育没有了情爱，就成了无水的池，任你四方形也罢，圆形也罢，总逃不

---

[1] 夏丏尊：《中国的实用主义》，夏丏尊：《夏丏尊散文全编》，浙江文艺出版社1992年版，第7页。

了一个空虚。"①夏丏尊异常清醒地看到了当时中国社会频繁的教育改革背后，正是从事教育的人过于急功近利，只顾形式上的逐新，却忽略了教育的本质是教育者对学生的情感化育，教育变成了一种机械的、生硬的知识传授，只能是一种"学店"式的教育。

在浙江一师任职期间，夏丏尊曾主动请缨兼任学校的舍监，他和学生们朝夕相处，指导和管理他们的学习生活和饮食起居，一方面严格要求学生，另一方面"不记学生的过，有事不去告诉校长，只是自己用一张嘴和一副神情去直接应付"②，晓之以理，动之以情，严慈相济，以自己的人格力量去感染和影响学生。在春晖担任国文教师期间，他强调"自己努力修养，对于文字，在知的方面、情的方面，各具有强烈锐敏的语感，使学生传染了，也感得相当的印象"③，他努力在国文教学中渗透情感的力量，酝酿国文教育改革的新思路，让学生能够"从文字上理解他人的思想感情，用文字发表自己的思想感情"④。

因为和经校长的理念渐行渐远，特别是看到一些不和谐的因素，春晖同仁开始意识到这方世外桃源已经不能承载他们的教育理想。1925年，朱光潜、丰子恺等相继去职后，夏丏尊终于也离开了春晖中学。他和这些旧时好友先创办了立达中学校、立达学园，后又投身于开明书店的编译工作。虽然几经辗转，

---

①② 夏丏尊著，欧阳文彬编：《夏丏尊散文选集》，百花文艺出版社2009年版，第29—30、155页。
③ 夏丏尊：《我在国文科教授上最近的一信念》，商金林编：《夏丏尊教育文存》，人民教育出版社2016年版，第148页。
④ 夏丏尊：《关于国文的学习》，《中学生》1930年第11期。

夏丏尊和同仁们始终没有忘记身为一个教育者的责任。1930年，开明书店创办了旨在面向中学生课余生活的《中学生》杂志，夏丏尊担任编辑，在发刊辞中，他提出该杂志是"替中学生诸君补校课的不足；供给多方的趣味与知识；指导前途；解答疑问；且作便利的发表机关"①，"先生每期拟题约稿，撰写卷头言与编者后记，对青年读者的来信必亲自作答"②。在和青年学生的书信往来、切磋指导中，夏丏尊将他的"爱的教育"的理念再次加以延伸。

值得注意的是，强调超功利的"无用之用"的教育态度，倡导以情化人的爱的教育，在"白马湖作家群"的同人中也得到了颇多的呼应和回响。来到春晖中学后不久，朱自清就在校刊《春晖》上发表了《教育的信仰》一文，一方面痛斥了当时流行在教育界的种种恶行，譬如校长教师们四处奉迎，不但讨好上司，还以各种方式利诱学生，为的是给自己培植可供驱使的"学生军"！这些人是把教育完全当成了一种谋私利的工具，而忘却了教育的目的。另一方面，他也看到了另外一些人确实热心地、诚恳地在办教育，但他们又"太重功利了"，只以知识"教"之，却不"育"之，"教育被压在沉重的功利下面，不免有了偏枯的颜色"，因此他呼吁教育者要带着教育的信仰，带着爱与感化，对学生施以健全的人格教育，而不要总是耽溺于学业的优

---

① 夏丏尊著，欧阳文彬编：《夏丏尊散文选集》，百花文艺出版社2009年版，第115页。
② 刘谦：《夏丏尊先生和〈中学生〉》，政协上虞县委员会文史工作委员会编：《上虞文史资料纪念夏丏尊专辑》，1986年版，第26页。

劣上①。那么如何实行这种超功利的爱的教育呢，在阅读了美国美学家帕佛尔（Puffer）的《美之心理学》后，他体会到美的目的在于"创造一种'圆满的刹那'"，以实现"我"和人、自然、宇宙的融合为一，"文学有'一切的思想，一切的热情，一切的欣喜'作材料，以融成它迷人的力。文学里的美，也是一种力，用了'人生的语言'，使人从心眼里受迷惑，以达到那'圆满的刹那'"。②彼时朱自清颇受佛教思想影响，但他强调文艺的"爱与美"对人的精神浸润和改良之功，能够引领人达至一种客我合一的精神圆融之境，既凸显了他作为一个文学教育者的重要理念，也让我们看到了他的江南文人的精神底色。

丰子恺作为夏丏尊最得意的学生，受到夏氏的超功利教育观影响甚深，并且在此基础上还发展了他的"艺术教育"理念。他认为，人们平时的日常生活都太过拘束，不得自由，"艺术的境地，就是我们大人所开辟以发泄这生的苦闷的乐园"，因此人要有"艺术心"，他"必有芬芳悱恻之怀，光明磊落之心，而为可敬可爱之人"③。并且他强调，艺术教育并不仅仅是"艺术科"，而是一种"全般的教养，是应该融入各科的"，"教以美的鉴赏力与创作力的，以养成其美的感情，使受用于其生活上"④，因此艺术教育是一种"美的教育、情的教育"⑤，更是一种"爱的教育"⑥。丰子恺在春晖中学期间身兼多职，担任美术、音乐和英文

---

① 佩弦（朱自清）：《教育的信仰》，《春晖》1924年第34期。
② 佩弦（朱自清）：《文学的美——读Puffer的〈美之心理学〉》，《时事新报·文学副刊》1925年第166期。
③④⑤⑥ 丰子恺：《丰子恺文集》（艺术卷二），浙江文艺出版社、浙江教育出版社1990年版，第230—233，254，576页。

教师，在春日暖阳中，他常常领着学生走出教室，在白马湖畔的山光水色间写生、作画；在夏日的夜晚，他则别出心裁地领着学生们在学校的草坪上举办夏季月光音乐会，为他们弹奏贝多芬的《月光曲》，并满含情感地介绍贝氏的坎坷人生，让学生在一种"情境式"的教育中如沐春风，领悟音乐的永恒魅力。

另一位和夏丏尊有着师友之谊的朱光潜同样有过在春晖中学的短暂执教的经历，也正是在那一时期，在夏丏尊、朱自清等的鼓励之下，他开始尝试文学理论方面的研究和创作。离开春晖后，朱光潜也加入了立达学园的创建工作，不久之后即远赴欧洲留学，攻读文艺学、心理学和哲学。夏丏尊加盟开明书店后，经常邀请朱光潜给他们杂志写稿，这就有了后面结集出版的《给青年的十二封信》。作者当时虽然远在欧洲，但对国内青年"太贪容易，太浮浅粗疏，太不能深入，太不能耐苦"的特点一直忧心忡忡，他认为这些问题的背后是中国社会几千年来的重实利、重效率的思维倾向，故而要给青年们在如何读书、作文、升学与选课、参与社会运动等方面给出意见，概而言之就是一个"超'效率'的固定价值的标准"。在之后出版的《谈美》一书中，朱光潜开场就提出，"艺术的活动是'无所为而为'的。我以为无论是讲学问或是做事业的人都要抱有一副'无所为而为'的精神，把自己所做的学问事业当作一件艺术品看待，只求满足理想和情趣，不斤斤于利害得失，才可以有一番真正的成就。伟大的事业都出于宏远的眼界和豁达的胸襟"[1]。

---

[1] 朱光潜：《谈美·开场话》，开明书店 1942 年版，第 3 页。

可见，这种对文学艺术的超功利、超效率的追求也是朱光潜一直希望赋予青年学生的一种道德理想。

可以看到，"白马湖作家群"跻身在青山碧水间，一方面触动并接续了他们与江南先贤之间的精神关联，这从他们的诗文唱和、讲究生活情致和个体性情的舒张等都可见出；另一方面他们又以教育者的身份将江南精神传统的内核外化在他们的教育实践中，夏丏尊、朱自清、丰子恺等正是将春晖中学当作了他们贯彻超功利的爱的教育理念的试验田，让地处偏远的春晖中学在当时能够群贤毕至，云蒸霞蔚，成为教育界的一个传奇。

"白马湖作家群"这批知识分子开始崭露头角的20世纪二三十年代，正是中国社会动荡不安、前途未明，知识分子焦灼地思考中国该往"哪里走"的时期。现实社会的刺激、功利主义教育观、党化教育的不断蚕食，让春晖学校的发展理念出现分歧，这些都让他们无法安然于此。1925年前后，"白马湖作家群"纷纷离开了春晖的清幽之地，再入市声，但他们的文艺和教育实践却并未就此中断，他们追求自由生命的审美情趣、培养超功利的健全人格，依然以各种可能的形式延续着，比如立达学园、开明书店一系列的教育和文化实践，这些无疑都为当时的中国社会提供了另一种意义上的救国之方，而它们也是"白马湖作家群"对江南精神传统的新的延续。

"家在江南黄叶村"
——一位南社诗人栖居江南的故事

上海交通大学中文系副教授
朱兴和

"黄叶"是古典诗歌中用以呈现秋天光景并借此寄托隐逸意味的经典意象,至迟在中唐时期已露端倪。大历才子司空曙曾经写出"雨中黄叶树,灯下白头人"的名句(《喜外弟卢纶见宿》[①])。约三百年后(1087),苏轼作了一首著名的题画诗:

野水参差落涨痕,疏林欹倒出霜根。
扁舟一棹归何处,家在江南黄叶村。
(《书李世南所画秋景二首》其一[②])

[①] (唐)司空曙著,文航生校注:《司空曙诗集校注》,人民文学出版社2011年版,第286页。
[②] (宋)苏轼著,黄任轲、朱怀春校,冯应榴注:《苏轼诗集合注》,上海古籍出版社2001年版,第1436页。

从此,"黄叶村"成为文士寄托乡居生活理想的乌托邦。苏轼之后,对黄叶隐居生活充满渴念的诗性心灵络绎不绝。比如,浙江石门人吴之振因绝爱东坡名句而将家园命名为"黄叶村庄",自号"黄叶村农""黄叶老人",并将毕生心血题名为《黄叶村庄诗集》①。山东潍县人刘鸿翱晚年退居"黄叶楼",亦自号"黄叶老人"②。

清末民初,"黄叶村"对于江南一带的诗人仍是一种神奇的蛊惑。比如,浙江嘉兴人沈曾植曾为吴之振《黄叶山庄图》题诗,有句云:"世味消黄叶,人情爱故家","橙斋觞咏地,天半想朱霞",③流露出对乡贤(吴之振号橙斋)的敬意和浓郁的乡愁。江苏周庄人叶楚伧则在《满林黄叶闭门居》轴子中读出了黄叶隐居理想中的天下关怀:"出处之间自有真,且呼林壑与为邻。谁知枯坐如禅者,正是关心天下人。"④但是,最具象征意义和现代意味的却是刘三与黄叶楼的故事。通过《黄叶楼遗稿》,能够看到一个开放、生动而诗性的现代心灵如何想象和构筑黄叶楼乡居生活之乌托邦,最后却遭遇毁灭的历程。

黄叶楼:僻处黄歇浦南的乡居乌托邦

清末民初,上海华泾有一座民居,被主人刘三命名为"黄

---

① 收入《清代诗文集汇编》编纂委员会编:《清代诗文集汇编》第155册,上海古籍出版社2010年影印版。蒋寅曾提及吴之振的黄叶村及其诗学主张。详见蒋寅:《〈宋诗钞〉编纂经过及其诗学史意义》,曹虹、蒋寅、张宏生主编:《清代文学研究集刊》第二辑,人民文学出版社2009年版,第244、248页。
② 《清代诗文集汇编》第528册收入刘鸿翱《绿野斋前后合集》《绿野斋制艺》《绿野斋太湖诗草》。
③ 钱仲联:《沈曾植集校注》,中华书局2001年版,第1272页。
④ 叶楚伧:《世徵楼诗稿》,正中书局1946年版,第36页。

叶楼"。刘三(1878—1938),本名钟龢,字季平,晚号"黄叶老人"。刘三去世后,妻子陆灵素(1883—1957)自号"黄叶遗孀",并将丈夫的遗稿命名为《黄叶楼遗稿》。可见,"黄叶楼"在刘三夫妇的生命中占有特别重要的地位。

黄叶楼的地理位置有些特殊。黄炎培曾在《黄叶楼诗序》中说:"华泾僻处黄歇浦南,去沪市二十里,时未通车马。"[1]可见清末时期属于上海近郊[2]。但是,黄叶楼离市区不远,门前又有一条河道直通浦江,交通便利。对于思想开放而又渴求宁静生活的刘三来说,这里既可与远东最现代化的都市声息相通,又可享受不受干扰的乡居生活,地理位置非常理想。1910年,蔡守曾在致苏曼殊的一封信中说:

> 昨日凌晨,坐小车往访(刘三),经龙华镇、陈家桥、徐家汇,约三由旬,始抵华泾……是日薰风犹凉,沿途众缘照眼,野香扑鼻,红蠑螈登树而走,黄虾蟆据草以跃,更有古冢蟠蛇,长可数尺。如斯景物,都平日甚少者。[3]

寥寥数语,生动地刻画出华泾一带的风光。而黄叶楼所在的小院更是一个花木扶疏的诗意空间。黄炎培曾说:"君(刘

---

[1] 刘三著,陆繁霜辑:《黄叶楼遗稿》,中国人民大学出版社1996年版,第3页。后文刘三诗词多出此本,不再一一注明。
[2] 事实上直到改革开放前,黄叶楼一带仍属上海近郊,"文革"发生之前邹容墓还在一片农田的环绕之中。详参沈熙乾、李伟国:《从邹容墓说到同盟会早期活动分子刘三》,《上海师范大学学报》哲社版,1981年第3期。
[3] 转引自王长元:《苏曼殊全传》,长春出版社1996年版,第270页。

三）家黄叶楼下，故有小圃，莳花，四时饶香色。"除了大量的草本花卉，黄叶楼中还有种有樱花、红枫等木本花树。《黄叶楼遗稿》中经常出现与花木相关的诗作。比如，"黄叶楼樱花众赪"时，有诗云："泥我分题飞白贴，有人偷赋比红儿。"枫叶红时，则有诗云："一夜严霜成玉汝，几重嫣叶比花娇。"刘三对花木的热爱和知解不同寻常，从他的一段书札中可见一斑：

> 萱花耐久，叶最披猖。莲谱伙颐①，自宜繁植。譬之儒分为八，佛离为三，各有渊源，难为轩轾。薇有二品，白妍于红。夏中建兰，要为独绝。前人谓酒能令人达，我于此花亦云。海棠哀感顽艳，最畏骄阳，若别辟一畦，间以玉簪数本，正如四围璎珞，端坐黄冠，秋色至此，叹为观止。鸡冠凤仙，无当大雅，有汲黯之戆直，乏魏徵之妩媚。秋葵大瓣，朱色为佳。菊有定评，我无间言。梅有花实之别，苏常间有拗为盆景者，余家旧有千株，曾有句云："苦恨寒花不自媚，尽情开与别人看。"然终不为惜也。杏李附庸，不能蔚为大国，玉兰辛夷，同根异色。木瓜颜如渥丹，亦一时之隽也。牡丹如徐庾骈文，微嫌繁富，顾嗜者独众。此外，鹃花大丽，来自异邦，不似客卿之无状，不妨并蓄兼收。②

显然，刘三对花木的了解已经达到相当专业化的程度，对

---

① 伙颐，原文为"伙颐"，应系转抄之误。
② 这是1923年刘三写给黄炎培书信中的一段。由于郑逸梅的摘抄得以保留下来，原函已不可见。详参郑逸梅：《题〈黄叶楼遗稿〉》，陆繁霜辑：《黄叶楼遗稿》，中国人民大学出版社1996年版，第87页。

花木的欣赏也已高度艺术化。无疑，莳花植树是刘三特别珍爱的一种生活方式，据此，可以推测出他对生活的想象和对世界的理解。集中有《种树》一诗，值得解读：

> 种树情怀比举雏，盼成长大计非迂。
> 五湖自办资生事，终羡当年范大夫。

诗中透露出对范蠡的艳羡之情。"范式"生活之所以成为理想生活的范式，因为其中至少包含平安、富足和爱情等美好的生活要素，蕴含着刘三试图构建黄叶楼乡居生活乌托邦的核心理念。

刘三的婚姻堪称幸福。妻子陆灵素出身于青浦书香门第，同为南社资深社员。多才多艺，尤擅昆曲。据说，每有佳兴，辄清歌一曲，刘三则和之以箫，时人（比如柳亚子）比之为赵明诚夫妇[1]。陆灵素"原名恢权，字秀民，又字灵素"，曾在广明师范学校求学、皖江女校任教，是一位接受过近代思想启蒙的新女性。从刘三诗集中所透露出的夫妻生活细节，可以感觉到，由于思想契合，才情相当，刘三的家庭生活比较幸福。陆灵素也爱花，曾绘铅画海棠一幅，刘三为题诗云：

> 燕支欲压春婆色，馨逸能痗秋士心。
> 刻意商量花性格，是花胎息独深沉。

---

[1] 1947年5月5日，柳亚子曾在诗中念及刘三夫妇，将其比作赵明诚与李清照，有诗句云："卷帘西风怜漱玉，明诚遗恨古今同。"

"秋士"乃是刘三的自称，而"花"则既指画中之花（海棠），又是作画之"花"（陆灵素）的隐喻。因此，此诗表面上看是题画诗，实则是对爱妻的赞美与知赏。最可注意的是，"馨逸能瘳秋士心"一语，暗示着美好姻缘对于精神怆痛的非凡疗效。在潜意识中，刘三对自己的婚姻生活是相当满意的。有一次，老友蔡守为刘三夫妇治印数枚，刘三以诗酬答，诗中出现这样的句子："泽中幸得逃名姓，知是名何更姓何。缄札呼妻欣共发，贪人得宝岂辞多。"隐微地将自己和妻子比拟为泛舟五湖、隐姓埋名的范蠡和西施。

在"朋友圈"中，黄叶楼中的刘三夫妇无异于幸福生活的样板。清末民初，不少友人曾与刘三夫妇有过美好的互动，甚至夫人们也直接参与进来，分享对生活的理解。比如，蔡守夫人张倾城曾赠刘三诗本一印，黄节妻子明明夫人曾绘"芦雁图"寄赠陆灵素。作为回馈，刘三则以诗作或字幅相酬。彼此交流的核心信息是对爱情和隐逸生活的向往与礼赞，比如"芦雁"，便是一个江湖栖隐的经典意象。这意味着，在朋友们的心中，刘三夫妇幽居的黄叶楼堪称"神仙眷属"偕隐江湖的乌托邦。

参与乌托邦想象与建构的都是一时之秀，大多是南社的中坚人物。据陆灵素回忆，有一次，苏曼殊和马小进来访黄叶楼，晚饭之后，曼殊"索胭脂作画"，"且画且谈笑，顷刻成黄叶楼图。又蘸墨作横幅，笔端胭脂未净，枯柳残鸦，皆作紫酱色"。这是以绘图形式，将黄叶楼乡居生活理想形象化和经典化的历史时刻。《黄叶楼图》绘成之后，刘三在"朋友圈"中遍征题跋。

柳亚子集中尚存题画诗四首[1]：

风雪残冬万虑荒，怀人感事两难忘。
沉思黄叶楼头客，可似年时旧酒狂？

箧衍犹珍尺素书，未偿诗债又年余。
文通岂为才华减，英气刘郎愧不如。

淡墨疏林黄叶图，阇梨才思古来无。
海山正有扬尘感，消息沉沉忆曼殊。

吴侬旧住水云湄，泛宅移家感未涯。
亦有荒寒图一幅，烦君健笔为题诗。

据马以君《苏曼殊年谱》可知，苏曼殊绘《黄叶楼图》的时间是1912年"6月中旬"[2]。而柳亚子题诗"偿债"，则在1914年冬天。遗憾的是，曼殊画作已不可见，但它在柳亚子心中激起的回响却是复杂而精微的。可见，刘三夫妇所居住的黄叶楼及苏曼殊的《黄叶楼图》，蕴含着一批南社诗人对理想生活的浪漫想象。

---

[1] 柳亚子：《磨剑室诗词集》，上海人民出版社1985年版，第211页。
[2] 马以君编注：《苏曼殊文集》，花城出版社1991年版，第816页。

● 吴历《夕阳秋影图》（辽宁省博物馆藏）

黄叶楼主的文化理想和政治想象

除了花木、爱情、诗画，书籍也是构筑黄叶楼乡居生活乌托邦的必要元素。

刘三爱书成痴。经过毕生搜罗，黄叶楼藏书一度多达2000余种、15000余册，包括不少珍本和善本。从现存《黄叶楼典藏图书目录》中，可以窥见藏书之赡富。藏天下珍籍于黄叶楼，与爱人共读之，是刘三对理想生活尤其是晚年生活的预设。1911年前后，他曾在一首诗中流露出此种念想：

> 误我儒冠二十年，成仙成佛更何年？
> 羽琌设想原非谬，老任温柔奈少年。

"羽琌设想"是龚自珍对晚年生活的想象。龚自珍晚号"羽琌山民"，为自己设计的人生归宿是昆山的一座藏书楼，取名为"羽琌山馆"。"羽琌"典出《穆天子传》，是古人收藏珍籍之所。"老任温柔"出自《己亥杂诗》第276首："少年虽亦薄汤武，不薄秦皇与汉皇。设想英雄迟暮日，温柔不住住何乡？"[1] 1839年，龚自珍在南下途中结识妓女灵箫，为作此诗，次年即迎娶灵箫于羽琌山馆。在龚自珍和刘三对乡居生活的想象中，爱情和诗书是不可或缺的元素，而藏满珍籍的黄叶楼则是落实生活理想的物理空间。龚自珍还曾说过："白面儒冠已问津，生涯只

---

[1] 刘逸生、周锡馥：《龚自珍诗集编年校注》，上海古籍出版社2013年版，第683、925页。

羡五侯宾。萧萧黄叶空村畔，可有拥书闭户人？"①（《己亥杂诗》第84首）意在讽刺文士追名逐利的现象，但反过来看，诗中亦流露出他对黄叶村读书生活的高度认同。因此，有理由推测，刘三"黄叶楼"之得名及其对晚年生活的预设，与龚自珍存在着内在的精神联系。

更加难能可贵的是，刘三并非闭户读书、不问世事的自了汉。他的心中深藏着对现代政治的强烈追求。这一精神向度大大地拓展了黄叶楼乌托邦的思想格局。

清朝末年的刘三曾是一位宣扬铁血主义的革命青年。曾作诗云："构新世界铁与血，孤灯焰寒心头热。"（《江南陆军小学同学录》）刘三早年求学于东京成城军官学校骑兵科，练就了过硬的骑射本领。曾作诗联云："手种桃李非无主，旧穿杨叶真自知。"②在政治上，刘三渴求开放，反对闭关锁国，曾在一首论及赵武灵王和秦始皇的小诗中表露出此种主张："关弓习骑改轻装，独上恒山制犬羊。毕竟养成排外性，笑他嬴政筑边墙。"在日本，刘三曾经加入拒俄义勇队、军国民教育会、兴中会分会等进步组织。回国后，与秦毓鎏、费公直等人在黄叶楼中创办丽泽学院，对学生进行思想熏陶和军事训练，暗中培育革命力量，直至被官方勒令停办。不久，因参与谋刺两江总督端方，被拘禁半年，获释后再度赴日，加入同盟会。

不过，刘三在革命史上最著名的事迹还是义葬邹容。

---

① 刘逸生、周锡䪖：《龚自珍诗集编年校注》，上海古籍出版社2013年版，第683、925页。
② 此联集中未收，网上有手迹图片。

1905年4月3日,邹容惨死狱中。刘三接到陈去病"乞谋片土"的来信后,慨然应允,与堂兄刘东海等冒险将邹容的遗骸秘密安葬于黄叶楼西侧不远处(即今之邹容墓园)[1]。虽然刘三如章太炎所说的那样,"未尝自伐"[2],但消息很快在朋友圈中传播开来,为他赢得了"江南义士刘三"的崇高声誉。刘三义声的传播与柳亚子、陈去病等南社中坚人物和同人刊物《醒狮》杂志的揄扬有很大的关系。义葬邹容之后不久,柳亚子偷偷来到华泾,在刘三的导引下祭奠了邹墓。事毕,赠给刘三两首绝句:

风尘满地识刘三,我亦当年龚定庵。
恩怨满腔忘不得,天涯握手一潺湲。

破壁谁能藏玛志,挥金差幸葬邹阳。
江东侠客多情甚,伴我驱车吊国殇。[3]

众所周知,南社中坚人物多半是"龚迷"。龚自珍有一首《送刘三》:"刘三今义士,愧杀读书人。风雪衔杯罢,关山拭剑行。英年须阅历,侠骨岂沉沦。亦有恩仇托,期君共一身。"[4]刘季平正好行三,正好有此义举,因此,柳亚子便半真半谑地称他

---

[1] 刘三后人在《先父刘三收葬邹容遗骸史迹回忆》一文中对此事有较详细的回忆,虽然时间明显有误,但营葬细节似可征信。详参《邹容集》附录《先父刘三收葬邹容遗骸史迹回忆》,张梅编注:《邹容集》,人民文学出版社2011年版,第149、150页。
[2] 章太炎:《赠大将军邹君墓表》,章太炎:《章太炎全集》第五册,上海人民出版社1985年版,第229页。
[3] 柳亚子:《磨剑室诗词集》,上海人民出版社1985年版,第28页。
[4] 刘逸生、周锡䪖:《龚自珍诗集编年校注》,上海古籍出版社2013年版,第195页。

为"义士刘三"①。这两首绝句后来收入《磨剑室诗词集》中，更题为《海上赠刘季平》，但1905年发表于《醒狮》第2期时的标题则是《海上遇刘三》。与此同时，《醒狮》第1期和第2期还刊有若干篇吊祭邹容的诗文，如"师韕"的《祭邹容文》，"亚卢"即柳亚子的《哭邹威丹烈士》，"金一"即金天翮的《哀邹容》，"黄天"即高吹万的《吊邹威丹》。可见，邹容之死是1905年《醒狮》作者群（大多是创立南社的中坚人物）最为关心的重大事件之一。正是在此氛围中，"义士刘三"的故事才不胫而走。从此，"刘三"盖过本名，成为历史赋予刘季平的荣誉称号。

　　1906年6月，刘三与蔡元培、柳亚子、黄任之等人共同斥资，在邹墓前建了一座纪念碑。陈去病曾来谒墓，赋诗相赠："刘三今义士（借定庵句，原注），慷慨重交游。以我一言故，而为烈士谋。千金收骏骨，抔土树松楸。差喜章枚叔，生还可暂休。"②此后，提及刘三义举的诗作不胜枚举。十九年之后，又发生了章太炎、李根源、张继、章士钊、于右任、冯自由、柏文蔚等二十余人祭扫邹容墓和在黄叶楼中聚饮赋诗之事。刘三与邹容同时成为被讴歌的对象。比如，章太炎诗云："落魄江湖久不归，故人生死总相违。只今重过威丹墓，尚伴刘三醉一围。"于右任诗云："廿载而还事始伸，同来扫墓一沾巾。威丹死后谁收葬，难得刘三作主人。"章士钊诗云："谒墓来华泾，

---

① 郑逸梅曾说："（刘三）因诵龚定庵诗：'刘三今义士'，乃以义士自策……便取江南刘三为号。"很可能颠倒了事实之因果。真实的情况可能是柳亚子先称刘季平为"义士刘三"，而刘因为敬重龚诗中的义侠，便默认了"刘三"的称号。
② 陈去病：《赠刘三》，张夷主编：《陈去病全集》第一册，上海古籍出版社2009年版，第44页。

重见刘高士。谢君葬友恩,不敢题凡字。"张继诗云:"威丹死后无人葬,只赖刘三记姓名。廿载复仇成大业,敢浇清酒答前盟。"① 这些举动和诗作,不过是对刘三侠义精神的集体肯定和仪式性追认。

以上史实,特别是创办丽泽学社、谋刺端方和义葬邹容等三件事迹,足以证明清朝末年的黄叶楼曾是刘三追求政治革新的基地。可见,看似幽静的黄叶楼,看似低调的黄叶楼主,其实对近代中国的政治史介入甚深。

不仅如此,进入民国以后,刘三表现出很高的政治节操和独立的政治立场。民国期间,当初一起追求民主共和的朋友们纷纷"下水",许多人不免"和光同尘",但刘三的表现很不一样。以他的能力、资历和人脉,谋取一官半职并非难事,但他宁可自甘贫贱,长期保持着远离政治的姿态。有一次,朋友以其"不近政治为迂",刘三委婉回应:"去鲁宣尼行似狗,避辽管子岂为龙。望云至竟惭霖雨,吹垢何由驭大风。"话虽说得低调迂曲,弦外之音则是:之所以不近政治,是因为政治的污垢太多了。可见,刘三对理想政治有很高的标准,对自身也有近乎"洁癖"般的道德要求。晚年自号"离垢",正是"道德洁癖"的一种表现。关于这一点,后文还有进一步的论述。

综上所述,可以论定,刘三是一位趣味高雅、思想开放、道德高尚的现代诗人,而他所想象的黄叶楼则是一个意蕴丰沛而美好的乡居生活的乌托邦。

---

① 张梅编注:《邹容集》,人民文学出版社2011年版,第136、137页。

"我生蓬累悲荒落"：刘三的生存困境

现实生活中，乌托邦通常难以存在。对刘三而言，同样如此。首当其冲的障碍是生计问题。

刘三的父亲是布商，可能有一份微薄的家底，包括一座私宅（即黄叶楼）和几亩薄田，但还不足以使刘三衣食无忧。事实上，刘三不得不一面做着黄叶楼偕隐的美梦，一面辛苦地谋取基本的生存物资。在最困顿的民国初年，甚至一度卖花谋生。

好几位朋友都提及刘三卖花之事。黄炎培说："君短衣斜笠晴雨中，卖（花）以自活，事绝雅，然太可怜。"姚锡钧也曾回忆："民四五，君艺梅家园，鬻之沪市。"刘三自己的诗作也多次提及卖花之事。如1914年，有诗题为"甲寅十二月，设售梅肆于昼锦里，五百冷友，散落人间，不胜离别之感"。诗云："先生意兴日阑干，海角晴云照酒干。苦汝寒花不自媚，尽情开与别人看。"又云："信知冰雪难论价，却割婵娟持与人。"对于爱梅成痴的人来说，为了生计而鬻梅于市是何等痛苦之事！刘三鬻梅大概是小规模的批发生意，但买种、栽培、转买，事颇辛苦，甚至某年元宵节还在外面鬻梅。然而，梅花值不了几文钱，他曾感叹："兹游更负梅千本，售于人间值几文？"还曾感叹："典尽寒梅未疗贫。"1915年秋，刘三赴扬州买梅，在夜幕中渡江南返时，"意为黯然"，禁不住感叹："万种苍凉是牧之。"其中辛酸可想而知。刘三不仅自己卖花，还曾写信嘱咐妻子鬻梅度岁。据陆丹林回忆，1916年冬，"刘三在京，囊橐萧然，无

江南大义　105

从汇寄家用,便想到家园中梅正著花,可以取以应市。灵素因在棋盘街赁一铺面,居然权作卖花人"。岂料灵素不善经营,争不过市侩,最后不得不将梅花分赠亲友。总之,卖花自活足见刘三当时的生计异常窘迫。尽管如此,他却经常周济友人。比如,清末民初,苏曼殊曾多次向刘三告贷,通常是他处告贷无门,最后才去找刘三,而刘三总能解他燃眉之急。①

刘三一生清贫,大部分时间靠教书或笔墨求生。1906年到辛亥革命期间,先后任教于江苏陆军小学和浙江陆军小学。辛亥革命后,陆军小学废弃,刘三成为失业人员。但他不以革命事迹自矜,辞谢陈其美从政之邀,于是,一家生计陷于窘迫之中,这大概是卖花求生的原因。自1916年到1927年,刘三继续以教书为业,先后在北大、北平高师、镇江敏成中学、南京东南大学、上海持志大学讲授国学。1927年后,则以笔耕为生,历任江阴要塞司令部秘书长、江苏省革命博物馆编纂主任、江苏通志通志馆编纂。

为了生存,刘三不得不辗转于南北各地,诗中经常流露出漂泊之感。比如,1907年秋,由南京转赴杭州时,他以诗赠别诸友,诗中说:"江湖不尽分携感,系我劳劳此去情……北驾南舣成底事,只赢忧患未能平。"到了杭州,则又有诗云:"宁知饿死填沟壑,独理丛残到劫灰。"足见薪水相当微薄。他还说过:"出门惘惘今何许,来日汹汹我费猜。大宙未宁我道丧,菰

---

① 1906年、1907年,苏曼殊几次在信中向刘三借钱。详见苏曼殊致刘三书信,马以君编注:《苏曼殊文集》,花城出版社1991年版,第475、485页。

中可许暂徘徊？"简直是凄惘伤心之语了。20世纪20年代，他也曾写过"读书读律知何用，未塞京华旅食悲"的诗句。可以说，流离凄苦之音是贯穿《黄叶楼遗稿》的基调之一。

最令人动容的是刘三在旅食生涯之中对黄叶楼和亲人的思念。比如，《九日寄灵子》诗云："愁来无绪去无端，入世才知度世难。情款惜惜将汝诉，西风恻恻逼人寒。小花临水争飞媚，浊酒盈尊故不干。手撷繁英当书札，殷勤重与劝加餐。""著书岁月闭门多，笑比尧夫懒出窝。幸有素心容解语，每将短咏作悲歌。当筵雨急车初洗，归路云开鉴乍磨。多事频年凭鹊首，为人风浪渡银河。"这些都是极婉妙的情诗。为了生活，刘三不得不在外地工作，但他的心念所系则全在黄叶楼，春天时说"世乱但悲春畹晚"，秋天时则说"故园黄叶已成堆"。两地奔波使他对黄叶楼和爱人的思念更加缠绵热烈。情诗写多了，他曾戏言，"要侬删尽别离诗"。有时候，朋友混迹于风月场中，而刘三则须直面情感上的寂寞和生理上的压抑，于是跟妻子开起玩笑："吴阊三月莺花多，吴娘窈窕时经过。风雨弥天人小极，辄欲尊前唤奈何。"诗中蕴含着含蓄温婉的性暗示，细味之，则又传递出李义山式的婉转流离之苦。一切都因生计所迫！

每次离开黄叶楼，对刘三而言，不亚于一场精神折磨。比如，1922年，当他不得不去镇江谋生时，便给妻子留下一首七律："惜别牵衣恋母慈，欲行转止意逶迤。道长命驾动千里，花发春明又一时。味狠终嫌京口酒，陆沉先没华阳碑。分无一事开怀抱，屋角寒梅笑向谁？"看似顾左右而言其他，其实所有被堆砌在此的词与物（慈母、道路、春天、京口的酒、焦山的碑、屋角的梅），不过是为了掩饰或烘托出对妻子的情意。所以，美好的人伦，尤其是和谐的夫妻感情，是黄叶楼乡居乌托邦中藏得最深和最富魅力的意蕴。然而，现实中的爱侣不得不承受人生的风浪。在刘三生命的后期，夫妇之情仍然坚牢，但现实的困厄也严重地侵蚀了本来应有的甜蜜感。约在1932年，他曾在一首词中感言："衾拥如山，欲成好梦者般难，闲杀一双金翅蝶，流转花间。"可视作后期家庭生活的一种缩影。

进入20世纪20年代之后，刘三的家庭负担逐渐加重。除双亲、妻子之外，家中还有不断长大的三女一子。可能因为这个原因，一向远离政治的刘三开始接受体制内的生活补给。1929年，国民政府筹备监察部，他被推为设计委员会委员。1931年，监察院成立，他出任监察委员。但在进入体制之前，刘三有过一段时间的心理斗争。

仔细品味1929—1931年的诗作，不难发现刘三在出处之际的审慎与踌躇。自1912年到1931年近二十年间，刘三一直保持着不近政治的姿态。约在1930年，他看到南京政府中居然有扫街的职官，忍不住发表感叹说："六代繁华迹已陈，所遗马矢与车尘。前箕后畚今为政，看杀嬉春袖手人。"足见此时的刘三在批判权力之荒诞、嚣张以及媚权行为之时，甘愿做一位政治的旁观者。但是，沉重的生存压力使他不得不寻求新的活路。与此同时，的确也有进入体制的机会。1930年左右，与刘三在南京过从或集饮的老友，多半是国民政府的高官，比如，时任江苏省主席的钮永建,时任司法院院长的居正,时任中国公学校长的马君武,时任中宣部部长的叶楚伧,时任陆海空总司令部秘书长的邵力子,等等。集会诗句"簇门车马薜萝深,列坐簪缨世外寻"即微妙地透露出此中消息。刘三也不是不知道自己手中握有一定的政治资本和人脉资本。比如,某次夜饮归来,碰到戒严,被迫下车,他忍不住写诗发牢骚:"一事差能胜李广,未曾自道故将军。"将自己比作落魄受辱的李广,虽说是为了表达内心的落差,却也暗示出他的身份意识。但是,对于是否动用这些资本,或用到什么分寸,他就特别审慎。江苏省主席钮永建请他游汤山温泉,他的感受是:"出郭车寻仄径行,陂陀时作不平声。在山泉热出山冷,珍惜当前一沃情。"虽然心里也有块垒,但他并不急于"出山",他也深知人情资本在权力场中的微妙作用及其限度。与晚年柳亚子很不一样,刘三始终刻意与权力保持着一定的距离,唯恐违背初心,也担心权力场中的风险。有一次,在与诸宗元和居正集会之后,他以诗奉答老友:"人物劣能当月旦,江湖深恐落风波……一事至今筹未熟,侧身天地悔蹉跎。"看来,虽然集会时他也曾放胆大言,但在是否"下水"的问题上,还是比较慎重的。

但是,刘三最终还是接受了监察委员之职。监察院是一个处于强力机构外围的"清水衙门"(院长是他的老友于右任),而监察委员则是一个类似于古代谏官的闲职。经过反复斟酌才接受这种职位,说明刘三有意将"自我边缘化"的生存策略进行到底。而犹豫与妥协一方面彰显出他对政治品节的苛严追求,另一方面也折射出物质问题对他构成了强大的精神压力。

从任职期间大胆弹劾安徽省主席陈调元、病休时仍然提案弹劾渎职官员①、自许"浊流"②等种种言行来看，作为监察委员的刘三仍然保持着高度的道德自律和苛严的政治标准。换言之，即便进入体制内的边缘地带，刘三也并未违背自己设定的政治良知和道义底线。

可以说，正是因为对完美乌托邦的强烈追求和骨子里的"精神洁癖"，刘三在面对时世时，采取了"自我边缘化"的策略。此种姿态导致了他与世界之间的扞格不通。因此，为了求得基本的生存，他不得不承受流离之苦。早在1908年，他就写下了"我生蓬累悲荒落"的诗句。"蓬累"，语出《史记·老子韩非列传》："君子得其时则驾，不得其时则蓬累而行。"③几乎可以视作刘三一生生存状况之象喻。后来，他也多次在诗中提及落花、落叶等意象。比如，"茵溷不教花堕落，但看花逐那家飞"，"花信堕茵兼堕溷，人还愁雨复愁风"，"夕餐荐菊谁甘共，夜泊闻枫索梦同"，"杨枝骆马成漂泊，沟水鱼鳞有是非"，"亦知在树难成实，多恐投荒踏作泥"④，无不充满飘零无依之感。可

---

① 据郑逸梅的回忆，刘三在病休时，曾目睹外人在沪郊赛马，踏坏庄稼，因县长不敢抗议，刘三于是愤而向监察院提案，请撤县长之职。详参郑逸梅：《题〈黄叶楼遗稿〉》，陆繁霜辑：《黄叶楼遗稿》，中国人民大学出版社1996年版，第88页。

② 在中国政治传统中，监察官通常自许"清流"，而刘三则以"浊流"自许，看似是自嘲，实则暗寓着他对监察院中污浊现象的嘲讽和抵抗。

③ （汉）司马迁：《史记》，中华书局1982年版，第2140页。

④ 1930年左右，刘三受诸宗元、马一浮落叶唱和的影响，和了四首落叶诗。1929年左右，马一浮在杭州与肇安法师、诸宗元、孙世伟有过落叶诗唱和。马一浮有和作11首。详见吴光主编：《马一浮全集》第三册，浙江古籍出版社2013年版，第33—35页。

见，物质之困顿，身体之漂泊，乃至灵魂的煎熬，是诗人为保守心灵的完整而不得不付出的沉重代价。然而，苦难正是高贵灵魂的试金石。正因为承受了常人难以承受的苦痛，其人其诗及其构设的乌托邦，才弥足珍贵。

"断送一生憔悴小楼中"：刘三晚年的遭遇与乌托邦的毁灭

黄叶楼乡居生活之乌托邦不仅缺乏基本的物质基础，也在其他方面不断遭受沉重的打击，比如，人伦之痛。

1922年，由于父亲去世，刘三不得不放弃北京的教职，就近谋生。约在1926年，母亲病逝，继而爱女刘缃暴亡。这些事件毁灭了刘三对美好乡居生活的人伦想象。1926年10月，秋夜殛雷，刘三吓了一跳，认为是老天对他的警示。诗语有云："母丧女夺吾知罪，人虐天饕曷告哀？不分江河成日下，岂期枯槁有春回？"可谓沉痛至极。翌年，他又在一首诗题中说："予自缃女暴亡，思之辄痛，放言作达，遇变则穷，知陷溺深者，非语言文字所能拔已。"诗云："泪滴秋心欲碎，愁煎泪眼能枯。独夜剩栖老凤，重泉忍锢童乌？读画读诗读记，感乃不绝予心。难忘去年七月，骤失一颗明珠。"在生命后期，即便有爱妻相伴，黄叶楼的秋天也不再美好，因为人伦想象已经残破。

不仅如此，时代大环境也不断销蚀刘三的生活热情。事实上，由个人微观遇际的恶化所引发的消极感受，通常与诗人对时代状况的负面判断密切相关。比如，秋夜惊雷诗中的"人虐天饔曷告哀"和"不分江河成日下",就隐微地透露出刘三对于所处时世的绝望情绪。

顾随先生曾说,动人的诗歌第一须有"生的享乐",即"生的力量的活跃",第二须有"生的憎恨"①,即源于理想的对眼前现实的强烈不满。刘三正好符合顾随先生的论断:既有对乌托邦的强烈渴求,又有对现实的强烈不满。从《黄叶楼遗稿》来看,刘三对大环境的判断基本上都是负面的。清末时期,他有"弥天忧患"。进入民国之后,共和政体虽已建立,但仍与他心中的理想政治相去甚远。比如,在意识形态上,他无法接受当局的专横立场。袁世凯统治时期,他曾感叹:"侧闻钩党犹瓜蔓,肠断天南杜叔荣。"1927年,异见人士张应春被秘密杀害,他也曾感叹:"天日晶莹照海湄,尚余刑赏费然疑。山阴冤狱犹堪忆,空剩秋风秋雨词。"将张应春比作秋瑾,强烈谴责光天化日之下的政治暴行。

由于现实中的政治运作污浊不堪,所以,刘三要构设一个完美的乌托邦,作为精神的避难所。但现实的逼迫却无孔不入,因此,纵酒便成为逃避现实的重要手段,有时甚至演变为"行为艺术"②。刘三贪杯,常以魏晋时期纵酒的名士自喻,借以表达对昏暗时代的回避与鞭挞。集中涉酒之诗甚多。比如,"未平垒块宁逃饮,已厌兵戈尚恋生",这是自比为阮籍。"妇语荒唐不可听,河山应鉴老刘伶",这是自许为刘伶。在酒馆与叶楚伧、

---

① 顾随:《驼庵诗话》,生活·读书·新知三联书店2018年版,第4页。
② 某次,刘三在松江某酒家聚饮,遗其束带,留下了"飞靴解带"的笑谈。

姚锡钧、高旭等人聚饮,刘三大言:"途穷但取眼前醉,世窄能容天外狂。敛衽出门作干笑,谁家新屋有微霜。"自序有云:"云升馆酒醒,晓色转苍,有庾子山人间何世之感。"这是暗引庾信《哀江南赋》,表达对时局之幽忧。最妙的是一首以刘公荣(刘昶)自居的饮酒诗。1929年左右在南京,碰见在国民政府中做官的老朋友们,聚会之时,刘三作了这么一首诗:"簌门车马薜萝深,列坐簪缨世外寻。待月未妨云暧暧,按歌无奈夜沉沉。思归张翰多同调,不饮公荣得我心。剩对故人搔白发,一弹指顷去来今。"《世说新语·任诞》载:"刘公荣与人饮酒,杂秽非类,人或讥之。答曰:'胜公荣者,不可不与饮;不如公荣者,亦不可不与饮;是公荣辈者,又不可不与饮。'故终日共饮而醉。"[①]"不饮公荣"透露出刘三对南京官场的微妙认识及其处世策略:既然老朋友们参与建构的南京官场并不干净,自己只好以纵酒的方式"杂秽非类"了。至此,纵酒演变成为躲避"腐化"老友的一种手段。当然,从根本上说,酒只是麻醉品,并无救赎灵魂的功能,纵酒恰恰是精神极度痛苦的一种表现。刘三也曾试图戒酒(集中有《戒酒一首》),但最终未能戒掉。越到后来,酒越来越失去魅力和疗效。约在1932年,他曾感叹:"纵有糟床能葬我,总是无欢。"长期纵酒,严重地影响了他的身体健康。最后的死亡也与纵酒有直接的因果关系。

战乱则是导致黄叶楼乡居生活理想破灭的直接原因。1924

[①] 龚斌:《世说新语校释》,上海古籍出版社2011年版,第1415页。

年9月,第二次直奉战争爆发,齐燮元和卢永祥在江浙一带开战,战火烧到华泾,刘三不得不"仓皇将母携妻女",逃离黄叶楼。1932年的一·二八事变,尤其是1937年的"淞沪会战",对刘三的打击更大,最终导致了黄叶楼乌托邦的毁灭。1932—1938年间的诗作充溢着一种让人透不过气来的乱离之感,足见日本侵华战争给晚年刘三造成了致命的精神打击,彻底击碎了黄叶隐居之梦[①]。

  1932年一·二八事变爆发时,刘三正在南京,担心黄叶楼中的母柩被毁,试图绕道杭州回沪,没想到杭沪交通也因战事中断,结果被困在杭州旅舍。是年除夕,"栖迟旅舍,百感交集","行不得,睡无眠",填词遣闷,写出了"最无聊赖是东风,断送一生憔悴小楼中"的沉痛诗语。避乱杭州时期的诗作流露出沉重的丧乱之音,而且,高频率地出现杜诗语汇。比如,"杜陵弟妹多分散,秦掾夫妻感远游","固知有恨关亲舍,便是无家惜此身","只许放歌酬白日,还须作伴慰青春","自迫残冬伤道弗,颇传连夕压天骄","此行端不为西湖,檠甓真成一腐儒","花应溅泪东风恶,茗肯留人白日徂"。由于回家之路被战乱隔断,旅杭诗作中充满了对黄叶楼的挂念。即便身在湖山之间或宴席之中,寸心所系,全在黄叶楼。比如,弟子邀游葛岭,他却心急火燎地想要下山读报("急欲城闉看晚报")。弟子

[①] 日军侵华破坏的不只是刘三一人的黄叶隐居之梦。1938年,钱锺书从英伦归国途中,在埃及因睹落叶而想象江南之残破,不禁有无家可归之感。曾作诗云:"试问随风归底处?江南黄叶已无村。"参见钱锺书:《槐聚诗存》,生活·读书·新知三联书店2002年版,第24页。

请他吃饭，他却惦记着黄叶楼中的酸菜坛（"家风齑菜瓮，归梦牡丹亭"）。朋友请他游钱王祠，却引发有家难归之痛（"重来我是难归客，怕听花门缓缓歌"）。停战之后回到黄叶楼，看到楼中怒放的红梅和玉兰，却又感叹春天已过一半，喜悦与哀愁袭来，恍如梦寐（"犹及寒梅透骨红，更看木笔蘸晴空。一楼花雨刚春半，百结归心似梦中"）。这些诗作清晰地呈现出刘三对黄叶楼的深情及战乱给他的精神打击。

1937年日军发动全面侵华战争之后，刘三一家成为难民，蹴居于法租界华龙路元昌里华龙小学二部楼上①，"小楼逼仄，几于不能容膝"。因此，最后一年的诗作充塞着丧乱之音。他在一首诗中说："少可从军壮枕戈，晚逢丧乱愧如何。杜陵奔走空皮骨，剩对秋江哭逝波。"在另一首诗中又说："谏果亦知回味苦，随人瀌落到天涯。"自注云："徐陵与王僧虔书：'惟桑与梓，翻若天涯。'离垢今日颇有此感。"按，刘三避乱的华龙小学在今天的复兴公园北侧，离黄叶楼的直线距离不过12公里左右，但战乱却造成了咫尺天涯的心理距离感。

由于华泾沦为敌占区，在避难所中的刘三急切地搜寻关于黄叶楼的相关消息，可是，得到的都是负面消息。比如，省视大姊，得知姊家已毁，于是感叹说："相对凄然各忆家，宵来劫火过龙华。"门人蒋大沂自苏州省亲回沪，专门绕道华泾，历时四昼夜，出现在他面前时，"宛然江南卖菜佣"，让他深受感动。

---

① 地点在今天的雁荡路56弄。参见张臻：《刘三夫人和〈黄叶楼遗稿〉》，《民国春秋》1994年第6期。

带来的消息则是"城郭灰飞""衣冠道尽"。最糟糕的是，黄叶楼内的藏书被辇运一空。一生心血，包括毕生收藏的书籍和近百种近代名家墨迹、画幅、金石、碑帖，尽付东流。这无异于致命的一击。刘三在最后时期提及黄叶楼和藏书时，无不带有椎心之痛。比如，"烽燧无端照海东，咸阳三月将毋同。腐心最是书千卷，饮恨难为酒一中"①，憾恨到连酒都无法下咽了。

凡此种种，都给刘三造成了严重的精神创伤。八一三事变后，刘三忧愤不已，得了怔忡之疾，经常彻夜难寐。最后时期与朋友见面，"往往相对无语，家国之恸，见于颜色"，令朋友"竟难设辞，勉效坐忘而已"。他一向诗思敏捷，最后时期居然出现交白卷的情况。1938年夏，战火纷飞，热浪滚滚。逼仄的蜗居空间内，酷热难耐。刘三借助冰镇啤酒解渴，引发旧疾，于是一病不起。8月9日，台风来袭，病床上的刘三听着窗外的狂风暴雨，脑中系念着激烈的战事，"昏谵疑非人间"，十五天后便凄然下世。

"华龙劫后诗"中的不死心灵

1938年，刘三在《自题近作》中说："老氏流沙孔九夷，逃荒心事几人知？他年若纂流亡史，应采华龙劫后诗。"明确指出，"华龙劫后诗"在其心灵史中占有非常重要的地位。刘三为何如此看重"华龙劫后诗"？个人认为，除了记载战争的"诗史"意

---

① "中"，原文如此，疑是"盅"字之误。

味之外,更重要的是,其中蕴藏着一种不可磨灭的心灵之光。

"老氏流沙孔九夷"典出《史记》和《论语》。《史记·老子韩非列传》载:"老子修道德,其学以自隐无名为务。居周久之,见周之衰,乃遂去。至关……著书上下篇,言道德之意五千余言而去,莫知其所终。"《集解》引《列仙传》云:"(关令尹喜)与老子俱之流沙之西……莫知其所终。"①又,《论语·子罕篇》曰:"子欲居九夷。或曰:'陋,如之何?'子曰:'君子居之,何陋之有?'"②老子和孔子的典语含着这样一种意味:倘若世界幽暗,则有道者可另辟一世界以居之。刘三将避难华龙之绝境比作老子之西出流沙和孔子的将之九夷,亦具此等意味。将华龙旅次想象为战乱世界之外的荒芜之地,隐然以孔、老自居,无非是重申人心不死和正义终将战胜暴虐之信念,这正是"逃荒心事"之精神内核。所有"华龙劫后诗"中的心灵幽光,似可归结于此。

在战乱中的避难所,刘三与亲友互动频繁,特别是与沈尹默"论诗说剑",相亲相慰,诗心不死,令人动容。随着朋友之间的频繁互动,刘三悲怆冰凉的心灵逐渐回暖,蓬蓬然又有了生气。比如,临近岁末,老友黄太玄之婿刘伯年画橼、柏、水仙、青果见贻,刘三以诗相酬:"黄橼苍柏水仙花,腊尾春天共一家。谏果亦知回味苦,随人濩落到天涯。"诗味相当苦涩。沈尹默读到此诗,以诗相赠:"清新词句赋江南,濩落随人谏苦

---

① (汉)司马迁:《史记》,中华书局1982年版,第2141页。
② (三国魏)何晏集解,(宋)邢昺疏:《论语注疏》,北京大学出版社2000年版,第132页。

甘。诗酒正堪驱使在，弥天四海一刘三。"沈尹默的赠诗在刘三心中激起了持久的回响，催生了一系列的唱和之作。刘三第一首次韵诗云："知君刻意褚河南，一艺从头识苦甘。若赌真书君第一，试言隶草我无三。"沈尹默书学褚遂良，故有此语。妙的是诗后自注："王僧虔答齐高帝问，君正书第一、草书第二，陛下草书第二、正书第三，君无第三，陛下无第一。"在称赞朋友的同时，刘三对自己的书法当仁不让。老友之间的斗趣让前作中的阴霾一扫而空。腊月廿三日，亲友挤在华龙小学楼上为刘三庆祝六十寿辰，刘三又次韵一首："踽踽还同住道南，客来能识菜根甘。百年难报亲慈爱，风雪催人过廿三。"沈尹默读后，复次韵二首，其二云："不采兰根笑所南，从容慷慨意弥甘。双星伴月中天丽，四拜陈词愿只三。"暗用郑思肖露根兰之典，翻转了战乱流离之悲，而变为温煦之祝词。沈尹默画竹相赠，刘三再次次韵酬谢："昔年接席客宣南，馋口能言比肉甘。不谓老饕胸有竹，兼工聚五四攒三。"因为沈尹默先以"说得刘三比肉甘"之语调侃刘三，刘三才以"老饕"一语反唇相讥。此类玩笑既风雅，又温暖，令人感动。刘三还曾作南韵诗安慰妻子："试从城北望城南（谓难民区，自注），得茹秋荼比荠甘。且共耐消寒九九，会须重副径三三。"化用《归去来兮辞》，为妻子勾画出重建故园的愿景，以激发她共克艰难的信心。

亲友之间，特别是夫妻之间的心灵契合，通常是诗人战胜困厄的精神支柱。1937—1938 年，刘三和沈尹默的唱和不仅呈现出友情的温暖，甚至也微妙地呈现出两对夫妇之间的精神感通。大约在1937年，沈尹默曾作"春蚕词"若干首，借此抒发蛰居上海的种种心绪，特别是对其妻褚保权（1903—1990）的柔情蜜意。第一首是《蝶恋花》。词云："人面花光相映发，脉脉伴伴，人与花无别。密意浓情和酒呷，东风沉醉芳菲节。　　几度名园惊蛱蝶，南国佳人，标格真奇绝。仪态万方风与月，相逢疑是骖鸾客。"①沈、褚结缡于20世纪30年代，相差二十岁而情感深笃，故《蝶恋花》中有此等艳语。褚保权曾抄录丈夫词作制成春蚕词册，沈尹默在册页后题有一首绝句："柔桑食尽丝缠尽，投釜穿机一任他。等是此身非我有，不须辛苦作飞蛾。"②刘三题签，并依沈尹默原韵和诗一首："缠绵况味知何似，之死诗人咏靡他。身后是非谁管得，不须临镜蹙双蛾。""之死诗人咏靡他"乃是经典中的海誓山盟，语出《鄘风·柏舟》："髧彼两髦，实维我仪，之死矢靡它。"翌年（应是1938年），刘三又题绝句一首："此身正似蚕将老，坡老真为我赋诗。翻恨吐丝丝不尽，从容慷慨两难时。"沈尹默最欣赏的是末尾一句，"谓末句可刊一印"。可见，刘三对沈氏夫妇的情感生活有比较深度的理解与知赏。同样，沈尹默也曾以诗画的形式介入刘氏夫妇的情感世界，比如，上文提及的祝寿诗中就有"双星伴月中天丽，四拜陈词愿只三"的祝福语。在"孤岛"上海避乱的诗人是极其痛苦和绝望的，倘若没有夫妻之间的精神契合，无论是刘三还是沈尹默，恐怕很难鼓起勇气生存下去。

---

①② 上海书法家协会编：《海派代表书法家系列作品集·沈尹默》，上海书画出版社2006年版，第23、32页。

这大概是沈尹默激赏"从容慷慨两难时"一语的根本原因。[1]而刘、沈二人对彼此家庭的知解与祝福,则是朋友之间共克艰危的一种表现。

身陷"孤岛"的刘三对抗战从未失去信心。《入晚又得一首》诗云:"未信周家替,从知虢德凉。弱嫌强者食,仁与暴相妨。南国先亡象,东方旧有狼。春秋重施报,九世予齐襄。"从诗中可以析读出刘三对时局和战争结局的深刻思考:虽然日本早有吞并中国的狼子野心(所谓"东方旧有狼"[2]),虽然中国在抗战之前已由于政治不张而陷于积弱之中(所谓"南国先亡象"),虽然暂时敌强我弱,但是,就像齐襄王收复失地一样,中国必将获得最终的胜利。刘三的这种判断,来自对正义(所谓"仁""施报")必将战胜暴虐(所谓"暴""虢德")的坚定信念。临死之前,刘三在病中吟诗,仍有"杜陵日夜望中兴"之句,显示出强烈的爱国热情和正义必胜的坚定信念。这让我想起刘三的老友陈独秀。在抗战最艰难的1942年,陈独秀同样处在贫病交加的绝境之中,但同样从未气馁。在陈独秀最后时期所作的几篇雄文大作中,同样闪烁着人心和人性的力量与幽光。

---

[1] 沈尹默手书《春蚕词册》照片,后有汪东、沈禹钟、白蕉等人的题跋。1953年,汪东题诗云:"叶饱缠绵吐不穷,一丝一线付吴侬。待看鸳锦裁成日,始信春蚕作茧功。"1956年,沈禹钟题诗云:"认是游仙事却真,花前消尽旧时春。相思比似乌丝栏,何处重寻织锦人? 赋就风怀韵欲流,晋唐书势亦无俦。书家别稿成双绝,按拍难消万古愁。"1963年,白蕉倚醉跋曰:"鸟有同命,茧有同功,悲欢离合,铸梦无穷。"复缀词云:"人有同心,白头如新。"题跋均以沈褚情感为中心,足见书家对春蚕词之主旨别无异辞。
[2] "周家"和"南国"显然是指中国,"虢"和"狼"则是对日本侵略者的斥责。《山海经·大荒东经》有言:"东海之渚中,有神,人面鸟身,珥两黄蛇,践两黄蛇,名曰禺虢。"见袁珂:《山海经校注》,上海古籍出版社1980年版,第350页。刘三曾在次韵沈尹默诗作中说"六合塞豺狼",也是以"豺狼"咒骂日军。

"世事无常人有素"：终章的一点感念

孤岛之中，逼迫刘三的不仅是充塞人间的战乱，甚至也不乏人心之纷扰。集中有《无端二首》，出语蹊跷：

无端沟水忽西东，谣啄凭渠谥懒龙。
省识虎丘岩畔石，更休饶舌学生公。

不如淮上柳河东，笑杀云间陆士龙。
我自闭房窥秘记，只论丁女与壬公。

又有《答客问仍用前韵》一首云：

故居已失让西东，旧好难逢腹尾龙。
世事无常人有素，漫凭通介论徐公。

显然，三首诗指涉的是同一事件。事情之曲直已难考证，然而可以断定，在如此艰难的孤岛中，居然还有人谗毁刘三。面对谗言，刘三不屑置辩（"更休饶舌学生公"），任人訾议（"漫凭通介论徐公"）。面对播散流言者，刘三敬而远之（"无端沟水忽西东"），冷齿笑之（"笑杀云间陆士龙"）。面对纷扰复杂的人心和人世，刘三以素心相对（"世事无常人有素"），唯求闭户自修而已（"我自闭房窥秘记，只论丁女与壬公"）。按，"丁女"与"壬公"即火与水,典出苏轼《真一酒歌》:"壬公飞空丁女藏,三伏遇井了不尝。"①这是东坡晚年谪居海南(或云惠州)时的悟道诗。1938年三伏天,面对战火和流言,刘三闭户自修,只论水火,不顾其余,似已进入类似于《真一酒歌》所说的"跏趺牛嚼安且详,动摇天关出琼浆"的"湛然寂照"之境。"世事无常人有素"亦是此种心境。"素",即内心的纯洁与贞吉。"人有素",是有定力、守贞吉的心灵境况。《易·履》曾以"素履"为物象,对此境况作过极精妙的譬喻与释解:"素履往,无咎。""履道坦坦,幽人贞吉。""幽人贞吉,中不自乱也。"王弼注曰:"履道恶华,故素乃无咎。处履以素,何往不从?必独行之愿,物无犯也。"孔颖达正义亦云:"既能谦退幽居,何有危险自乱之事?"②《周易》所说的"素履"与"贞吉",与刘三最后时刻的心境颇为相似。在"飞瓦昆阳战"(刘三绝笔诗语)的战乱背景下,虽然黄叶楼已经毁灭,虽然在身体和精神上遭受着前所未有的煎熬,但刘三仍然没有放弃对正义和道德的追求。

值得注意的是,刘三妻子陆氏亦字"灵素",号"素园"③。可见,"素"对于刘三夫人而言,也有特别的意味,而陆灵素也的确有一颗抗拒苦难、坚守"素"心的灵魂。刘三死后,陆灵素自号"繁霜"④,或"黄叶遗孀",足见她承受着非同寻常的

---

① (宋)苏轼著,黄任轲、朱怀春校,冯应榴注:《苏轼诗集合注》,上海古籍出版社2001年版,第2210页。
② 上文均引自(三国魏)王弼,(晋)韩康伯注,(唐)孔颖达疏:《周易正义》,北京大学出版社2000年版,第74—76页。
③ 参见曹伟明:《剑胆琴心的南社伉俪》,《联合时报》2015年6月5日第6版。
④ "繁霜",蕴含孤苦之意。《小雅·正月》云:"正月繁霜,我心忧伤……念我独兮,忧心京京。"老杜晚年亦云:"艰难苦恨繁霜鬓。"陆灵素晚号"繁霜"可能与此相关。

苦痛。但她承受着巨大的痛苦，做了一件别人无法完成的事情，即辑成《黄叶楼遗稿》。刘三生性通脱，"所作诗文，辄随手弃之"，而陆灵素则深知刘三文字的重要性，偷偷收藏了一些文稿。抗战爆发，刘三以为毕生诗作连同藏书一起毁于战火，故有"华龙劫后诗"之语。刘三死后，陆灵素冒着生命危险，潜回黄叶楼，居然在破纸堆中发现当年潜藏的诗稿。可惜"散失大半，残缺不可复识"。于是，与女儿"惨然相对"，钞录成册。由于无钱出版，便将诗稿寄给柳亚子，请他在香港出版。没想到香港沦陷，诗稿全部丢失。悲痛之余，陆灵素一边抚育孩子，一边多方搜寻丈夫遗作。由于字多残缺，有时候不得不凭记忆默出。因为担心不合原意，便请刘三生前老友黄太玄予以鉴定。重辑工作完成之后，四处寻访刘三好友，遍征题跋。凡斯种种，大费周折，不过是"以慰季平在天之灵耳"。此情此意，令人感念不已。

从题跋来看，刘三的朋友们在面对《黄叶楼遗稿》时，无不流露出哀惋空漠的情绪。比如，沈尹默说："藏息华泾，爱满楼秋趣，顿惊黄落"，"恁年少豪情，总还空漠"。柳亚子说："帘卷西风怜漱玉，明诚遗恨古今同。"姚鹓雏说："忽有悲欢心上过，屡看名字在遗篇。"汪东说："只青山在，黄叶落，小楼空。"1947年秋，陆灵素在黄叶楼中，一边校勘丈夫遗稿，一边追念往事，填了一阕《水龙吟》：

朔风黄叶飘萧，挑灯重勘遗稿漏。窗前惨绿，松阴疏竹，秋光依旧。桃李当年，荫遍江右，无言搔首。忆年年尽有，人来墓畔，争相问，诗刊否？　　今昔空禅参透。记西湖酣饮长昼。笙歌聒耳，微波鱼逗，流光飞走。世态炎凉，不堪想象，泉台知否？老翻嫌寿，每深宵兀坐，抚龙怜凤，泪垂襟袖。

未亡人之诗沉哀至极，不堪卒读。可以说，没有刘三的黄叶楼形同废墟。但是，"世事无常人有素"，正因为陆灵素一缕心念未灭，刘三心灵的吉光片羽才能重见天日，并未湮没于历史的废墟之中。可见，黄叶楼之乌托邦虽然毁灭了，却又未曾真正毁灭。

陈寅恪曾在《王静安先生遗书序》中说："古今中外志士仁人，往往憔悴忧伤，继之以死。其所伤之事，所死之故，不止局于一时间一地域而已。盖别有超越时间地域之理性存焉。"[1]刘三夫妇的憔悴忧伤，及其在困苦中的坚守，同样蕴含着一种超越时空的理性。知识人的憔悴与坚守，原于内心深处对乌托邦的浪漫想象，即对正义、道德、爱情及诗性生活的强烈渴求，这是人之所以为人的本质属性与尊严。通过考察《黄叶楼遗稿》，似乎可以得出这样的结论：诗性心灵所想象的乌托邦或许可能被毁灭，但诗性心灵对于乌托邦的想象绝不可能被毁灭。

---

[1] 陈寅恪：《金明馆丛稿二编》，生活·读书·新知三联书店2001年版，第248页。

多面折射的『江南诗意』

华东师范大学图书馆
古籍特藏部馆员
曾庆雨

"江南诗"是内涵复杂的一个概念。这首先与"江南"这一概念本身的复杂性有关。其一，历史上"江南"的义界并非一成不变，所涵盖的地域广狭不同，因而学界有所谓"大江南""中江南""小江南"之分。其二，"江南"是一个流动的概念。历史上北方少数民族入侵及战乱造成的大规模衣冠南渡之外，江南得天独厚的地缘条件也不断吸引其他地区人才的加入，为江南文化不断注入新鲜血液，丰富了本土文化；与此同时，江南文化也由于种种历史机缘不断向其他地区辐射，其他地区为江南文化所化之后，本土文化被激发出新的质素，再通过人才流动等反过来影响江南。在不断的文化交流与碰撞过程中，江南文化愈加丰富多元。所以从文化的角度，很难把江南与其他地区做截然划分。

作为以抒情传统见长的中国文学，古典诗歌以其精妙的形式、凝练的语言及强大的兴发感动功能成为诸文体中最发达的一支。江南既为山明水秀之地，亦是人文荟萃之邦，钟灵毓秀，古来诗人名家辈出，自不乏吟咏江南山水胜迹、人物风物、史谈典掌之作。同时，异乡诗人或亲历江南而形诸吟咏，或未到江南而驰骋想象，亦写有大量歌咏江南之作。创作主体的复杂多样也增加了"江南诗"的复杂多样。

诗歌发展受不同时期政治、经济、文化、社会等多重因素的影响。由于魏晋南北朝之前，中国的文化重心一直在北方，江南文学的充分发展是从永嘉南渡后伴随着士人的江南认同开始。从东晋的玄言诗、山水诗到南朝民歌与宫体诗，江南地区的诗歌逐渐为人所瞩目。江南文化的发展曾先后经历了以金陵、杭州与苏州为中心的三座高峰，自六朝至近代，这三座江南核心城市及其周边地区也便成为江南文化精神凝聚之地与文化人物集中之地，围绕其产生的诗歌自然也较江南其他地区为多。但是，诗歌面貌既受多重外在因素的影响，诗风诗境又存在着千差万别的个体差异，即使同属歌咏江南之作，也很难归纳出某些共性，来囊括"江南诗"这一内涵极为丰富且复杂的概念。若就江南地区不同时期不同地域不同诗人一一道来，又难免以有限逐无涯之叹。

与"江南诗"相比较，"江南诗意"则是一个涵盖面更广、包容度更大、浸润性更深的概念，"江南诗意"是"江南诗"的灵魂与内核，"江南诗"是"江南诗意"的文本化呈现。人文地理学有所谓"文本化山水"之说，强调自然中所沉淀的人文内涵。从广义来看，悠久的历史使得中国很多地方的山水均有"文本化山水"的特点，积淀了丰富的诗意内涵。比如言及湘水，便自然联想到屈原、宋玉及《楚辞》；言及永嘉，便自然联想到谢灵运及"四灵"等人的山水诗；言及武陵，便自然联想到自陶渊明的《桃花源记》《桃花源诗》以及此后诗歌史中一系列关于桃花源题材的名作；言及终南山，便自然联想到王维与裴迪等人的辋川唱和等。但就山水中人文积淀的深度、广度与密度而言，江南均可谓首屈一指。江南在历代题咏中不断激活出新的诗性空间，"江南诗"不断丰富着"江南诗意"。从不同侧面观照"江南诗意"的生成，并举相关的"江南诗"来印证，正是了解江南文化的一个合适的切入点。

从容心境所陶冶的江南诗意

人物性情，往往肖其风土。江南土地肥饶，气候宜人，谋生较易，故居民性情多温雅平和，有从容欣赏的余裕。流风所及，从文人雅士到贩夫走卒，莫不濡染其中而不自知。《儒林外史》中两个挑粪工结束一天辛劳之后，相约永宁泉吃茶后再去雨花台看落照的情景之所以打动人，也正在于这等绰有余裕的诗意心境。此种心境在文人雅士来说本不足奇，从贩夫走卒口中道出,则可以想见此风影响之广,六朝烟水滋养出骨子里的雅致,并没有被社会地位的卑微所压抑,也没有被日复一日的劳作所消磨。

　　这种对大自然从容观照的诗意心境,有时也会同心共感,推己及人,不自觉投射给另一个体。吴越王妃每年春天回临安省亲,某次王以书遗妃曰:"陌上花开,可缓缓归矣。"此语有多重含义:江南春又至,花开愿同赏,盼卿早日归来;江南春美得毫无死角,归来时请慢慢地、仔细地欣赏,不要辜负陌上相逢的每一朵花;所以,我的祈盼尽管迫切,你的步履尽可从容。寥寥数语,热烈、委婉、深情,情之所至,吴越王似乎颇能滤去表象,一语道破江南人之生活美学的本质。此语被本地人编成山歌而广为传唱,绝非偶然。后来苏轼来到临安,游九仙山,闻里中儿歌《陌上花》,于是写下三首绝句:

　　　　陌上花开蝴蝶飞,江山犹是昔人非。
　　　　遗民几度垂垂老,游女长歌缓缓归。

　　　　陌上山花无数开,路人争看翠軿来。
　　　　若为留得堂堂去,且更从教缓缓回。

　　　　生前富贵草头露,身后风流陌上花。
　　　　已作迟迟君去鲁,犹教缓缓妾还家。

● 项圣谟《雪影渔人图》
（北京故宫博物院藏）

● 黄公望《快雪时晴图》局部（北京故宫博物院藏）

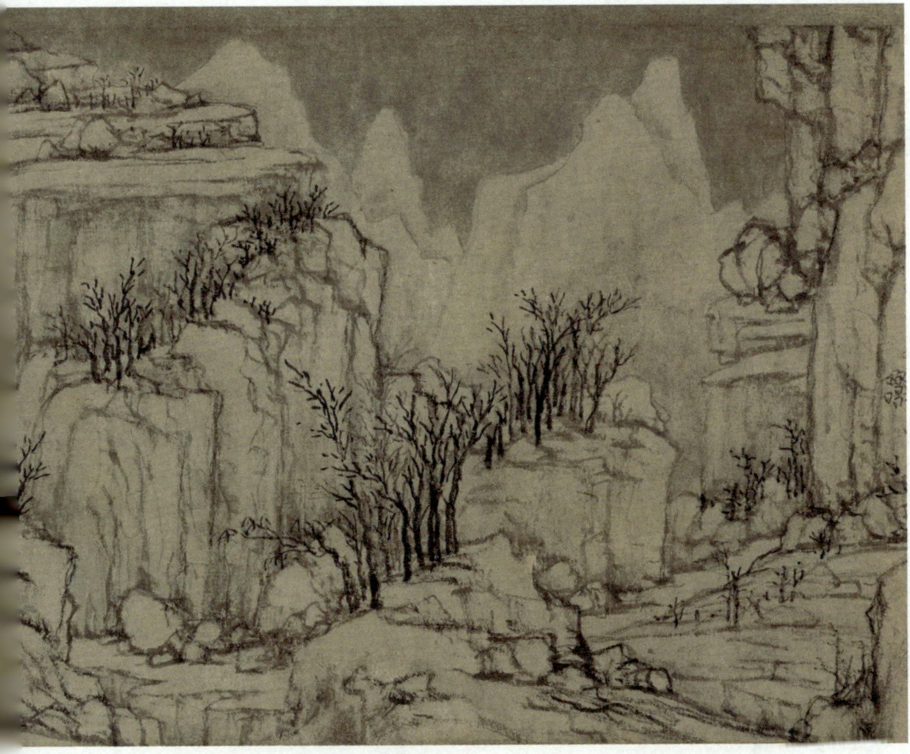

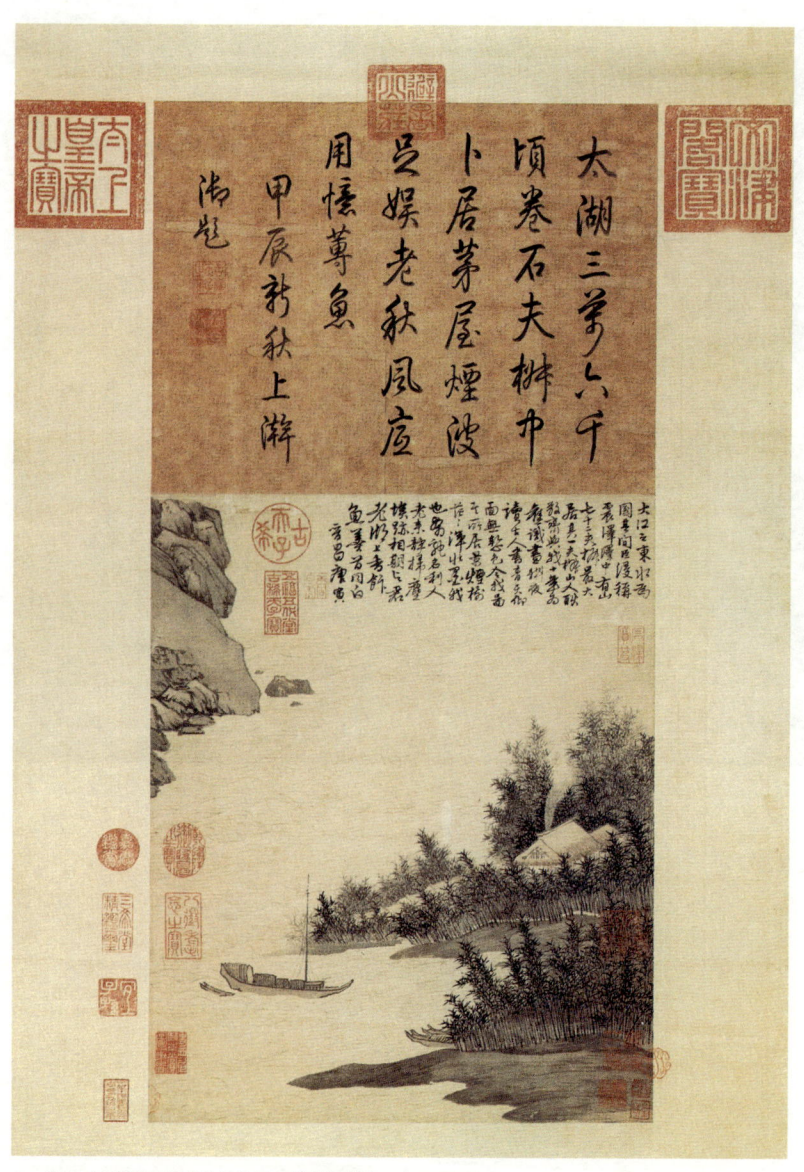

● 唐寅《震泽烟树图》（台北故宫博物院藏）

三首均强调了"缓缓"二字，东坡同样被这种从容欣赏的生命情调所感动，并将这动人的一幕置于更广远的时空来观照：王朝一瞬、生死一瞬，一切如走马灯般匆匆上演，而踏着一路花香缓缓归来的身影却成为"艳称千古""姿制无限"（王士禛语）的不老佳话。每到春来，每一条寻常的江南巷陌也因此更加风光冉冉，每一个行走陌上的江南女子也因此更加温馨灵动。

江南风土所陶冶出的这种从容甚至使某些江南人物在面对死亡时也多了一份诗意的超然。鄞县张苍水于南明覆亡后依旧在浙东沿海一带坚持抗清近二十年，失败后隐居岛上，伺机再起。不幸被俘，临刑前出城门望凤凰山曰："好山色。"这故国山色，既是生前浴血抗争与保卫之地，也是死后埋骨长眠之地。生为人杰，死为鬼雄，凛凛忠烈之怀，在生命最后一刻并未表现为金刚怒目式的决绝，而是化作对故国江山的无尽依恋与从容欣赏。同样在死亡面前仍能以从容欣赏的眼光投向这个世界最后深情一瞥的，还令我想到另一个江南人瞿秋白。就义之前，他写下"眼底云烟过尽时，正我逍遥处"（《卜算子》）的词句，最后环顾长汀罗汉岭上的苍松翠柏，颔首微笑道："此地甚好，就在这里。"在这种诗意观照之下，死亡的悲壮苍凉意味被眼前的无边清景所冲淡，悲剧升华为庄严的美。

朱光潜在其《谈美》中曾提到阿尔卑斯山麓的一个路牌："慢慢走，欣赏啊！"因为山谷中有一条两侧景物极美的公路，但路人多疾驰而过，无暇流连风景。朱先生认为，如果人生旅途一直是这样急匆匆地掠过，便无异于"了无生趣的囚牢"，他为此深觉惋惜。对诗意与美的发现、感受、欣赏均需要从容的余裕闲情，这对于匆忙的现代人来说尤其显得奢侈。而江南，正是滋养这种从容心境与雍雅性情的适宜土壤。

人文山水所积淀的江南诗意

山川之秀，蔚为人文。毓秀钟灵，其来有自。江南人文萃聚，风气所钟，代有才俊应时而出，题咏指顾间，足令山川增色。于是山川与人文相炳焕，久而久之，山水便积淀了深厚的人文内涵。

江南山水本具诗情画意，吸引无数才人诗客为其题咏。多少山水一经名士品题，便平添了更加灵动丰沛的诗意。此后虽青山不改，绿水依然，却因其地曾被特殊的诗性心灵观照后而激发出新的光彩，并随着岁月的流逝而将某一位诗人的独特感受沉淀为人们的集体记忆。以至于一旦提到某地，就会联想到某人、某诗以及其诗所烘托的整体诗意氛围。比如，寒山寺的钟杵在姑苏城外年复一年的撞出声音又复归沉寂，听者置若罔闻，却被张继轻轻拈起，从此回响千年。后人只要提到寒山寺，就会联想到张继及其《枫桥夜泊》，乃至于乌啼月落、繁霜漫天、江枫渔火、孤舟寒水、舟中不眠的逆旅之人以及回荡在这一切物象之间的悠悠晚钟声。再如，二十四桥原本不过是江南一座普通的桥，桥上的明月亘古如斯，也不会因维扬的繁华与衰落而增减其清辉，而此桥此月却因杜牧的一首《寄扬州韩绰判官》而与江南的隐隐青山、迢迢碧水相关联,与桥上玉人及玉人的婉转箫声相关联,从此平添了几多温柔旖旎。后人只要看到或想起此桥,便会想起那一夜的明月、那一夜的箫声以及虽已深秋却并不萧瑟的江南。

江南山水人文积淀的诗意又体现为特立独行之士以其不同俗流的行为举止为江南山水增添了情趣与性灵,于是其人连同其事便成为江南诗歌中反复吟咏的母题或事典,这类人与事在《世说新语》中记载甚多。比如《言语》篇所载的支遁放鹤:

支公好鹤,住剡东岇山。有人遗其双鹤,少时翅长欲飞。支意惜之,乃铩其翮。鹤轩翥不复能飞,乃反顾翅,垂头,视之如有懊丧意。林曰:"既有凌霄之姿,何肯为人作耳目近玩?"养令翮成,置使飞去。

凡会使所爱对象之天性有所斫损的爱,便夹带了私心,真正的爱只为使对方生命得到最美好的实现与完成。支遁正是通过自省使私心之爱升华为无私之爱,双鹤羽成飞去的一瞬,同时也放飞了自己。支公放鹤,超越世俗意义之得与失,正如其养马,只是赏马之"神骏",而不在意这在世俗看来"韵"或"不韵"(《世说新语·言语》)。得其神而忘其貌,在其内而忘其外,如此方能得到真正逍遥与自由。故诗僧皎然赞美支公云:"支公养马复养鹤,率性无机多脱略。天生支公与凡异,凡情不到支公地……"(《支公诗》)支公放鹤一事之所以被后来无数诗人反复吟咏,正在于超功利自由精神的永恒魅力。岫山因此生色,剡东因此生色。

雪夜访戴的故事与此类似,寻常的一场雪,寻常的一次夜航访友,却因寻访者的兴尽回棹而成为佳话。一般人的行为往往被现实且明确的目的所左右,决定一事,尤其是付诸行动后便常怀必至之心,即使中途兴味索然也要把过场走完,似乎不如此便虚掷了既往的付出,消解了此行的意义,这便成为目的本身的奴隶。此时忽有一人,或行或止,皆遵从本心当下的真实感受而非既定目的,其反常之举便会令庸常的大多数们恍悟:人生原来还可以有如此任情任性的活法!于是不同俗流的"这一个"便成为传奇。故曾幾《书徐明叔访戴图》一诗曰:

小艇相从本不期,剡中雪月并明时。
不因兴尽回船去,那得山阴一段奇。

一个特立独行之人的潇洒任情之旅,与山阴雪月交光叠影,照亮了一路的剡溪,成为江南别具诗意的美典。

江南山水人文积淀的诗意更体现为历史上高风亮节之士以其平生行履为某地注入品格与灵魂。比如镇江焦山之得名,乃因东汉处士焦光曾隐居于此,其为人廉洁自持,安贫乐道,朝廷三召不起,益为世人所重,故因姓以名山。加之焦山地僻山幽,江光竹影,人迹罕至,从此奠定了焦山隐逸的格调。尽管随着历史的变迁,焦山的文化内涵不断丰富,但溯其源头,总易使人联想到处士焦光的遗风。"焦光老去烟霞在,时为摩挲旧石龛"(汤胤勋《焦山寺次黄淮少保韵》);"闲心愿托焦光隐,客里先抛第一盟"(程敏政《游焦山》);"高卧不知处,花含古洞春。白云来借问,三诏彼何人"(屈大均《焦光洞》),均有感于此。

再如,杭州栖霞岭因岳武穆生前抗金、死后埋骨于此而被后人赋予忠义色彩,烈士精魂与岭上松柏同其苍翠;扬州梅花岭因史可法誓死抗清,最后杀身成仁、葬衣冠冢于此而成为凝聚忠烈与气节之地,将军毅魄与岭上梅花同其芬芳。"鄂王墓在栖霞岭,一片忠魂万古存"(陈允平《鄂王墓》);"埋骨誓终从武穆,栖霞岭树隔秋阴"(林景熙《太学同舍徐应镳誓义沈井后十年众为营墓立碑私谥正节先生》);"栖霞岭上今回首,不见诸陵白露中"(高启《岳王墓》),此皆凭吊岳武穆者。"梅花春不发,碧血满枝头"(屈大均《梅花岭吊史相国墓》);"碧血久从衰草没,白云遥带古梅香"(彭定求《故阁部史公开幕维扬城溃殉难相传葬衣冠于梅花岭下过而哀之》);"抠衣独拜史公墓,梅花岭上心悠悠"(金天羽《扬州怀古》),此皆凭吊史可法者。凡此种种,人以其精神品格成为地之象征,于是地因人而名重,二者成为密不可分的整体。

以人物平生行履提升山水品格更为典型的例子是严子陵与富春江。严子陵屡次谢绝光武帝征召而隐居富春江以终老的故事古来传为美谈,其"不事王侯,高尚其事"(《易·蛊》)与"全其道而不屈"(梁肃《汉高士严君钓台碑》)的人格魅力垂范后世,为本即"奇山异水,天下独绝"的富春江进一步提升了品格。从南朝的谢灵运、沈约到盛唐的孟浩然与李白,再到宋代的范仲淹与黄山谷,乃至于直到近现代,吟咏富春江之作不胜枚举,其中几乎无不有严子陵的身影,严氏俨然成为富春江的核心与灵魂。正如范仲淹在其《桐庐郡严先生祠堂记》所谓:"云山苍苍,江水泱泱。先生之风,山高水长。"

在漫长的历史中,才人诗客以其丽藻清才不断为江南山水注入文心与诗意,特立独行之士以其瑰意琦行不断为江南山水增添了情趣与性灵,高风亮节之士以其平生行履不断为江南山水提升了品格与灵魂。山川与人文交相映发,山水中的人文精神不断叠加,渐积渐厚,成为涵蕴丰富的美典。

理想栖息地所升华出的江南诗意

江南宜居宜游,是容易令人产生归属感的地方。自古以来,江南人对故乡即多有一种自豪感,尤其是在他们流寓他乡之时,故乡的美好在游子心中更是被加倍放大。《世说新语·言语》载陆机与王武子的一段对话即颇具代表性。

> 陆机诣王武子,武子前置数斛羊酪,指以示陆曰:"卿江东何以敌此?"陆云:"有千里莼羹,但未下盐豉耳。"

王武子以本地美食炫耀于陆机,意在自彰地域优势并压倒对方,却在陆机对故乡美食的诗意且夸张的描述中相形见绌,黯然失色。

王国维旅居日本期间思念江南海宁,写有《昔游》组诗,其二曰:

> 我本江南人,能说江南美。
> 家家门系船,往往阁临水。
> 兴来即命棹,归去辄隐几。
> 远浦见萦回,通川流浼㳽。
> 春融弄骀荡,秋爽呈清泚。
> 微风葭菼外,明月荇藻底。
> 波暖散凫鹥,渊深跃鳏鲤。
> 枯槎鱼网挂,别浦菱歌起。
> 何处无此境,吴会三千里。

全诗抓住江南作为"水乡"的特点,从不同侧面陈述江南之美:江南水网分布密集、水路交通十分便利,水道回环往复,江河弥满汪洋;江南不同季节而各尽其美,水生植物与清风明月相映成趣;江南水深波暖,任由水鸟及鱼类自在栖息,水乡人则或打鱼或采菱,闲适悠然。如此福地佳境,非仅局限于某地某处,三千里江南莫不如此。对于作者而言,江南认同与故乡认同原为一体。故乡本即令人留恋,何况故乡在美好的江南,更何况身在异地他乡而忆江南故乡。此诗写江南风物娓娓道来,如数家珍,字里行间无不流露出身为江南人的自豪与自得之情。

这种清新明快的文字从思想深邃、天性忧郁且一贯严肃矜重的王国维口中道出，尤其可见江南非同寻常的魅力。

江南既是本土之人流寓他乡时无限怀念与引以为傲的故乡，也是不限于本土的更多人们所向往的理想栖息之地。范蠡辅越王复国后而有五湖之游，张翰见秋风起而生莼鲈之思，江南总是以其明媚的柔波与丰富的物产为归来者洗去风尘，安顿身心。贺知章暮年致仕，玄宗赐予镜湖剡川一曲，成为天地间一等得意事，为千古文士艳羡不已，并在诗歌中反复吟咏："开元冠盖里，无若贺知章。乞得镜湖水，洗出明月光"（梅尧臣《寄许越州》）；"那知老病浑无用，欲向君王乞镜湖"（苏轼《次韵子由使契丹至涿州见寄四首》其三）；"拜赐归湖曲，生涯只此湖"（林希逸《赐镜湖一曲》）。湖是江南明亮的眼睛，更何况镜湖不但湖面广阔，风景优美，而且人文积淀丰厚，乃江南湖中尤其动人者，于是成为江南理想归隐之所的一个象征。

江南有时也会由理想栖息地进一步升华为更具象征意味的精神原乡。与"铁马秋风塞北"相对应的是"杏花春雨江南"，塞北也有春雨，也有杏花，但杏花春雨只有与江南搭配起来才更显和谐自然。"小楼一夜听春雨，深巷明朝卖杏花"的情境在大江南北都可能出现，但扑面而来的清新与温润、芳香与色泽却令人更容易联想到江南的清晨。江南仿佛成为一个可以遮风挡雨、抚慰平生的温馨港湾。非常典型的一首是苏轼的《书李世南所画秋景二首》其一：

野水参差落涨痕，疏林欹倒出霜根。

扁舟一棹归何处，家在江南黄叶村。

前二句状写江南秋水疏林，细致逼真。但后二句将笔触移至烟波中一叶行驶的扁舟，画面变得虚渺苍茫起来。"归何处"的一问，固然是观画兼题诗者苏轼对画中人所乘扁舟行进方向的探问，但由于观画所造成的审美距离与虚渺苍茫的意境营造，此句遂容易使读者产生一种既将自身代入画中，又以观赏视角超然画外的双重体验，因而打破了画中人、题画者与读诗者之间的界限，使得这种追问超越了画面本身而具有了对人生终极归宿的求索意味。于是最后一句落叶缤纷的江南村落也便从具体的"家"而抽象为永恒的乐土与理想的原乡。

水乡哲学所蕴含的江南诗意

《管子·水地》曰："地者，万物之本原，诸生之根苑也，美恶贤不肖愚俊之所生也。水者，地之血气，如筋脉之通流者也，故曰：水具材也。"水为地之血气，而地为万物之源，则水对地乃至于对不同地域所生活之人的影响自不容忽视。江南作为江河湖泊密布的水乡，日复一日浸润通流之下，水之性也自然影响到人之性，进而影响到江南诗的气质，故江南诗学亦可称为水乡诗学。

水性至柔，故随物赋形而无定形；水性又至刚，故水滴石穿，无坚不摧。《道德经》曰，"天下莫柔弱于水，而攻坚强者莫之能胜"，"反者道之动，弱者道之用"，即是此理。温和的气候与潺湲的流水滋养出江南人温润而偏于柔的性情，但耐人寻味的是，易代之际与入侵者之间对抗最坚决、牺牲最惨烈的斗争多发生在江南，宋元、明清的交替莫不如此。谢皋羽哭文天祥于桐庐之西台，郑思肖沉铁函心史于姑苏之瞽井，唐珏等义士葬南宋诸帝遗骨于绍兴之兰亭……，貌似阴柔的江南在乱世被激发出浓烈的刚性品质。即使浸润于南朝金粉的秦淮佳丽，为明清易代之际的世变所激，也屡屡表现出令须眉汗颜的风骨气节。张问陶《读桃花扇传奇偶题十绝句》其一曰：

竟指秦淮作战场，美人扇上写兴亡。
两朝应举侯公子，忍对桃花说李香。

当旖旎多情的温柔乡竟成为血雨腥风的战场之后，轻灵的美人之扇便承载了沉痛的家国兴亡。至柔的秦淮佳丽以其清刚的血性为南明王朝的黄昏涂上一抹绮丽悲壮的晚霞。

江南的柔性并非纯然的柔弱，而是一种内在的柔韧。孔子曾和子路讨论过"南方之强"，所谓"宽柔以教，不报无道，南方之强也，君子居之"。朱熹释曰："南方风气柔弱，故以含忍之力胜人为强，君子之道也。"貌似柔弱的姿态中自有其坚忍不移的精神内核，故似弱实强，亦能胜人。同样以水为喻，水既可奔腾于地表，亦可潜流于地下，断而不断，似断犹连；水受冻则凝为固态，受热则升为气态，形貌质地变动不居，与时与地与境相推移，而其为水之本质则始终如一。即以宋代以来的民族革命为例，岳飞精忠报国，为雪靖康耻而奋起抗金，最终父子屈死风波亭，埋骨栖霞岭，为西湖的山容水意增添了忠烈的色彩；宗泽力图光复中原，最后三呼渡河，赍志以殁。英烈的平生志业随其生命而沉埋地下，然而其精诚之毅魄却深深扎根于江南大地。至明末，顾炎武、黄宗羲等江南士人积极组织抗清斗争，失败后或隐居著述，或讲学授徒，保存文化火种，成为承前启后的思想家。战场血与火的厮杀转化为文化精神润物无声的渗透，潜伏三百年最终成为辛亥革命重要的思想资源。1908年，南社诗人黄节凭吊西湖岳坟，有"大汉天声垂断绝，万方兵气此潜藏"之句，盖英雄被谗害后，全国抗金斗争就此消歇，大宋王朝的国势声威已成强弩之末，危若悬丝；而另一方面，英雄之精神却凝聚万方兵气而暂时潜伏起来，蓄势待发，故宋王朝虽早已灭亡，而抗击异族侵略者的不屈精神则未尝断绝。柔美的江南正蕴蓄有如此巨大的潜力与韧性。

这种潜力与韧性有时还能超越华夷之辨与朝代兴亡，提升为一种更深广的文化关怀与文化信心，这在身处大变局中的近代诗人及其创作中有所体现。杭州三台山的法相寺旁有千年古樟，隐于深山多年而不为世人所识。1916年深秋，陈三立等人游山时始发现此树并各自以诗记之。陈诗最后几句这样写道：

飞将两猿臂，射胡有余力。
疑灌菩萨泉，漫比精忠柏。

天留表灵山，依汝如古德。

钟声风叶翻，不坏斜阳色。

所谓"精忠柏"，在宋大理寺狱风波亭故址。相传岳飞遇害之日，柏即枯死，然而始终枯而不仆，人以为此乃忠义之气所被之故，因以称之。作者将古樟张开的两条巨大枝干比作飞将军李广善射的长臂，内在张力极强。感觉其内在精神如得圣地灵泉之滋灌，堪与岳祠松柏相伯仲。甚至将其视为古德先贤之化身。"钟声"二句以景作结，却非寻常写景：一日之游览将终，风吹古樟枝叶的声音与法相寺的晚钟声相应，枝枝叶叶在夕晖、晚风与钟声中翻动，而夕阳却万古如斯，未尝改变。联系全篇意旨及该诗写作之年代，古樟既被视为某种不可磨灭之精神的凝聚与化身，在晚近社会劫尽变穷、士人精神失去依凭的时代，历劫不死的古樟与万古不坏的斜阳皆可使人联想到近代已经式微的古老文明，虽历尽沧桑、千疮百孔，然其本体实未尝有任何变化，因而依旧有贞下起元的可能。作者在古樟中所投注的情感，正凝聚了这一代遭遇旷古未有之变局的文化遗民虽较之以往易代兴亡中的士人更加矛盾彷徨、进退失据，却仍对民族精神命脉的绵延不尽保持着不变的信心。

吸纳、交融中不断丰富的江南诗意

江南地势低洼，水网密布。低处则广容，多水则灵动，于是众流趋之，万物归之，这使得江南具有极强的吸纳性与包容性。以太湖为中心，江南自古以来即不断吸纳四方异质文明的加入。异地诗人来到江南，被江南山水所滋养浸润，往往能产生强烈的江南认同，并为江南山水注入新的诗意。白居易曾先后任杭州刺史与苏州刺史，在杭期间，他疏浚六井，治理西湖，解决当地饮水及灌溉等问题；在苏期间，他开凿自虎丘至阊门的山塘河，以便利当地水陆交通。他曾将二地对比："杭土丽且康，苏民富而庶"，他几乎游遍苏、杭每一寸土地，正所谓："两地江山蹋得遍，五年风月咏将残。"（《咏怀》）苏杭的山山水水中处处留下这位异乡诗人的印记。

异地诗人的江南书写中往往融合了他们在故乡山水中所熏染出的气质，使得江南风物在其笔下呈现出特殊的风采。一般说来，江浙山水以"绵远清丽"为胜，故"人物秀美，诗境清新"，"典赡风华，情文备至"，有一唱三叹之韵。而蜀中山水"青碧嵌空，奇秀在骨"，蜀地诗人"善出新意，自成一家"，不避奇险，语必惊人。当最优秀的蜀地诗人苏轼来到江南核心城市之一的杭州，江南山水便在其笔下被开拓出新的诗境。即如咏西湖之作，一般人看西湖，或趁暖日晴光，或沐雨丝风片，或待月上中天，苏轼却偏偏选了"月黑"之夜，感受湖波在极暗背景下反射的隐隐微明。(《夜泛西湖五绝》其四："渐见灯明出远寺，更待月黑看湖光。")"风恬浪静"是西湖的常态，在一般诗人笔下难以写出什么新意，但在苏轼的奇情妙想观照下则增加了"非鬼非仙"的神秘。《夜泛西湖五绝》其五云："湖光非鬼亦非仙，风恬浪静光满川。须臾两两入寺去,就视不见空茫然。"再如写江南雨之作,一般诗人笔下的江南雨多是绵绵如缕,润物无声,苏轼却偏偏从望湖楼和有美堂的暴风骤雨中得到了灵感:

> 黑云翻墨未遮山,白雨跳珠乱入船。
> 卷地风来忽吹散,望湖楼下水如天。
>
> (《六月二十七日望湖楼醉书五绝》其一)
>
> 游人脚底一声雷,满座顽云拨不开。
> 天外黑风吹海立,浙东飞雨过江来。
> 十分潋滟金樽凸,千杖敲铿羯鼓催。
> 唤起谪仙泉洒面,倒倾鲛室泻琼瑰。
>
> (《有美堂暴雨》)

二诗写暴风骤雨笔力雄健,气魄宏大,不避奇险,动荡跳脱,有美堂一首,尤其奇特新颖,有云垂海立之观。盖作者早年生长于西蜀山川,凡剑阁之峥嵘、瞿塘之奇险与峨眉之灵秀流荡胸次,身心与之俱化,一旦置身江南,故乡山水所熏染出的独特气质便在对江南山水的诗性观照中有所投射,形成一种异质的交融与叠加,为江南山水赋予戛戛生新的奇情壮采。

江南诗意的不断丰富不仅体现为异地诗人在其江南书写中为江南山水注入新的精神气质,使得不同地域所长养出的诗性相互交融、渗透与叠加,而且还体现为同一诗意原型在不同地域之间的变换与流动。以诗歌中广为吟咏、家喻户晓的莫愁女为例，本来有石城莫愁之说，见于南朝乐府民歌《莫愁乐》：

> 莫愁在何处，莫愁石城西，艇子打两桨，催送莫愁来。

又有洛阳莫愁之说，见于梁武帝萧衍《河中之水歌》：

> 河中之水向东流，洛阳女儿名莫愁。……十五嫁为卢家妇，十六生儿字阿侯。卢家兰室桂为梁，中有郁金苏合香。……

唐代沈佺期《古意呈补阙乔知之》所谓"卢家少妇郁金堂，海燕双栖玳瑁梁"、李商隐《马嵬》所谓"如何四纪为天子，不及卢家有莫愁"均指洛阳的卢家莫愁。后来，三山门外的莫愁湖上又出现了南京莫愁，周邦彦咏金陵之《西河》词中"莫愁艇子曾系"之句，即指此莫愁。有人推测，此或为后代女子慕莫愁之名，好事者遂因其人以名湖，而竟陵与金陵、石城与石头城又易相混之故。就这样，莫愁的籍贯便有了三种说法。而今天，"南京莫愁"后来居上，最为知名。多情多面的莫愁女打着双桨在石城、洛阳与金陵间穿梭，却与金陵的一泓湖水最为相宜。江南以其巨大的同化与包容力欣喜地接纳了莫愁，莫愁也令江南儿女焕发出别样的神采，究竟是北地胭脂还是石城佳丽已经不再重要。

江南的空间诗意

从空间方位及地形地貌的角度观照江南，如果就江南核心地区内部而言，吴、越各有不同。同属吴地，南京、苏州、上海等核心城市亦各有不同；同属浙江，浙东与浙西也有不同。但如果以整个中国为参照系，把江南作为一个整体来观照，则地处长江下游的江南又有某些共性，因而生发出类似的空间诗意。

江南与东海为邻，海上为日出之地，青帝居于东方，为司春之神。朝霞与朝日同生，碧海共碧天一色，江南在地理上也便成为充满生机且无限展开的空间。"楼观沧海日，门对浙江潮"（宋之问《灵隐寺》），气象何其阔大；"海日生残夜，江春入旧年"（王湾《次北固山下》），意境何其清新；"不厌东南望，江楼对海门。风涛生有信，天水合无痕"（《东楼南望八韵》），天水相接、风涛万里的东南曾勾起白居易充满兴致的遥望；"望春春未至，应在海门东"（《南斋》），海东春来处曾引发贾岛无尽的期待与遐思。江南这一空间特点使其迎向朝阳、春天与大海，具有勃勃生机的诗意。

江南地处长江下游，江流自西部发源，历千回百折而奔腾入海的流程与自生而死、起伏跌宕的生命流程原有相似之处，立足下游而回望上游，有时能使人反思平生，特别是经历人生重大转折或社会巨大变迁的时候，这种回顾反思尤其耐人寻味。苏轼于熙宁四年（1071）自京师前往杭州就任通判之职，途经镇江时写有著名的《游金山寺》一诗：

> 我家江水初发源，宦游直送江入海。
> 闻道潮头一丈高，天寒尚有沙痕在。
> 中泠南畔石盘陀，古来出没随涛波。
> 试登绝顶望乡国，江南江北青山多。
> 羁愁畏晚寻归楫，山僧苦留看落日。
> 微风万顷靴文细，断霞半空鱼尾赤。
> 是时江月初生魄，二更月落天深黑。
> 江心似有炬火明，飞焰照山栖鸟惊。
> 怅然归卧心莫识，非鬼非人竟何物？
> 江山如此不归山，江神见怪惊（一作警）我顽。
> 我谢江神岂得已，有田不归如江水。

苏轼此行出京，原是因为与王安石政见不合而自请外放，也算其仕途上第一次遭遇挫折。立足于长江下游江心的金山回望故乡，不免感慨万千。西方为日之归宿，故乡为人之源头，故乡与落日的恰好重叠使得这种回望不仅仅出于对景观的欣赏，更平添了一种人生离开源头后几经辗转再回转过来反思平生、追寻归宿的意味。

这种伫立下游的反思与追索在晚清民国之际的一些诗人笔下别有一番滋味。清帝逊位的次年，俞明震及友人游镇江焦山，写有《焦山松寥阁夜坐》一诗：

> 我亦东西人，往来送江水。
> 滔滔有今日，惜此中流砥。
> 挂眼山无多，到海吾衰矣。

此"东西人"自可指俞氏西度陇而东归浙等人生经历，平生宦游东西万里之间，终至事无可为而返。倦游半生而暮年将至，正如江水自西而东，至海门已到下游。联系作者生平及同时诸人焦山之作，俞氏所谓"滔滔有今日"之"滔滔"似不当仅指长江万里奔腾之势，该句更有隐喻晚近社会之乱局与古老帝国之衰亡"由来非一朝"之意，于是东西间的空间距离俨然具有了时间维度，个人、江水、国家社会之间也以焦山之特殊地势为纽带连接起来，而"惜此中流砥"表面上虽是惋惜今日之焦山已不能镇住"滔滔者天下皆是"的沧海横流，实则哀人自哀，叹惋自己以及自己所属阶层作为昔日的社会中坚，今日已不堪时代重负的共同命运。

江南位于长江的尽头，也是大洋的此岸。东南海禁先开，大洋彼岸的文明也是最先由东南沿海一带得以输入。得风气之先，江南士人往往预时代之潮流，感时代之脉搏，最先敏感觉察到社会发展的新动向。浙人龚自珍开拓今文经学，在举国沉酣太平之际，处"盛世"而发危言，其诗歌及文章成为晚清思想解放的先声。成立于苏州的南社远绍"几、复风流"，近承世界上风起云涌的民族民主革命浪潮，以笔为枪，以诗代言，为辛亥革命做了重要的舆论准备。正如胡晓明教授所谓："近代革命之源头"与"现代动力之契机"均在南方。之所以如此,得天独厚的空间优势当为其原因之一。

以上结合相关诗作,从六个侧面探讨了江南诗意的生成及表现。江南诗意当然远非这些方面所能涵盖,这些诗意也并非江南所独有,只是在江南表现得更为集中与鲜明。江南犹如一颗玲珑剔透的多面水晶,从不同侧面、不同角度便可折射出不同的诗意光影。江南,以从容娴雅增其风致,以人文积淀厚其内涵,以宜居宜游添其诱惑,以柔中有韧延其命脉,以流动变化而生其绮丽,以下游近海蕴其新机。这是江南的魅力所在,也是江南诗意的魅力所在。

华东师范大学中文系助理研究员
邹佳茹

"江南词人"谢玉岑
——常州词脉的悲风遗响

谢觐虞（1899—1935），字子楠，号玉岑，别号白菡萏香室主、懒尊者、孤鸾、藕花庵主等，籍江苏常州。诗、词、文、书、画、印皆工，倚声之名尤盛。与朱祖谋、金松岑、高吹万、黄宾虹、叶恭绰等人交为忘年，与夏承焘、龙榆生、张大千等人同道之谊甚笃。玉岑故后，张大千为其题碑"江南词人谢玉岑之墓"。

玉岑词生前未自收拾，散于各处，久病殁后，由其朋辈广事搜求。夏承焘、龙榆生于《词学季刊》第二、三卷屡刊消息及启示，征其遗词。乡中同窗及姻党王春渠广询朋俦、求之于积年报章，辗转、抢救于南北兵火，亲为校勘，历十四年编成

《玉岑遗稿》，总四卷，其中卷一文，卷二诗，卷三、卷四为词，分别名为《白菡萏香室词》及《孤鸾词》，由夏承焘点定，词集之名由王春渠代拟，共收词84阕。后又经屡番补辑，现集132首，成为常州词脉在民国时期难得的余绪金声。

保粹明道：谢玉岑的文道观

晚清时期，常州谢氏一族已是誉满江南的诗书世家，本于东晋谢安一支。谢玉岑历代祖辈均有诗词传世，太学生、茂才辈出，其祖母亦能诗赋，结有芳集。他生于常州学派的发轫之土，长于家学深厚的清流门第，承训于江南大儒钱名山门下，学统渊源深厚。玉岑不少遗作毁于战祸，其人又早亡于英年，词论文章无有专著流传，但从他的师承和读书痕迹可以看到，常州学派与常州词派思想对他的影响是至深的。

常州词派与常州学派虽分属词学和经学，但前者在理论主张、研究方法等方面均受到后者的影响。常州学派主治今文经学，核心之一是举"春秋公羊学"，强调"微言大义"，以达到经世致用的目的。常州词派的开山之师正是常州学派学者张惠言，其治词的"寄托""尊体"等主张实则是提倡将词体创作和解读用为改造社会的载体，与常州学派的经学思想溯有同一性。

谢玉岑受业于表伯钱振锽，后来还成为其爱婿。钱振锽，字梦鲸，号名山，先世业儒，中光绪二十九年（1903）癸卯恩正并科进士，官拜刑部主事。但哀国变，他辞官回乡，建立

"寄园"，课徒授业，有"江南大儒"之誉。寄园教学以治经论史为根本，"求一向学之士有志于古者，如凤毛麟角，千万人无一人也。一旦遇之，则必曰读书种子于是乎在矣。凡《大学》修、齐、平、治之道，皆将于此人期之矣。"在钱名山看来，真正的读书人应当是有弘毅之志、治世抱负的。对于文与道之间的关系，钱名山的立场是积极的，其《学文》一则言：

> 或问于钱子曰："我欲学道，将何从？"钱子曰："莫如学文。"或曰："文可以为道乎？"曰："凡我与子之所行，其可以载于文者皆道也，为之勿辍也。凡我与子之所行，其不可以载于文者，不可为也。""今夫不道之事，不肖之心，不可以告吾妻子而可以载之于文，以告天下乎？""必不然矣。"

在这则对话体短文中，钱名山小议了他的文道观。首先，他肯定文以明道，即肯定了文学的社会功用性；其次，他还提出文以立道，即强调文学对社会的主观能动作用，提出在为人处事时，应当考虑其言行是否可以载入文中，以此作为行为的约束，常存仁厚之心，行有道之事。

谢玉岑是钱名山最早的及门弟子，他的才学在同学朋辈中颇为出众："三年尽通经史，为文章下笔瑰异，篆分书力追秦汉，不同凡近。名山先生甚奇之。"钱谢两家世代结姻，钱名山对这个徒弟的才华青眼有加，期望他"当博读古今书，成大儒"。

探寻谢玉岑的读书轨迹，可以发现，他确实是以此为志向的。他对于常州学派一脉的思想尤为关注。在与高吹万的往来信札中，谢玉岑屡次谈及自己对于《公羊传》及常州乡邑之学的研读和看法，如"近读《礼经》《公羊》，多病不耐深思，过目即忘"，"近读何邵公《公羊》及吾邑刘礼部诸书，体弱多病，所晋不猛，尚未足为吾师告也"，"《公羊》未卒业，略通家法，愧未能深造。今文之学，自南海多为奇僻之论，遂为世人诟病。其实去圣太远，只求通其大旨便可，何必强为牵率"。这三通手札分别作于1925年、1926年、1927年，可见治经是谢玉岑的寻常功夫，今文经学则是其志趣所在。"刘礼部"即刘逢禄，作为常州学派理论体系的实际奠基人，他的思想后来也成为谭献词学理论要素构成的启蒙之一。此时的谢玉岑正走向而立之年，尽管他并未对所研读的作品作出详细的直接评价，但可以看到，他对常州学派一脉的发展是非常关注的，并且，随着学识阅历的增长，他的主观思考和判断也越来越多，最初怯于向前辈细谈读书心得，后来则敢于直言批评公羊学至廖平、康有为过于牵强附会了。

既承师教和家法，谢玉岑在处理文道关系时也是积极的。他盛赞夏完淳《大哀》一文具有"馨秀之美，亦志士所应有也"。在为前辈屠元初所题《保粹斋印存后序》中，面对世际艰虞与文物旧学的式微委顿，他感叹道"一国文物之所在，即一国精神之所寄"，认为屠元初将平生所藏之印章拓以行世、昭于后学是保存国粹、复兴旧学之义举。在谢玉岑看来，金石书画等艺术形式均是明理载道的介质，诗词文赋之属自然更应有担当。在青年时期，他在写给高吹万的首封信札中痛陈传统文学的衰薾，并表明一己心志："文以载道，自三代以来，睿圣明哲之士所以殚思虑，苦心志，而祖述维系之道，与夫数千百年间典章风物之寄，其果可一日不存于天地耶？抑彼无耻盲从之辈，果即足以举此数千百年来圣贤精神所系之学术文章而尽毁之耶？"此札作于1923年，此时的谢玉岑将白话文的兴起视为文学之浩劫，认为这时候明哲志士所作之"文"应该载有两重"道"，一是复兴旧学，维系祖道，二是治世为用，贯而为器。

不过，谢玉岑对于新旧文学的态度后来发生了较大转变："对于新文学的刊物，无论创作或译本，都是异常爱读，所以他不是时代的落伍者，而是融通新旧的学人。"这主要有赖于他后来游历、视野的开阔，转益多师，以及与夏承焘等友辈们的交流。应当说，谢玉岑对"道""世"的理解是与时俱进的。由治经而治词，不断加深对"文变染乎世情，兴废系乎时序"的理解和实践，谢玉岑逐渐从不自觉走向了自觉。

黍离之悲：谢玉岑词的"词史"意义

在常州词派一脉中，张惠言首倡"微言大义"，周济则提出"词史"说，主张在作品中书写时代、寄托忧患意识。钱仲联则称谢玉岑为"常州词人后劲"。其词创作主要有感时遣怀、交游酬唱、相思悼亡、为人题画四类，往往以流离乱世为背景，以个人际遇为依托,反映现实、感慨盛衰,这些作品颇具"词史"意义。

自1916至1934年,谢玉岑寄世的三十七年间,晚清气数殆尽,民国兵革不断,社会形态长期处在板荡动乱、反复改组之中。苏沪地区在军阀割据、北伐战争等一系列内战中劫火无数、生民荼毒,谢玉岑为避战祸连年背井离乡,辗转常州、永嘉、上海等多地以谋生计,他忧国恤民、匡时济世的士人抱负流露在各类词作中。其中,玉岑的感时遣怀之词充满叔世悲凉。

木兰花慢　感事

颤清歌玉树,夜星烂、最高楼。任曙误铜龙,云迷锦雁,舞倦难留。绸缪。钧天残梦,赌东风帝子自无愁。衫影初低蛱蝶,胡尘渐迸筜篌。　　神州。春事百分休。天意付悠悠。只巢燕飘零,黄昏阑角,银钥谁收?应羞。辞林红蕊,逐春波自在又东流。草木本无情思,明年休望枝头。

此词并另一阕《疏影》(河梁杏叶)收入叶恭绰家刻本《广箧中词》及《全清词钞》。据钱仲联《近百年词坛点将录》,两词写辽海扬尘时之词史。此篇《木兰花慢》,上阕讽谕在直奉战争"胡尘"肆虐、民不聊生之时,养尊处优的"东风帝子"们却依然"自无愁",笙歌曼舞不绝。下阕换头"神州"二字以直锋切入,引出中原之痛、之恨、之愧、之惜、之忧。对"巢燕飘零"之局,继以"银钥谁收"一问,却是无人可答的一问,唯自叹出一个"羞"字。进而思之春秋迭易,江山无待,只好无奈自遣道"休望枝头"。本篇虚笔、实笔相参,不尽玉树后庭之沉痛哀思。

谢玉岑通篇直抨时局、专刺晻世的词作数量并不多,且多作于早期。他更善于在酬唱交游之作中抒写怀抱,寄托忧思,字里行间充满"山河破碎风飘絮,身世浮沉雨打萍"的沧桑感。他早期的交游酬唱之词尚有难得的振奋之音,如"沧海易沉沦,记取重逢,未必如今日"(《醉花阴·赠许紫盦》),既是勉励挚友要一展抱负,也是自勉要有一番作为。但随着乱世变局洪流的冲刷,又出于个人不幸的遭遇,后期作品中则更多体现出劫恨、迷茫、惆怅与落寞。

甘 州

乙丑避兵初返,与玉虬、孔章、曼士、晓湘、桐花、易卿集玉波酒楼。于是玉虬、桐花皆将远行,伤时惜别,难已乎言。

又一番桑海酒楼宽,风吹聚春星。对绿波樽影,斜阳柳色,戍角催沉。言买貂裘远去,谁是少年心?一样坐中侣,换了旗亭。　　避地不堪重记,付念家山里,几许春声?纵燕归能说,残劫尚惊人。也漫问、龙蟠虎踞,黯江南王气久无灵。离云冷,掩银灯处,怕各沾巾。

这首词作于民国十四年（1925），此前一年，直、皖两系军阀为争夺势力范围爆发第二次江浙大战，谢玉岑家乡常州与处馆地无锡均为战地中心。玉岑回乡后与旧友把酒再聚，同时又面临新别，心中感慨万千。"残劫"惊心，他恨不能当面质问"龙盘虎踞"的军阀，为何将江南灵地践踏得暗无天日；想从前少年欢聚，对今日故地离别，前路茫茫，再会无期，只能各自在夜里掩涕了，其中的手足之情和家国之恨倾诉不尽。唐玉虬称玉岑"多历世变，出入于金戈铁马之中，浩荡感激，将度越苏、辛而前矣"，高度评价了他人格和作品中的高尚情怀。

　　有国殇，则有家愁。谢玉岑个人在乱世大洪流中漂泊不定的沧桑感怀，常常自然地倾注于笔端，如"寻常门巷动沧桑。征裘影、小立怯斜阳"（《小重山·过沪东旧居》），直是仲则"悄立市桥人不识，一星如月看多时"之神笔；"西风急，一翼冥冥何定"（《玉漏迟·归鸿》）则道尽了丧妻后愈加茕茕无依的愁苦心绪。

　　爱妻亡后，谢玉岑生活的零落凄苦也时或流露在客行之中："凄迷孤枕，恋窗纸微阳，浅梦似前生"（《渡江云》）。而战事频繁，与友人一别可能就是生死，谢玉岑又是极为重情之人，离愁自更难浇："莽莽乾坤风雨，说重逢、几度此园林。聚便如何不聚，聚散只如萍"（《南浦·送玉虬重赴津门，时在寄园赋》），"年年送客真何计，也江湖水长，忒自蹉跎"（《高阳台·雨后小坐，有怀茗舸、怡厂》），总是"清游薄倖真无计，便泪枯、肠断何凭"（《渡江云》）一般的心绪。

　　谢玉岑擅画，广交画坛艺友，与张大千交谊最为深厚。陆丹林曾记："吾友玉岑居士常说，当今画人，以张大千、吴湖帆为最。吴湖帆却说，当代画人，内行的要推张大千，外行的要推谢玉岑。而大千说所佩服的画家，只有谢玉岑与吴湖帆。"因而，谢玉岑在题画词作中也常借题发挥，将深沉的家国之思、忧济怀抱寄于此类题材（尤其是山水画）中。

浣溪沙　湖帆为季迁画《溪山环抱图》
　　妙笔如仙抗麓台。溪山无尽镜奁开。天衣刚称五云裁。
　　画里四时争草木，眼前半壁足尘埃。闲身应办钓竿来。

此词上阕依画写景，称颂吴湖帆的丹青妙手。下阕即转入现实的书写，画里四时峥嵘，但眼前却是半壁江山尽尘埃，何其痛矣，最后道出了人生选择：天下有道则见，无道则隐。不过，他少部分题画词也流露出慷慨激越的救国之志，如其题《酹江月·题吴门许盥孚〈秦淮酹月图〉》，"长汉风飙，新亭涕泪，并入秋风笔。画图一样，金瓯同愿无缺"，便是激励朋辈，要做个"渡江人物"，收拾旧山河。

更难能可贵的是，谢玉岑切实达到了词格与人格的统一。他体恤人民的情怀不仅蕴于文字，而且能落实到行动之中。民国十九年（1930），马迹山爆发饥荒，他与马万里等人在文坛艺界发起了书画公益募捐活动，共征集作品四五百件，以挽救同乡于危难。在写给高吹万的征集信中，他说："世乱方亟，天灾流行，不识山庄犹有畴昔啸傲之兴否？……文人研池之水，本何足沾溉多人，然苟求心安，则一勺一豪亦菩萨杨枝甘露。"字里行间皆是仁德秉性的真切流露。

在 1933 年致龙榆生的信札中，谢玉岑反思自己的词学创作生涯，他说："弟少时多读清词，至今不能脱其面目，近年疾疢，益成芜废，何敢与于作者之林哉？"谢稚柳在《先兄玉岑行状》中也写道："（玉岑词）精诣之作，誉之者谓出入两宋。然兄常自病其词颇类清人，思力学焉，困于病不果。"谢玉岑直至病重，仍在思撰《清词断代史》《清词话》《清词通论》，拟选编《清词三百首》，但终成未竟之志。清代为词的中兴时期，其中浙西、常州两大词派的影响力最盛。谢玉岑生于清词重镇，长于动荡之年，对于常州词派思想的浸染既得地理之便，也是历史的必然，不过，他到后期开始清晰地认识到，无论是浙西词派还是常州词派，都有一定局限。为脱去清词面貌，谢玉岑也作出了探索和努力，但惜天不假年，他的努力虽花未果。

象外情思：谢玉岑对常州词派艺术手法的因袭与突破

谢玉岑在词体创作的艺术手法上因循常派主张，善用怨骚之遗的法式，但同时也保持了独立的主观思考，注意观照近人词学理论，形成了自己独特的词学观。

比兴词笔：谢玉岑词中梅、荷意象的象征

"意内言外"的寄托明志是常州词派核心主张之一，比兴手

法成为常派词人创作主要的艺术表现方式之一。在谢玉岑的词作中，梅与荷的意象尤为瞩目，它们是具有深刻的象征意义的。梅与荷是玉岑最为钟爱的意象，其咏花词（题画除外）仅有荷、梅二种，梅花是词人自我人格的象征，而咏荷诸章则是对妻子坚贞不渝的爱情的寄托。

在梅花词中，谢玉岑感时述志，梅花是他茕茕孑立的化身："玉龙解道缃梅怨，唤魂归、不到孤衾。"（《高阳台·坐雨作》）梅花是他萦绕心头的念想："一雨长宵骤，念故山应报，梅钿狼藉。"（《曲游春·雨后》）梅花也是他凄苦人生的慰藉："物转星移，终古吴山，看过几番香雪。"（《疏影》）

三姝媚　偕春渠、小梅、子健太湖看梅赋

镜浮云贴翠。趁春晴招邀，层楼同倚。万树寒香，背乱山吹角，东风何厉。未浣缁尘，谁解道、甲兵能洗。一梦鸥边，清游误了，十年才地。　　雪点夜潮初起。傍嫩柳夭桃，算他憔悴。曲里相逢，早江城明日，堕情随水。不是沧桑，也抵得、湖波成泪。漫约渡头芳草，画舟重舣。

此词上阕摹写梅花在乱世中不退疾风，傲然而立，不染俗世风尘，等待止戈休战的一日，这正是词人自我心怀的书写。下阕续笔雪夜潮起，梅我两望，皆是沧桑憔悴，不禁泪涌成波，更将花与人糅合在了一起。

谢玉岑以梅自照，他的梅花词善于以小写大，在寻常事中

寓大悲心。他不仅有赏梅词,还有悼梅词。对着摧于兵火的梅园荒景,他凭吊哀叹的不仅仅是花的命运,更是人的命运、社会的命运。

垂　杨

梁溪梅园,有梅千许株,傍山带湖,为南中佳处。兵乱后,闻花多摧折,存者亦憔悴不胜矣。行往吊之,赋此为券。

春愁无际。算登临迟我,一舟烟水。翠萼瑶林,匆匆不信都憔悴。华鬘世界鱼龙地。问谁令、树犹如此。剩招魂、万顷湖云,冷夜深环佩。　画阁几时来倚?怕玉笛伤心,铜仙垂泪。半壁沧桑,夕烽满目犹残垒。貔貅小队黄金辔。抵多少、探春游骑。生怜万叠湖波,愁不洗。

此词作于民国十四年(1925),词人爱惜梅花,怜梁溪梅园摧折于兵火,特前往凭吊。上阕"问谁令、树犹如此",一是问梅树何以如此,二其实也是问"树犹如此,人何以堪?"下阕"半壁沧桑,夕烽满目犹残垒",直写苍生劫难,满目疮痍。煞尾拈出一个"愁"字,纵有湖波万叠亦难洗却。此篇亦可见词人对世间万物的玲珑多情之心,怜花如此,爱民自甚。

王国维论词人当为"不失其赤子之心者也",夏承焘论词心云:"有真性情,则境界自别。"词心是作词的本源,也是"言"外之"意"的根本所在,玉岑词心真挚质朴,拳拳至善,在其爱情词"荷"的书写中最能体现。

　　谢玉岑的妻子名为钱素蕖，是钱名山的爱女。钱素蕖承家学，擅音乐，好读书，少有咏絮才名，"能作北魏汉隶，喜诵《葩经》及司马《通鉴》，而温淑好礼，为戚党所称"。谢玉岑对钱素蕖用情至深，当得知婚事有变，誓不他娶；婚后取"素蕖"之意，别号"白菡萏香室主"，始写荷花词，生女二人，一名"荷钱"，一名"荷珠"；丧妻后自署"孤鸾"，作《亡妻行略》，声泪俱下，云"报吾师惟有读书，报吾妻惟有不娶"，寄千言长书与妻弟，述其"六悲"，云"未来岁月，纵有钟鼎竹帛之名，陶朱猗顿之富，松乔龟鹤之年，极人世之华膴光耀，亦何足回地下故人之一盼！"并倩张大千写白芙蕖百幅，方介堪、朱其石、汪大铁分别治"孤鸾室发愿供养大千居士百荷之一""惟将终夜长开眼""昨夜星辰"等印。

　　因而，相思悼亡自然地成为谢玉岑词的一大重要主题，他在这一题材上的创作数量最丰，同时也最得词坛学人的激赏。夏承焘指出，谢玉岑在夫人仙逝后，"益肆力于词，缠绵沉至，周之琦、项廷纪无以过"。此前，在与龙榆生的通信中，他说："玉岑之词，必传无疑！……弟甚爱其悼亡诸什，大似梦月、饮水，彼谦让不遑。昔蕙风论樊谢，一成就，一未成就，而成就者非必较优于未成就者。玉岑困于疾疢，限于年龄，学力容不若朱、厉；若其吐属之佳，冰朗玉映，无论弟辈当在门墙衿佩之列。即凌次仲、陈兰甫亦，将变色却步，此尹梅津所谓'非焕之言，四海之公言也'。"龙榆生则叹为"凄极艳极！"钱仲联评玉岑:"其词盖《金梁梦月之遗》,悼亡之作,如'人天长恨,便化圆冰,夜深伴汝',可谓断尽猿肠者。"各家对谢玉岑相思悼亡词作缠绵沉至的风貌和独树一帜的成就是一致肯定的。

在悼亡诸作中,谢玉岑将对亡妻的思念托入荷花词中,如"也休说、沧桑弹指,便芙蓉、悴尽不成衣"(《甘州·玄武湖打浆归赋》),"罗衾不耐秋风起,夜夜芙蓉江上悴"(《玉楼春》),"枯翠淹云,零珠骤雨,田田都付荒湾"(《高阳台·车见行残荷》),"隔江听雨,芙蓉开到,无人寻地"(《水龙吟》)等,芙蕖早已成为钱素蕖的化身。

遗佩环

六月二十三日,晨醒不能成梦,念明日素蕖生辰矣,凄然赋此,即题大千居士为画白荷丈幅上。"睡老鸳鸯不嫁人",画中录天池句也。

客庭月落。向枕边惊失,粉衣如玉。未冷秋河,不信星辰,比似泪珠难掬。倦情欲逗遗簪诉,怕单舸,轻离原错。负亭亭、江上开时,睡老鸳鸯人独。　　还忆留仙裙皱,早西风私警,凌波心目。青鬓菱花,一梦轻尘,暗里华年如縠。拗丝藕尽心莲苦,剩劫后、枯香都薄。付韦郎、今日回肠,未抵翠蛾双蹙。

该词作于钱素蕖首个冥诞将临之时,题在张大千白荷画卷之上。上阕"粉衣如玉""亭亭""江上开时"描绘了荷花盛放的绰约风姿,是追忆亡妻的美好;下阕则只剩"拗丝藕尽心莲苦""枯香都薄",即言花谢人去,留给自己的只有"单舸"难支的哀愁和悲苦。谢玉岑在给钱易卿的信中写道:"近稍稍作小词,写哀悼之思。仆文字何足传令姊,然为令姊生前所喜,故聊试为之。"

在中国传统文化语境中,荷与梅皆是君子之花,高洁清雅之花,或"出淤泥而不染",或"冰雪林中著此身",最能体现传统文人的风骨。谢玉岑将个人情感投射在此二花上,既是他高雅文化审美的体现,也实现了其人格在创作中的艺术化。

不落言筌:谢玉岑对于"无寄托出"的追求

谢玉岑在创作时以常州词论为圭臬,在完成创作后还会展开相应的自我审视:"仆为词尚恨太落言筌,不能超乎象外,此读古人作品不多,体不广,思不深,化不穷之故也。"这即是对周济"出入说"的响应。

张惠言对意、言、象三者之间的关系已经有过明确的阐述:"夫民有感于心,有慨于事,有达于性,有郁于情,故有不得已者,而假于言。言,象也。象必有所寓。"一方面,他指出象可以明义,即"意内言外"的可实现性;另一方面,他主张托象言义,作词必须有诗骚精神的寄托。张惠言的主张尽管让时代词风为之一振,但还没有跳脱出经学的思路。

周济则更多地回归到了词本身的文学特征,他将词的境界分为两个层次:"有寄托入"和"无寄托出"。有前者是建立起象与意之间的明确投射,是作词的第一阶段;后者则是进入无规则的化境,作者所寄之情与所摹之物并没有直接的对应关系,是作词的更高要求。在无寄托出的阶段,言、象的工具感几乎无迹可求,也即谢玉岑所追求的"不落言筌"。

周济进而从读者接受的角度描绘了"无寄托出"所建构的艺术效果:"读其篇者,临渊羡鱼,意为鲂鲤;中宵惊电,罔识东西;赤子随母笑啼,乡人缘剧喜怒,抑可谓能出矣。"所谓"能出",即作品中的意象泛化出各见仁智的寓意,激发出读者各不相同的情感体验,也即谢玉岑理想中"超乎象外"的境界。

谢玉岑继承了张惠言"象""言"的概念,又踵步于周济。他认为自己作词往往徘徊在"有寄托入"的初阶,尚未能达到常派的至境。谢玉岑认为,要达到"无寄托出"的境界,需要对古人作品有广博的研读,与此同时,个人还需有广远的体认、深邃的思力、多变的幻化笔法。他的这段检点文字发表于其殁身之年,可以说是他对自己词学创作生涯的部分总结。可见,常州词派思想对谢玉岑学词、作词产生了巨大影响。

杳渺沉郁:谢玉岑词的词境

关于词境,常派诸家多有论及,以周济的"浑厚说"为旌旄。周济尊北宋词为最高,推周邦彦,其中重要的原因即词境的"浑化""浑厚",强调不露痕迹地将深厚的情感注于长短句中。

大体而言,谢玉岑在词境的追求上还是以常派为宗的:"词的境界,最是抽象,所谓'杳渺之思',是捉摸不着的。"周济所谓的"无寄托"并非不寄托,而是要求作品突破专门、单一、明确的旨意,从而具备广泛、包容、多样的示喻意义,以实现见仁见智的意旨与"深美闳约"的感觉。因为一象多义,象象环生,所以有"杳渺之思",是"捉摸不着""抽象"的,也即是"浑化"的,这与张惠言所说的"低回要眇以喻其致"同样一致。因此,谢玉岑在创作时或有意识地藏锋胸臆。与此同时,他认为艺术与学问一样,须有内力的积累、情感的沉淀,由"厚"得之意远:"学问艺术之事,源远则流长,积厚则施远,是固不独于诗为然。"这种"厚"既指向词意的可挖掘性,也指向语言的成熟度,非饱学不能达。

并且,值得注意的是,谢玉岑没有陷入"寄托"的樊笼,而是能够深刻关注到词缘情的根本特性,主张词人忠实于自己真挚的情感。王师子在为《玉岑遗稿》的题序中记载了他的"情思"之说:"退之论文主气,谓气甚则言之短长咸宜。余则以为情不可少。韩潮苏海,起宓千里,气也。然幽溪曲港,亦足移情,讵非天地间佳景,何可偏废!文章如此,画与金石亦如此。画之妙者,尤系乎有情,宜于诗词中抽绎情思,可以诗入画,可以词入画。"谢玉岑以为书画金石皆要发端于情,蕴情于笔,诗词自当更然。观玉岑词,无论绮丽缠绵,或凄婉沉郁,摹景写事,感时、相思、交游、题画,皆系乎情,深情款款。

所以,他非常强调自然的表达:"古人所矜,宗派法度,无不出于自然。知古人而不知自然,即古人以吾为辕驹,然则吾以古人为鱼筌。"谢玉岑认为不能停留在古人理论宗派的表面，而是要深溯其根源，回归到世界存在的自性和文学艺术的根本。他对自然、真实的重视实际上也是对"象"更深的体悟。

玉岑词境有其独特的个人风貌，他一方面继承、发展了常派余绪，另一方面也密切关注着传统词学在走向现代过程中的新思想，在词境的建构上对王国维的核心思想"境界"说多有吸收。

柳梢青　和默飞新柳

试暖风狂，烘烟草醒，春到堪惊。红索柔枝，赤阑低影，几日晴阴。　东皇颜色重匀。问可有、眉云鬓云。只恐伤心。断钗碧玉，尘箧罗裙。

又

病榻眉颦，天涯亭堠，依旧情牵。谁信沉沉，碧城阑槛，不在人间。　清明寒食年年。镇听过、啼鹃万千。黄已堪怜，况教绿后，带雨拖烟。

此二词后，谢玉岑有附记云："两词成后，低讽泪下，然以王静安境界之说绳之，则尚恨其隔也。"两首词写新柳情态，寄托了对亡妻的思念。但是，词中虽频以眉鬓、钗玉、罗裙等托出女子形象，又有"病榻眉颦""清明寒食""不在人间""只恐伤心""依旧情牵"等思怀故人之语，悼亡之思却始终没有直接点破。王国维论"隔与不隔"之别："语语都在目前，便是不隔。"

又言"梅溪、梦窗诸家写景之病,皆在一'隔'字"。在这一点上,对于陌生的读者而言,谢玉岑类情指事之词是"隔"的,也或能由此成就他所说的"杳渺之思""捉摸不着"。但对于相知相熟的朋友或读者而言,玉岑词不可谓"隔"。王国维所谓"隔与不隔",即作者能真切表达其真切感受,并使读者亦可获致同样的真切感受,便是"不隔"。如因袭陈言或雕饰造作,作者感受未必真切,读者更无所得,便是"隔"。玉岑此篇词作,既是句句摹写新柳娇弱姿态,也是句句勾勒爱妻音容,知其人,读其文,过眼能知,知音者不可谓"隔"。

谢玉岑写境,善于摹象,善于寓情于景。写眼前景,是为了抒胸中情,故而其作品中景物的基调与其情感的基调是高度一致的,正可以王国维"一切景语皆情语"为解。

烛影摇红

小西湖晚眺,湖在永嘉城南。

老柳寒云,荒堤谁送轻鸥到?乱峰无语涌秋魂,红叶喧残照。独倚西风侧帽,鼓霓裳、水仙梦绕。家山何处?付与黄昏,断鸿声杳。　　憔悴征衫,有人刚念凉生早。泪痕针线证微波,不信湖名小。何日兰舟同棹?伴参差、月残风晓。凄凉奈又、时节匆匆,篱花黄了。

这首词作于谢玉岑执教永嘉时期,上阕描绘了一派萧瑟的秋日黄昏景象,继而托出"家山何处"的思乡之情,下阕则描写了自己一个"憔悴"的羁旅之人对遥居两地的妻子的思念,既盼望着同棹兰舟,又感慨岁月无情,相会无期。以萧索景写萧条心,情景交融,感人肺腑。

出于国家的风雨飘摇与个人的命途多舛,玉岑词多闳深曲挚,凄然沉郁。夏承焘在征求玉岑遗词的启示中即云:"常州谢玉岑,擢云溪之孤秀,夙以才称;同仲则之平生,仅免客死。听歌井水,当世许以必传;写集名山,临终悔其既晚。蒐梦窗四稿,凄其霜花之吟;赎淮海百身,邈矣微云之唱。及芳薰之未沫,期神理而终绵。缟纻纷其如云,梨枣迟之何日。孝标绪论,难求泉路之书;季札交情,余此荒山之剑。"一则可见两人交谊之深厚,二则也可见他对于玉岑词造诣的肯定,揭示了其词沉郁凄婉的特质。

19世纪末20世纪初是中国历史经历大变革、大转型的时期,新旧思想激烈碰撞,中西方文化互相交融,也是新旧词学的交替时期。谢玉岑的知交朋辈如夏承焘、龙榆生等成为推动现代词学思想确立及发展的奠基人。而在此近代词学格局成形之时,这位曾经名震一时的"江南词人"却因早逝而壮志未酬,终成一憾。

江南·温馨

  多情多义，社会有序，平和温润，都是广义上的温馨概念。在江南的文化作品里，也往往蕴含着道不尽的绵长情感，诉不尽的温婉诗意。江南人，就连吵架也是温柔的。可以说，江南是中国文化发展史上一个重要的避难所、休憩地、复乐园、温柔富贵之乡、文化精神复苏之地。

略说江南爱情诗词的文化意蕴

华东师范大学终身教授
胡晓明

如今，后现代情爱观大行其道，年轻一代在爱情中倾向于实用主义和功利主义，这与古典情爱观中男女双方的黏性依附及对于爱情的忠贞专一有所不同。江南作为特殊的诗性地理空间，浓郁的水乡特色孕育了众多唯美的爱情故事，歌颂女性由个人情爱通向家国大义。在经典作品的个案例举与文本细读的基础上，我考察了古典爱情观念架构下的江南爱情诗词，将其划分为四个历史时期，探究其中的七项文化意蕴，力图再论江南爱情诗词的文化大义，以丰富江南学的内涵。

从黏性依附到独立自主的两性权力斗争：
中国古典、现代及后现代爱情观之比较

关于古典爱情观，《子夜吴歌》中的"婉伸郎膝上，何处不可怜"两句可为注解。"婉伸"二字，表明女性与男性之间深层次的黏性依附关系，"可怜"二字则刻画出女子柔弱动人的情态。这表明，男女两性间具有亲密、柔顺、依恋的情感特点。"懒起画蛾眉，弄妆梳洗迟"，在男性不在场时，女子的妆容也不似平日般精致娇俏，颇有几分"女为悦己者容"的意味。孙中兴教授将古典爱情理想称为"泥巴型"："把一块泥，捻一个你，塑一个我。将咱两个一起打破，用水调和，再捻一个你，再塑一个我。我泥中有你，你泥中有我。"他主张一种钻石型爱情观：每个人都是一颗独立的钻石，每颗钻石有不同的切面，要做到的不是任何一方完全的妥协，而是找到切面的贴合，让两个独立的个体交相辉映。[1]孙教授引用的，传为赵孟頫妻所作词。传赵孟頫因此而最终放弃了纳妾的想法。中国古代爱情观具有的深挚、真笃、持久、坚贞的特点，基本上契合爱情的三要素：亲密、激情、承诺。换言之，重婚姻关系的缔结，强调爱情需在婚姻中获得，重视爱情中的精神享受和男女双方在精神层面的契合度，轻视双方的物质计较与追求。与之相对比，

---

[1] 孙中兴：《爱情社会学》，人民出版社2017年版，第265—266页。

现代的爱情观念则发生了较大变化。诚如孙教授所言,应该倡导钻石爱情观,这只能是一种现代性:基于个体独立的逻辑,寻求男女双方在"切面上的贴合"和个体意义上的交相辉映。注重男女两性保持自身个性的求同存异,而非一方的妥协和委曲求全,力图在双方爱情的进展中求得共赢。

然而爱情观念发展至后现代,则相较于前两期发生了翻天覆地的变化。我的一位做了三十年外国文学教师的学生感慨道:"教了快三十年外国文学,作品一部又一部,学生一轮又一轮。有三个人物日益成为目前婚姻市场的抢手货:克罗德(注:《巴黎圣母院》中的牧师,纠结、挣扎,但可靠),卡列宁,包法利先生。尤其是卡列宁,受欢迎程度堪比达西先生。优秀的文学形象果然与时俱进,学生都不会选《少年维特之烦恼》中的维特做终身伴侣,他们喜欢阿尔伯特,觉得维特空想,不实在。"这表明,后现代的爱情观念强调解构本质、功利主义和实用主义。男女双方往往将实用、对物质欲望的追求看得比爱情本身重要,这标志着后现代的爱情观进入了独身主义以及两性权力斗争的时代。换言之,后现代时期的爱情不再以通过生育绵延后代、通过爱彼此成全作为最终旨归,而是以自身为唯一目的。男女爱情从两性间的熨帖与黏性依附进入以自我为中心,较多关注自身发展的历史阶段。"可见,后现代的两性生活是典型的感觉主义和享乐主义。在时间维度上是割裂过去、现在与未来之间的联系,突出推崇当下的存在，以追求当下的体验和感觉为旨归。"①换言之，对爱欲、物欲的渴求日渐成为后现代爱情观的代名词。但"从人的二重性出发，两性生活就既不能片面地主张禁欲，追求虚假清高的所谓'道德'；也不能片面地主张纵欲，追求感觉主义的物欲刺激"②。健康良性的两性关系和婚姻关系应该在充分尊重男女双方个性的基础上，谋求双方在情感需求上的共赢和共同进步，逐步倡导摆脱物欲和功利的"实用主义"利益至上爱情观念。③

总之，伴随着后现代经济技术及科技发展水平的日益进步，婚姻和家庭对个人的道德约束力逐渐减弱。原本处在稳定的婚姻关系中的男女双方对关系解构的渴望日趋强烈，他们不再满足于古典时期男女两性的深情依附，亦不再热衷于现代保持自身个性，谋求双方共赢的爱情发展策略；转而热衷于追求爱欲的自足、性别的竞争，将爱情视为一种隐性竞争关系。面对这样危急的观念演变局势，面对着家庭淡薄、伦理失序、性别战争、爱情功利化、婴儿遭弃、非婚生子现象等社会热点问题的不断涌现，今天我们将古典传统文化中的爱情观，与现代及后现代爱情观相对照，力求激活古典爱情文学的价值，已成为一项重要文化议题。

---

①② 丛娟：《后现代时期爱情观的基本特征》，《韩山师范学院学报》2006年第2期。
③ 可参阅《爱情与西方世界》《爱的艺术》《爱情社会学》《李银河说爱情》等书目对爱情观念的发展演变过程做进一步的认知和把握。

神话·古意·文人·嬗变：
江南爱情诗词的四个历史时期

人神：楚辞的神话期

我们不妨先从上古时代讲起。在《楚辞》中，我们最早见到关于人神之恋的精彩描摹。如《少司命》中的"满堂兮美人，忽独与余兮目成"。该句中的"目成"两字，颇为类似现代汉语中的"一见钟情"，描绘了人神相恋的神秘美，彰显着古典爱情的主动爱、唯一珍稀的爱与瞬间的直觉美。朱熹集注："言美人并会，盈满于堂，而司命独与我睨而相视，以成亲好。"[1]

类似使用"目成"一词入诗的还有很多，如唐皇甫冉《见诸姬学玉台体》："传杯见目成，结带明心许。"明胡应麟《拟古诗十九首》："五陵侠少年，结束事游昵。白马饰银鞍，连翩度阡陌。美人遥目成，相对理瑶瑟。"又如明王骥德《千秋绝艳赋》："河中丽人，洛下书生；婳娟蕙质，缱绻兰情。嫣然色授，睐兮目成。宛转生前之恨，婵媛身后之名。"明徐熥《乍见赋》："一见兮目成，相对兮魂褫。"无一例外都用于描绘男女爱情的深情缱绻和男女双方对来之不易的爱情的珍视。

需要注意的是，《楚辞》中的爱情描写与《诗经》的爱情描摹方式具有显著的不同。前者在表情达意时直率、热烈、刚劲、主动，后者则较为含蓄平缓。这与江南与北方文化土壤的差异性有关。我曾撰写过的一篇文章中，称《诗经》中体现着"中

---

[1] （宋）朱熹：《楚辞集注》，上海古籍出版社1979年版，第39—40页。

华民族的华夷观念"及"文化尊严之自觉",表现出一种"民族集体心理之情感"①。究其根源,是由于北方长期战乱和我国古代温柔敦厚的"诗教"观念的影响;后者则受到楚地"巫蛊文化"的浸润,"巫,祝也。女能事无形,以舞降神者也"。②朱熹也说,楚地"俗信鬼而好祀,其祀必使巫觋作乐,歌舞以娱神"。③因而爱情文学中爱的动力来自对于神的崇拜和对与神相恋的渴求,富于冲破阻碍的胆识与自由的人性光芒。

总之,《楚辞》中对人神恋爱现场及细节的描摹最大限度地还原了古典爱情观念中主动、神秘、两性相互依恋的一面。人神之间冲破物种属性的一见钟情与自由结合也可视为两性关系原始朴素的深情与至诚。

古意:乐府与古诗的古意期

我们先从一首甲骨卜辞说起。"其自西来雨?其自东来雨?其自北来雨?其自南来雨?"这是远古先民们求雨时的呼唤,这是来自巫师的吟唱。东南西北这种富有神性和张力的空间体验被后世诗歌广泛运用。在先民进行求雨活动时,"东南西北虽然有客观的功利指向,但仍与先民们的祈求情感,生命要求,紧密相连"④。在这样的求雨活动中,包含着先民们的忧患意识和悲悯意味。

再看汉乐府诗《江南》:"江南可采莲,莲叶何田田,鱼戏莲叶间。鱼戏莲叶东,鱼戏莲叶西,鱼戏莲叶南,鱼戏莲叶

---

① 胡晓明:《诗与文化心灵》,中华书局 2006 年版,第 15—16 页。
② (汉)许慎撰:《说文解字注》,上海古籍出版社 2010 年版,第 201 页。
③ (宋)朱熹:《楚辞集注》,上海古籍出版社 1979 年版,第 29 页。
④ 胡晓明:《中国诗学之精神》,江西人民出版社 1991 年版,第 202—203 页。

北。"同样是仿照甲骨祈雨卜辞中东西南北的空间架构模式进行书写。与甲骨卜辞所不同的是,《江南》诗中褪去了来自远古时代的神性,转而歌咏劳作中的美好爱情和恬静清莹的水乡风物。这标志着"东南西北"空间方位已成为一种较为成熟的写作模式被运用在汉乐府诗歌写作中,"这种呈辐射型的空间模式,实在是汉代人文精神对感性世界全面征服的一个象征。……地理自然的空间方位,转化为文化心理的多层结构,空间的幅度,转化为'材知深美,可以图事'的士大夫情意幅度"。[①]

《苏小小歌》:"妾乘油壁车,郎骑青骢马。何处结同心,西陵松柏下。"其中,"西陵"是二人定情之地,约定终身之所。"松柏"是爱情坚贞不屈,始终如一的象征物。"油壁车""青骢马"是爱情中男女双方各自所乘坐骑,是爱情的证物。这些意象联合起来,建构出钱塘名妓、车中美人与马上少年生死相许的故事线索,描摹出青年男女间的爱情从相依相恋到相知相守,为我们再现了一幅美好空灵的江南爱情画卷,亦展现出女性坚贞、单纯、灵性、柔弱的古典美。同样,在李贺的《苏小小墓》诗中,我们也能感受到"风为裳,水为佩。油壁车,夕相待"的爱情与江南自然风景相依的美感。

柳如是崇祯十二年游西湖有《西泠》七律十首,写的是柳如是的梦境。第一首云:"西泠月照紫兰丛,杨柳丝多待好风。小苑有香皆冉冉,新花无梦不濛濛。金吹油壁朝来见,玉作灵衣夜半缝。一树红梨更惆怅,分明遮向画楼中。"这首诗的题旨

[①] 胡晓明:《中国诗学之精神》,江西人民出版社1991年版,第206页。

很清楚，是写对于爱情的向往。六朝时的苏小小，是柳如是游西湖时最容易联想到的一个人。苏小小早已化而为西湖边的残星、冷月、柳风、香径，古典爱情与古典山水在一起，美美与共。所以，柳如是诗第一句的"西泠月照紫兰丛"，就用了李商隐的"苏小小坟今在否，紫兰香径与招魂"(《汴上送李郢之苏州》)，暗示香魂重来，接引下句的"丝(思)多""待好风"的憧憬。"紫兰丛"，陈寅恪说："'丛'者，多数之义，指诸名媛言。与下文'一树'之指己身言者，相对为文。"又说："河东君此诗自言其所以不同于西湖当时诸名媛者，乃在潜隐一端。其改名为'隐'，取义实在于是。"这样，柳如是想隐藏自己的心情，我们就可以看得更真切了。① "杨""柳"二字，因藏有柳如是的前后姓氏，而融入了漫长孤寂的身世之感。在梦中，那"妾乘油壁车，郎跨青骢马"的女子，那"灵衣兮被被，玉佩兮陆离"的神人，就翩翩而来，撩人遐思了。柳如是的这两句诗，可以注意的是，所有的色彩都非常热烈。苏小小的纯情口吻、大司命的灵幻体验，自然是热烈的；而朝与夜的对偶，将时间的节奏弄得又明快又稠密，也是热烈的。李义山《无题》诗云："斑鸠只系垂杨岸，何处西南待好风？"好风，是永远也没有谁看得见的。好风的样子，就只是杨柳轻扬的样子。

　　柳恽的《江南曲》在抒写女子的隐秘心事上别具一格。诗云："汀洲采白蘋，日落江南春。洞庭有归客，潇湘逢故人。故

---

① 可参阅胡晓明：《文化江南札记》，华东师范大学出版社 2007 年版，第 66—67 页。

人何不返,春花复应晚。不道新知乐,只言行路远。"该诗以代言手法描绘故人相逢的淡定与忧伤。代言体,于一个因为爱情而怀抱相思痛苦的人来说,消息是足以激起更加强烈而不安的思念,然而,诗没有写;用景物和借口,通过"复应晚""新知乐""行路远"三次宕开一笔,将残酷的人生真相审美化,并在字里行间透露出惜春伤春的隐秘心绪。矜持与淡定,其实是古典式的爱情忧伤的美。红颜消损,美人迟暮,在岁月无情的消磨中相思憔悴,尽在不言中。古意是一层外壳,用来抵挡来自现实人生的残酷与暗黑。诚如叶嘉莹先生所言,弱德是一种内蕴与韧性的力量。这迥然不同于鲁迅"瞒"和"骗"的文化观。"这种美感所包含的,乃是在强大的外势压力下所表现的不得不采取约束和收敛的一种属于隐曲之姿态的美"[1],因此,王夫之《古诗评选》中说:"含吐曲直,流连辉映,足为千古风流之祖。"[2]无独有偶,张玉谷《古诗赏析》评价说:"后二是述归客答辞,不言、只言,兼可喜可疑两意,此种乐府,古意未漓。"[3]

巴克斯特提出了"爱情关系三选项"[4]说。该理论认为,爱情分为开始、发展和结束三个阶段。在开始阶段,爱情的吸引力是由六个要素组成的,分别是身体的吸引、邻近性、诱发、互惠、相似还有阻挠。发展阶段中存在一种关系模型,叫作关

---

[1] 可参阅叶嘉莹:《何为"弱德之美"》,《文汇报》2021年1月11日。
[2] (明)王夫之:《楚辞通释·古诗评选·唐诗评选·明诗评选》,岳麓书社2011年版,第554页。
[3] 张玉谷:《古诗赏析》,上海古籍出版社2000年版,第453页。
[4] 孙中兴:《爱情社会学》,人民出版社2017年版,第123—124页。

系的摆荡模型,是指一段关系会就像摆钟一样在三种选项中来回摆荡,分别是自主或关联,开放或封闭,老套或新鲜。一段感情如果能够在这三种关系中取得平衡,往往就能趋于稳定。通常认为,关联、封闭、老套为我国古典爱情观的基本特征;自主、开放、新鲜则为现代和后现代爱情观遵循的基本原则。

"始欲识郎时,两心望如一。理丝入残机,何悟不成匹?"这首诗里,两心如一意味着对爱情坚贞不渝,也意味着情感关系的封闭、排他与老套。现代人的爱情追求奇异、新鲜,古典追求透明、如一、秩序。诗末句表明,双方的行为模式和思维习惯,已经被彼此全部都了解,还没开口对方就知道你要说什么。"匹",双关"匹配",指的是还没有开口就与对方的心思匹配。放在现在,我们称之为心领神会、心有灵犀。

"朝思出前门,暮思还后渚。语笑向谁道,腹中阴忆汝。"我们看到这样一个画面:女子对心上人朝思暮想,甚至因为日思夜想着心上人的模样,总是不自觉地笑起来,这俨然是一幅热恋中的情态。由此可见,古典的爱情观意密而体疏,形远而神近;后现代的爱情则有时貌合神离,形散神散。正因如此,"腹中阴忆汝"的场景似乎很难在当今出现。读这首诗,令人欣羡古人的爱情,它坚若磐石,韧如蒲苇。

"夜长不得眠,明月何灼灼。想闻散唤声,虚应空中诺。"这首诗里有一种似梦非梦,恍然如梦的空间感应。一个"虚"字,勾勒出抒情主人公一夜未眠,思念心上人的情景。

"我念欢的的,子行由豫情。雾露隐芙蓉,见莲不分明。"

"见莲"即"见怜",是被爱的意思。这首诗里,女子觉得心上人对自己的爱就好比雾中的芙蓉花一样,看不真切。她不确定心上人对自己的爱是否与自己给他的爱对等,她总觉得爱情不能透明如一,便忧伤焦虑。这首诗,妙在将女性的爱情心理变化刻画得十分分明,细致入微。使用隐语,如"见莲",也使得诗歌情味绵延悠长。

再如《子夜四时歌·春歌》:"春林花多媚,春鸟意多哀。春风复多情,吹我罗裳开。"这里的"春林""春花""春鸟""春风"都因浸润着抒情主人公内心的情感而变作诗歌的意象。在诗人笔下,春林春花妩媚多姿,春风多情吹开罗裳,全诗兴象活泼,意随笔成。

李白《春思》:"燕草如碧丝,秦桑低绿枝。当君怀归日,是妾断肠时。"代言抒写思妇内心对心上人的相思之情。先写心上人之怀归,再书己之断肠,让诗中处于爱情关系中的男女双方的情绪保持同频。"春风"仿佛有生命的物体,能够感知亲人归来的消息。描摹心灵感应的瞬间状态,诗意含蓄蕴藉。

此外,《子夜四时歌·春歌》中的"独在机中织"、《秋歌》中的"寄情千里光"等都表现了古典爱情观中的纯洁与忠贞。

下面,我们重点讲《西洲曲》。作为"乐府双璧"在南方的代表,作为最江南的爱情诗,学界对这首诗的理解可谓众说纷纭[1]。这首诗在理解中需要注意哪些要点呢?

---

[1] 我所见的鉴赏,以邓小军教授最为细致。见吴小如等:《汉魏六朝诗鉴赏辞典》,上海辞书出版社2021年版。

西洲是个什么地方？西洲是爱情的圣地，梅花是爱情的信物。"江北"是用距离加强爱情的深刻性，距离是爱情的激励，时间是爱情的酒酿，水乡是爱情的摇篮，杏子是单衫的颜色，雏鸦是双鬓的色泽。"西洲在何处？两桨桥头渡"，以设问手法，回答了西洲所在的方位。原来，它就近在咫尺，只需划着船就能到达。这一句中，"船"意象的出现恰合江南地理风貌的特征。江南舟行，采撷莲子，意味着季节的更替，四季的流转，表明爱情的历久。"诗中描写门外伯劳孤栖与单飞，是借写景来写人、写情，烘托门内女主人公的孤独处境与心境"①，"树下即门前，门中露翠钿"句紧承上句，风吹乌桕，伯劳惊飞，女子以为是心上人自远方归来，于是从门缝里伸着头探望，露出头上的发饰。特别是"露翠钿"三字，显出一种孤单、要眇的美感，相思也由空间层面转入时间层面。

下面，季节再转，抒写心上人日日不至的失落。"低头弄莲子，莲子清如水。""莲子"谐音"怜子"，"秋水"象征着女子与心上人的爱情，似秋水般清纯。这八句诗，接连使用七个"怜"字，强调爱的坚贞。"怀袖"表明要将爱恋之情时刻放入袖中，随身携带，道出爱意的深沉。这一段是抒情主人公内心相思的奏鸣曲。

接下来，进入全诗的最后一部分。秋天鸿雁传书，却更无一字书信。栏杆句，写出女子静静地站立，描摹出如同雕塑般

---

① 曹文心：《〈西洲曲〉考证与解读》，《淮北师范大学学报：哲学社会科学版》1994年第4期。

● 《梦里山河》(胡晓明绘)

的相思兴象,她高洁而清莹。"自""空"与"映阶碧草自春色,隔叶黄鹂空好音"一句的诗意相通,在大自然中衬托出内心的寂寞失落。结尾句"南风知我意,吹梦到西洲"只言"到西洲",而非"到江北",运用时间与空间的恒久循环,照应开头,构成一个古典的自足的爱情天地。使得诗境美丽、深情、温馨、灵秀、贞洁、缠绵、含蓄、缥缈,高天大地,远水轻波,全是相思。因此,沈德潜在《古诗源》卷十二中评价本诗"续续相生,连跗接萼,摇曳无穷,情味愈出",陈祚明在《采菽堂古诗选》中称其为"言情之绝唱"。

总之,古意阶段的江南爱情诗词渐已褪去上古人神时期的神性特征,侧重描摹男女双方在爱情中的坚贞与专一。在美学风格上,不同于上古时期天人合一的美学风格,这一时期的江南爱情诗词往往呈现情景相生的意境,其中水乡特定的风物,使得诗词作品具有江南文化的特征,而江南也因爱情诗文而具有一种特美。

文人:唐宋诗词的文人期

我们再来看唐宋时期的江南爱情诗词。

杜牧《赠别二首》其一诗云:"娉娉袅袅十三余,豆蔻梢头二月初。春风十里扬州路,卷上珠帘总不如。"扬州是唐代著名的大型商业都会城市,经济富庶,有"扬一益二"的美称。"腰缠十万贯,骑鹤下扬州",唐代的扬州俨然成为人们心中渴望的圣地。"扬州自南朝起,便成为一座繁华的商业大都会;唐代更是如此。据唐人描述：'每重城向夕，倡楼之上，常有绛纱灯万数，辉罗耀列空中。九里三十步街中，珠翠填咽，邈若仙境。'"盛况可见一斑。这首诗道出了江南水乡与都市人生对女性美的发现，最是风华。

再看陆游的《沈园二首》。这是陆游个人的"长恨歌"，在七十五岁重游沈园时为怀念其原配夫人唐氏而创作。深情哀婉，唱叹生情，爱而不得其所爱，而又不能忘其所爱，因不能忘其所爱，而长恨终身。其一诗云："城上斜阳画角哀，沈园非复旧池台。伤心桥下春波绿，曾是惊鸿照影来。""伤心桥下""惊鸿照影"，这是诗人自我折磨的深情与留存在记忆中永久的伤痛。

其二云："梦断香消四十年，沈园柳老不吹绵。此身行作稽山土，犹吊遗踪一泫然。"这首诗包含着诗人自身的身世之感与七十多岁老人对于终身不舍之爱情的唱叹深情。"此身行作稽山土，犹吊遗踪一泫然"，表明诗人自知不久后即将变作稽山之上的一个土丘，生命也会就此终结，但对唐琬的爱却不会因阴阳两隔的处境改变，相思之情始终如一。正因如此，年事渐高的诗人在来到沈园时，还是无法停止感伤，仍会在不禁回想起年轻时那段与唐琬相依相伴的日子时，泪流满面。原来这段爱情早已成为诗人一生刻骨铭心的记忆。爱而不能忘其所爱，此首最为表明古典之所以为古典。

姜夔《过垂虹》诗云："自作新词韵最娇，小红低唱我吹箫。曲终过尽松陵路，回首烟波十四桥。""箫"意象的出现，使全诗颇具文人风雅。元代陆友仁《研北杂志》记载:"小红,范成大青衣也,有色艺。成大请老,姜夔诣之。一日,授简徵新声,夔制《暗香》《疏影》两曲。成大使二妓歌之,音节清婉,成大寻以小红赠之。其夕大雪,过垂虹,赋诗曰:自作新词韵最娇,小红低唱我吹箫。曲终过尽松陵路,回首烟波十四桥。"垂虹,即垂虹桥,在江苏吴江松陵镇上。始建于北宋庆历八年(1048),因桥"环如半月,长若垂虹"而得名。该诗抒写诗人对歌妓小红的思念与留恋之情。清代黄培芳《香石诗话》评价该诗:"宋人七绝,每少风韵,惟姜白石能以韵胜。如《过垂虹》云:自作新词韵最娇,小红低唱我吹箫。曲终过尽松陵路,回首烟波十四桥。渔洋亦瓣香此种。"烟波、箫音、小桥、小红,皆成为婉曲缱绻的江南特美。

周邦彦的《少年游》词中"并刀如水,吴盐胜雪,纤手破新橙"一句写出爱情中女性细腻温婉,缠绵深情的美。"马滑霜浓,不如休去,直是少人行"句则写出身处古典爱情观念中的女性对心上人的依恋与关注。其背后的本事涉及李师师、周邦彦和宋徽宗的三角关系,传闻虽不足信,但词作确实描绘出古典式爱情的深情绵长,兴味盎然。

李清照的《武陵春》词堪称宋代爱情词之经典。词云:"风住尘香花已尽,日晚倦梳头。物是人非事事休,欲语泪先流。闻说双溪春尚好,也拟泛轻舟。只恐双溪舴艋舟,载不动许多愁。"这首《武陵春》是作者中年孀居后所作,非一般的闺情闺怨词所

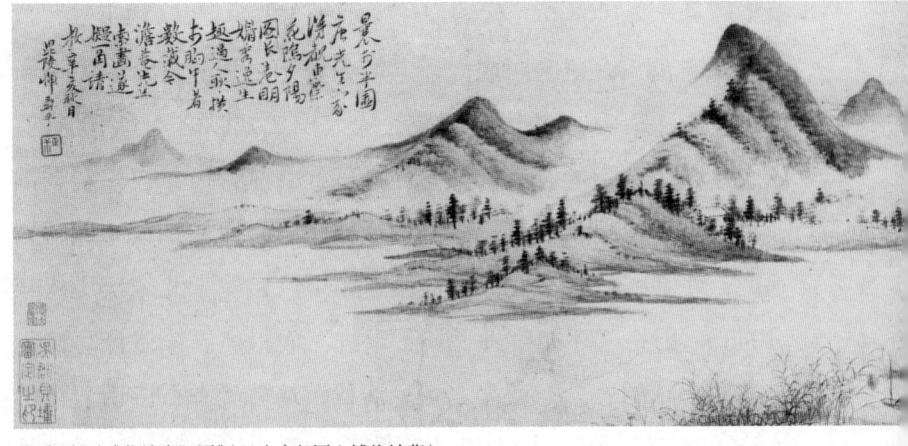

● 恽寿平《花坞夕阳图》(日本京都国立博物馆藏)

能比。这首词借暮春之景,写出了词人内心深处的苦闷和忧愁。不是一般的爱情诗,而是家国沦丧,流离失所的大悲伤。"风住尘香花已尽"一句已达至境:既点出此前风吹雨打、落红成阵的情景,又绘出现今雨过天晴,落花已化为尘土的伤怀。时她因金人南下,几经丧乱,志同道合的丈夫赵明诚早已逝世,自己只身流落金华,眼前所见的是一年一度的春景,睹物思人,物是人非,不禁悲从中来,用日常场景的描写,日高方起,懒于梳理。"欲语泪先流",音乐中的停顿,绘画中的空白,不是简单的一个孤苦凄凉环中流荡无依的才女形象自画像,更是一个时代、一个文明的自画像,是失魂文人之忏悔与感伤、忆旧之作。

贺铸的《青玉案》词背后蕴藏着一个凄美的爱情故事。贺铸好友李之仪《题贺方回词》:"右贺方回词。吴女宛转有余韵,方回过而悦之,遂将委质焉。"贺铸爱上一位姑苏女子,但女子

186 江南·温馨

后来不幸早逝，成了贺铸一生的伤痛和遗憾。在故事的背后，有韦庄"未老莫还乡，还乡须断肠"的惆怅；有刘禹锡"断尽江南刺史肠"的悲凉；有谢灵运"楚人心昔绝，越客肠今断"的怅惘；更有屈原"魂兮归来兮哀江南"的千古慨叹。

其中的"飞云冉冉蘅皋暮。彩笔新题断肠句"还引出一个中国诗学的意象，即"江南断肠句"的写作传统。后世诗人不断借用、追忆、延续，反复书写。如"断肠犹忆江南句"（卢炳），"但苦忆，江南断肠句"（史浩），"忆得歌翻断肠句"（杨无咎），"白首题将断肠句"（刘辰翁），"断肠句，试重拈彩笔，与赋闲愁"（王沂孙），"断肠句、落梅愁雨"（吴文英），"人生南北如歧路，惆怅方回（指贺铸）断肠句"（吴潜），等等。可以说，自贺铸作此词后，"江南断肠句"书写蔚然成风。但其中写得最好的，还要数贺铸这首。故黄山谷感慨道："解作江南断肠句，只今唯有贺方回。"对贺铸此词评价甚高。

断肠句的文化意蕴主要包含以下几个方面：其一，特指江南的美丽动人。其二，书写出江南美丽背后恒有的佳丽及其情缘。其三，展现美得令人伤心、无限低徊、要眇的心事。其四，延续从屈原、谢灵运等中国最优秀的抒情诗人一直传承而来的感伤文学与才子佳人文学传统及其中优美的心灵感应，美美与共。黄山谷为什么说"解作江南断肠句，只今唯有贺方回"，其中"只今"二字，意蕴深厚，于此方可获一较完整的答案。中国文学悠久的传统中，从汉代到清代、近代，一直隐隐相传着有关江南的意象。对美的崇尚，对人的入骨的相思、永续的乡愁，是江南不变的芬芳迷魅。男女之思，友朋之念，以及越到后来，以男女、友朋寄托家国君臣之思，相互重叠着、涵化着，渐成江南意象的深层含义。所以，苏东坡诗云"犹作江南未归客""醉中不觉到江南""更容残梦到江南"，姜夔词云"昭君不惯胡沙远，但暗忆，江南江北"，吴梅村诗云"世间何物是江南？"才有了厚重的文化内涵。因此，江南意象是江南认同的一个重要的部分。作为江南认同的江南意象，表明了中国文学对于"江南精神共同体"的传承，具有决定性的贡献。

综上，唐宋文人时期的江南爱情诗词侧重于描绘商业都会繁荣发展之下女性的美，侧重于文人与女性的心灵交流，相较于前面阶段，江南爱情诗词更注重体察女性细腻多情的心理特征，亦更注重一种男女心心相印的性别文化，还引出了"江南断肠句"的写作传统，文本互用，今典古典互为源泉，使得后世诗人争相传写、模仿，为古典中国诗词建构了一种新的写作范式。

社会：明清及近代的嬗变期

在此不得不谈到柳如是，她是陈寅恪《柳如是别传》中的主人公。她与陈子龙的爱恋已由个人性情直通家国文化的大义。且看柳如是《西湖八绝句》之一："垂杨小苑绣帘东，莺阁残枝蝶趁风。最是西陵寒食路，桃花得气美人中。"中国的古老文化中常说，人在大自然中可以采气、得气，但是却从来没有说过，大自然居然也可以在人身上采气、得气。称得上这句话的人，该是何等自负。

我认为，读懂这首小诗，关键在于是否能够读解清楚"最是"二字的含义。崇祯十二年（1639），柳如是二十二岁，本不该有暮春之感。她虽然陪钱牧斋去西湖游玩，可是，她的心却仍然在陈子龙那里。所以，小诗的第二句"残枝"，虽指的是暮春的光景，却也是情感的体验，表明昔日的桃花，正在心头凋残，那一份永结同心的希企，正变成一个渺然无痕的春梦。而"桃花得气美人中"的良辰美景，只是掩盖了那"人面不知何处去"的怆恻往事而已。

据陈寅恪先生的发现，陈子龙在崇祯八年（1635）春作有数首《寒食》七绝："应有江南寒食路，美人芳草一行归。""垂杨小院倚花开，铃阁沉沉人未来。"这里的"寒食路""美人""垂杨小院""铃阁"，都化为柳如是的追忆、想象，化而为她的营造情感的诗歌意境。同在崇祯八年，他还作有《春日早起》:"始知昨夜红楼梦,身在桃花万树中。"这样看来,陈子龙的诗是理解柳如是桃花诗的钥匙。陈寅恪先生说:河东君之诗作于崇祯十二年春,距卧子(作者注:指陈子龙)作诗时虽已五年,而犹眷念不忘卧子如此,斯甚可玩味者。由此可知,"桃花得气美人中"是借"人面桃花相映红"的故事,来表达对于四年前那段旧情的追思怀想。"最是"的确解是:最难忘生命中如花绽放的那个不复返的春天。于是,柳如是为崇祯十二年西子湖的春天,画出了最明丽的一笔。

此外,柳如是《春日我闻室作呈牧翁》中"此去柳花如梦里,向来烟月是愁端"两句则勾勒出她对陈子龙旧情的难忘。据陈寅恪考证,今典出自陈子龙《满庭芳》词:"无过是,怨花伤柳,一样怕黄昏。"此句因当日我闻室之新境,遂忆昔日与陈子龙之旧情。宋让木《秋塘曲》:"十二银屏坐玉人,常将烟月号平津。"此句忆及与"吴江故相"周道登之瓜葛,柳如是曾为周氏妾,为群妾所忌,潜于主人,谓其与仆通,因被放逐。在柳如是眼中,那些与陈子龙同居松江南楼的缠绵日子,是她一生中人格成长的关键阶段与美好时期,她亦对此念念不忘。

陈寅恪考证陈柳钱之心史,主要是表彰柳如是对陈子龙的不忘其所爱,柳陈之恋是士人自由精神独立人格的表现,也是自由精神独立人格的悲剧。

《柳如是别传》的作者,以明清异代天翻地覆的历史事实为背景,通过柳如是的奇特经历,展开一幅巨大的历史画卷,让读者看到,在这动乱的年代里,各种各样的知识分子怎样在严酷的命运面前抉择自己的归宿，怎样回答自由人格的时代问题。作者对柳如是身边的这些士人，以其对待国家命运的态度为准，予以表扬或贬斥，从而起到了"贬斥势利、尊崇气节"的作用。柳如是最为核心的气质，正是作者在全书中反复强调的她的自由精神。侠女、才女、奇女、神女、名女，在柳如是身上完美合一，"奇女志与遗民心的结合"，使该书成为可歌可泣的女性史颂。柳如是最终毅然参与反清斗争，标志着其由个人的爱情直通江南文化大义的人生选择。

吴伟业的《琴河感旧》（其三）诗中的"青衫憔悴卿怜我，红粉飘零我忆卿。记得横塘秋夜好，玉钗恩重是前生"四句，借助对心上人的忆念追悼，记叙面对困局时的心情与选择故事，以及透过红粉恩重表达前朝恩重的悔愧之心。

在长诗《过锦树林玉京道人墓》中，诗人借"独有潇湘九畹兰，幽香妙结同心友"力图回复到《楚辞》香草美人的抒情传统中，记述了他与卞玉京之间一段刻骨铭心的爱情。卞玉京后来的几段遇合都不甚如意，晚年病苦缠身，依一位老名医生活。为报其供养之恩，以三年时间，每日刺舌血书成《法华经》一部。这看似是一种自虐，其实也是一种自赎。书成之日，其内心应该是宁静的，至少此生已没有什么歉疚。至于吴梅村，他一生都在矛盾与徘徊中，无论感情方面还是出处方面。自迈出北上赴清廷的第一步时，即开始了无休止的自虐之路。才华盖世如吴，冷傲自矜如吴，最终给自己的评价却是"一钱不值何须说"，"剖却心肝今置地，问华佗解我肠千结"。在吴梅村晚年晦暗的世界里，追忆与卞玉京的交往成为唯一的亮色。吴、卞二人的悲欢离合，与明王朝兴亡史交织在一起，使吴梅村的爱情诗呈现出厚重的历史感和悲剧性。

朱彝尊的《桂殿秋》词中有："思往事，渡江干，青蛾低映越山看。共眠一舸听秋雨，小簟轻衾各自寒。"冯寿嫦是朱的妻妹，朱彝尊十七岁时入赘冯家时，妻妹不过十岁的女童，一片天真烂漫，朱彝尊可以说是看着她长大。因为同在一个家庭，二人有机会相互了解，而冯寿嫦也天资聪颖，从小爱好文学艺术之类，与朱彝尊甚为相投，慢慢从一般好感发展到互生情愫。彼时朱彝尊只靠授徒为生，经济尚不能自立，冯家断不会把姐妹二人都嫁给他。冯寿嫦十九岁出嫁，婚后很不如意。后来归宁，得以有机会再次见到朱彝尊。大约在冯寿嫦二十四岁左右，二人终于突破礼教而私自定情。此后离多会少，冯寿嫦也可能受到夫家及娘家的双重压力，年仅三十三岁就去世了。这是朱彝尊一生最难忘的一段情事，后来结集成《静志居琴趣》一卷。

按照叶嘉莹先生的解释，"此二句若就其狭义者言之，则其所写者自然乃是朱氏与冯女同舟共载之情事，前句的'共眠一舸'四字，写所处的地点之相近，同时也暗示了在如此接近的'一舸'中，其主观想要接近的内在愿望之强烈。而后句的'小簟轻衾各自寒'七字，则写外在的现实环境之约束所造成的难以逾越的隔绝的痛苦。而且前句之'听秋雨'三字所暗示的无眠的苦况，则又正是对开端'共眠'二字的强烈的反讽。是其所写者虽为现实之情事，但在其叙写中所暗含的反讽的张力，以及其在主观内在之愿望与客观外在之约束中所造成的强烈的对比，遂使其所写的个别事件，化生出了一种足以喻示整个人世之'天教心愿与身违'之共相的潜在的能力"。

叶先生所指出的"心与身违"的共相，其实正是人性追求自由的永不止息的努力，与社会对此努力的阻碍之间所产生的张力。因而，爱情诗词具有喻示社会嬗变的重要意义。接下去，叶先生更用江南水乡的一个场景加以更具体的分析。

朱彝尊的《鹊桥仙·十一月八日》词云："一箱书卷，一盘茶磨，移住早梅花下。全家刚上五湖舟，恰添了、个人如画。月弦新直，霜花乍紧，兰桨中流徐打，寒威不到小蓬窗，渐坐近、越罗裙衩。"叶嘉莹先生解释说，我们就可体会出来朱氏之所以把一次身无长物的移居，写得具有如此清雅超俗之美，实在主要都只是因为舟上添了个"如画"之"人"的缘故。

叶嘉莹先生分析说："中国诗词中对衣饰的叙写往往都含有一种对人物之品格情思的暗示，是则'越罗'所显示的人品之贵美，'裙衩'所显示的人意之多情，对于'渐坐近'之人当然构成了一种强力的吸引。而'渐坐近'所表现的自然正是在此种引力下的想要逾越的向往。不过此一小天地在精神感情方面虽仅属相爱之二人，但读者则不应忘记'刚'才'上舟'的却原是'全家'，如此则在睽睽众目之下，是其虽有强力的逾越之向往，而却终于又无能超越于强力的外在之拘限，而也就正是在这种逾越之向往与外在之拘限的两种强力的挣扎中，所以才使得朱氏把这两句词写得如此之低徊约抑，如此之隐秘深微，又如此之使人怦然心动。"①

龚自珍的一组《己亥杂诗》则显示出读书人所特有的家国意识。"凤泊鸾飘别有愁，三生花草梦苏州"（第255首）描摹一个最温柔的梦境；"踏遍中华窥两戒，无双毕竟是家山"（第152首）描绘对"浙东"与"北地"深沉的眷恋和热爱；"太湖夜照山灵影，顽福甘心让虎丘"（第238首）中，"太湖"与"虎丘"等承载着江南文化的地名的出现，更显出江南爱情诗温馨、灵秀、缥缈、深情的特点；"鹤背天风堕片言，能苏万古落花魂。征衫不渍寻常泪，此是平生未报恩"（第247首）将男女之情与自身的命运、家国命运联系起来；"小语精微沥耳圆，况聆珠玉泻如泉。一番心上温摩过，明镜明朝定少年"（第248首）与前一首合称为最近代最纠结的爱情诗。

总之，江南爱情诗在体类上可以分为怀人诗、闺情诗、艳情诗、悼亡诗、赠别诗、忏情诗、微言诗、宫词八类，各类诗作中均描绘男女双方在古典爱情观念统摄下的深情与长情。随着时间的推移，江南爱情诗中的神性逐渐减弱，代之以温馨与灵秀，甚至由个人情爱直通刚健深厚的家国民族文化的大义。从这个意义上讲，今天我们重新探秘江南爱情诗词背后的文化密码十分必要。

江南爱情诗词的七项文化意蕴

我们有必要对前面所述内容进行一个总结。为了方便得出

---

① 叶嘉莹：《从艳词发展之历史看朱彝尊爱情词之美感特质》，叶嘉莹：《迦陵文集》，河北教育出版社1997年版，第79页。

结论，我们把江南爱情诗词的文化意蕴归结为以下七类：

第一，由原始思维而来的神秘美、直觉美。如人神之恋阶段中，《楚辞》里体现的就是一种人与神之间建立在跨物种结合上的神秘的直觉美。人与神的遇合，通常是不期而遇的，一见钟情式的，重视来自瞬间的爱的浓度，是神人一体之美。正因为在其中特有的人神距离，他们之间的相知相恋才更显得弥足珍贵。

第二，由水乡风物而来的柔美、秀美。如《江南》诗中抒写的采莲场景；《西洲曲》中描绘的划船到达西洲与心上人约定终身的夙愿；《苏小小歌》中关于油壁车与青骢马的唱叹等，都通过江南所独有的水乡风物，歌颂了江南水乡真挚的爱情和天人合一的大美。

第三，由早期城市生活而来的女性美。如杜牧诗中对于大都会扬州的描写，只用只言片语，便深刻再现了唐代扬州城的富庶与繁华；南朝诗人在宫体诗中大量描摹女性肢体和外在形态上别具一格的美感，第一次在诗歌层面发现并自觉书写了女性的美。虽然学者对宫体诗大致上均持否定态度，但有一点不可否认，宫体诗人们善于捕捉并发现女性的美。概而言之，江南是发现美的地方。

第四，由传统文化而来的古典人性美。在我所研究的古典江南爱情诗词中，男女双方往往对爱情坚贞执着，始终如一。这样的爱情大多呈现出深挚、真笃、长久、忠贞的特点。《子夜四时歌·秋歌》中，女子与心上人纵使相隔千里，也要共赏一轮明月，足见爱情的忠贞专一，"隔千里兮共明月"的诗性，是古典的人性美。

第五，由山水与佳丽结合而来的自然人文兼美。李贺诗《苏小小墓》中，"风为裳，水为佩"，一句极言秀美的佳丽与自然景物的相依相伴。风作衣裳，水作玉佩，美人与美景，自然与人文深刻地交织在一起，呈现出"美美与共"的美学图景。

第六，由文人生活与佳丽结合而来的风雅之美。如姜夔的《过垂虹》中"箫"意象的出现，显著增加了词作的文人味、书卷气；贺铸的《青玉案》词背后包含着贺铸与姑苏女子的爱情故事，通过文人轶事增添了诗词的风雅之美。同时，文脉与情思的纠结与缠绵，在一定程度上也增加了词中风雅之美的深度和广度。

第七，由情爱到爱的大义。在这一方面，柳如是堪称典范。她突破礼教的束缚，大胆自由地追求属于自己的爱情。他是侠女、才女、奇女、神女、名女，在她的身上，凝聚着近代女性在面对国家危急存亡的历史关键时刻时凛然大义的人生抉择，昭示着绚丽璀璨的自由精神、独立人格、家国意识。"著书唯剩颂红妆"，陈寅恪先生自身的民族气节，借柳如是其人，得以深切而含蓄地表达。

总之，江南爱情诗词蕴含着七项重要的文化意蕴。我们注意到，在上古人神遇合的神秘美经由从传统文化而来的女性美，山水、佳丽组合的自然人文兼美直通至国家民族文化大义与气节的发展演变过程中，神性的因素不断减弱，代之以温馨、灵秀、缥缈、深情的江南爱情诗词特质。江南爱情诗词的发展阶段可大致按照历史的发展顺序排布为人神、古意、文人、社会嬗变四个阶段，每个阶段都有不同的精神特质，彰显着不同的社会与时代风貌，昭示着风格迥异的美学图景。江南爱情诗词的发展虽跨越千载，但有一点是可以肯定的：无论诗作所处的时代和描写的内容发生何种变化，它们都统摄在中国古典的传统爱情观念之下。沉浸于爱情中的男女主人公，珍视你中有我、我中有你的天作之合的古典信条，力图融入对方的情感世界，与之共享柔顺、依恋的甜蜜时光。这迥然不同于后现代爱情观中，男女双方都力争谋求自身利益的最大化，崇尚功利主义和实用主义，因而时刻对解构婚姻关系充满着无限的渴望。他们试图冲破道德的约束，重视当下瞬间的体验和感觉，继而忽视爱情的持久性。当他们追求爱情中感官刺激带来的片刻愉悦时，及时行乐的享乐主义正侵蚀着他们的心灵。正因如此，对古典爱情观架构之下的爱情诗词作文化层面的文本细读就显得十分必要。此外，江南作为独特的诗性地理空间，有着与北方不同的地理风物、人情民俗。从这个意义上讲，将"江南"作为古典爱情诗词研究的限定性地域，作用不言而喻。换言之，"'古典中国'给我们一个支点，我们可以用它来对现代中国提出问题"[①]。站在如今这个"后现代爱情观"大行其道的时代，从古典江南爱情诗词中读出的文化大义，恰是古典中国对当今社会最好的回应与馈赠。

---

① 胡晓明：《以古典中国向现代中国提问》，《文汇报》2013 年 2 月 18 日第 11 版。

行尽江南都是诗

华东师范大学中文系研究生
熊 雪

华东师范大学中文系副教授
徐燕婷

"江南",光是从唇齿间念出这两个字,就已经让人的脑海中不觉浮现出无数风景,无尽情思。江南的山、江南的水、江南的桥、江南的花、江南的柳似乎都沾染着无尽的诗意。江南在诗人笔下,是"杏花春雨江南"的温柔婉媚;是"春水碧于天,画船听雨眠"的慵懒闲适;是"烟柳画桥,风帘翠幕,参差十万人家"的错落繁华。那山、那水、那人,在时间的长河里反复磨洗与陶镕,如今都化作了诗。

元人萨都剌在诗中写道:"行尽江南都是诗",这可谓是诗人眼中的江南了。每至一处,每逢一景,一峰一泉,一溪一桥,一花一草,处处都可以入诗,处处也尽是诗。江南的诗意,不仅源自它独特的自然地理环境和经济的富庶繁华，同时也蕴藏在它深厚的历史中。

　　江南的生态环境从早期发展到如今我们所见到的江南风光经历了长期的演变，自西汉到六朝，江南地区湖泊湿地众多，水面众多，气候温暖，利于水生植物繁殖，水生植物丰富多样。这时期民间多植莲藕，采莲歌从民间到宫廷都很盛行。《汉书·地理志》中已经有对江南地区鱼米之乡、瓜果充足、物产丰富的记载："楚有江汉川泽山林之饶；江南地广，或火耕水耨。民食鱼稻，以渔猎山伐为业，果蓏蠃蛤，食物常足。故呰窳偷生，而亡积聚，饮食还给，不忧冻饿，亦亡千金之家。"[①]江南地区水系发达、物产丰饶、景观秀美，形成了具有独特韵致的文化生态与审美景观。

　　六朝时期，随着北方士人大量进入江南，江南地区的山水之美被发掘出来，世家大族争相在山林之间修建园林别墅，以谢灵运为首的六朝诗人开始书写江南的山水风景。谢灵运在《山居赋》中详细记述了家乡始宁（今浙江上虞）一带的无限风光，如记其园林周边景色有云："其居也，左湖右江，往渚还汀。面山背阜，东阻西倾，抱含吸吐，款跨纡萦。绵联邪亘，侧直齐平。"此地四面临水，东西有山，山川交相萦绕，极尽迂回曲折的情致。"近东则上田、下湖、西溪、南谷、石塸、石㵎、闵硎、黄竹。决飞泉于百仞，森高薄于千麓。泻长源于远

[①]（汉）班固撰，（唐）颜师古注：《汉书·地理志》，中华书局1962年版，第1666页。

江,派深崾于近渎。"农田与溪流交错流淌分布,幽幽的竹林与飞流的瀑布,陡峭的石壁与古老的森林,都清晰可见。"近南则会以双流,萦以三洲。表里回游,离合山川。崿崩飞于东峭,槃傍薄于西阡。拂青林而激波,挥白沙而生涟。"剡江与小江二水在山的南面合流,又围绕着川中的沙洲,山水时而合拢,时而分开。"近西则杨、宾接峰,唐皇连纵,室、壁带溪,曾、孤临江。竹缘浦以被绿,石照涧而映红。月隐山而成阴,木鸣柯以起风。"西面也有山川与河流。山川、河流、农田、阡陌、竹林、溪石、森林共同构成了一幅意境清幽恬淡的诗境。《世说新语》记载了"书中四贤"之一、山阴王子敬对会稽山水的感叹:"从山阴道上行,山川自相映发,使人应接不暇。若秋冬之际,尤难为怀。"山阴,为会稽郡下的一个县,即今浙江绍兴境内。作为一个从小生活在山阴的人,王子敬即便早已对家乡的自然风光非常熟悉,却依旧对此盛赞不已。更为大家所熟知的是王羲之《兰亭集序》中对会稽郡山阴县的兰亭风光的记载:

此地有崇山峻岭,茂林修竹;又有清流激湍,映带左右,引以为流觞曲水,列坐其次。虽无丝竹管弦之盛,一觞一咏,亦足以畅叙幽情。

这些文字记录足可见江南的山水对人心的浸润和滋养,生活和畅游于如此秀美绝伦的河山大川中,如何能不触动诗人心底的诗意呢?但仅仅是山水之美,还不足以概括江南独特的诗意，我们如今心目中的江南，实际更贴近唐宋人心中的江南。

唐中后期，圩田（围田）、树木、田野与植被等立体化的风景有序形成，人们临水而居，门前屋后尽是一片烟水景观，小桥流水的风景也开始大量出现。这一时期农业轻度开发、圩田扩张，荷花增多，除了野外花卉的盛开，人工种植花卉也逐渐增多，梅花、荷花便慢慢地成为江南色调的主题。唐末河网初具规模，圩田河道井然有序，河道种植大量荷花，圩田稻麦处处，圩岸杨柳拂风，这一时期种柳、赏柳成为时尚，柳树大量增多，也成为唐人笔下常见的诗歌意象。

谢朓诗云"江南佳丽地，金陵帝王州"（《入朝曲》），除却秀美的自然风光，江南同时也有着独具壮丽与悲情的历史，值得千百年来的诗人为之悲歌一曲，并引起骚客诗人对自身命运的愁思。江南地区从前被称作"吴地"，较早有文人活动可追述至秦汉时期，汉高祖刘邦十一年（前196）平定黥布之乱。当时刘濞为沛侯，也随军前往吴地。在战乱中，荆王为黥布所杀，刘邦考虑到"吴会稽轻悍，无壮王以填之"，封年已二十的刘濞为吴王，管辖三郡五十三城，为当时仅次于齐王的全国大郡。吴王刘濞崇尚战国养士的遗风，"招致四方游士"，齐人邹阳与吴人庄忌、淮阴人枚乘等人皆跟随吴王游历活动，在当时声名很盛。但西汉前期，由于吴、楚、淮南诸国和中央形成了枝强干弱的局面，受到了中央的忌惮。吴王与文帝在长期的博弈中，积怨日深，于是刘濞密谋起事，结果可想而知，吴王集团的起事自然是失败了。吴王被灭后，昔日围绕在他周围的文人集体自然也就风流云散了。到东汉末年魏、蜀、吴三分天下，孙策割据江东，建立了孙吴政权，不久北魏统一天下，吴国覆灭。到东晋建都建业，偏安江左，江南地区又历经了宋齐梁陈的王朝更替，并伴随着政权更迭带来的腥风血雨，给江南带上了一定的悲情色彩。至南唐、南宋，江南似乎成了一个北边王朝世族避难的栖身之所，而偏安南方的朝廷，命运似乎总是不会长久。这种近似宿命的悲剧性本身就极具诗意，再与江南烟雨的温柔产生碰撞，如何能不激起逐臣去客吊古伤今的感伤之情呢？

江南特有的自然生态环境和历史往事激发了诗人的诗心，诗人的吟咏歌唱建构了一个富有诗意的江南世界。这个世界中，有江南春色、采莲女子、秀美山水、也有零落江南的断肠人，让我们一起"梦入江南烟水路"，跟随古人一起体验江南风景的美丽与哀愁吧。

江南可采莲

荷花，又称莲花、芙蓉，江南特有的水乡环境，孕育了独特的采莲文化。采莲是江南居民的一种农业活动，渗透在百姓的日常生活中，正如《诗经》中的歌谣大多采自民歌，最早的对采莲生活的书写也来自劳动者在田间的吟唱，早期的汉乐府民歌《江南》唱道：

> 江南可采莲，莲叶何田田。
> 鱼戏莲叶间。鱼戏莲叶东，
> 鱼戏莲叶西，鱼戏莲叶南，鱼戏莲叶北。

在碧波如洗的天空下，我们似乎可以看到辽阔的水面上铺满了层层叠叠的碧绿的荷叶，荷叶间点缀着亭亭玉立的莲花，随着微风拂过，荷叶轻轻摇曳着，在湖面上荡出的绿浪此起彼伏。鱼儿们正欢快地在茂密如盖的荷叶下嬉戏玩耍，一会儿在这边，一会儿在那边，说不清到底是在东边，西边，南边，还是北边。这首民歌没有过多的华丽辞藻，仅仅是对采莲人每日所见场景的最简单的记录，清新质朴的江南气息便扑面而来。

梁简文帝萧纲有一首《采莲曲》描绘了一幅颇有意趣的傍晚采莲图：

> 晚日照空矶，采莲承晚晖。
> 风起湖难渡，莲多采未稀。
> 棹动芙蓉落，船移白鹭飞。
> 荷丝傍绕腕，菱角远牵衣。

落日与莲蓬，行船与白鹭，一近一远、一动一静的对照中，江南暮色里，一幅色彩鲜明的采莲图便呈现在我们眼前了。白居易言余杭一带荷花之多："余杭形胜四方无，州傍青山县枕湖。绕郭荷花三十里，拂城松树一千株。"欧阳修《采桑子》写西湖荷花开后的繁盛："荷花开后西湖好，载酒来时。不用旌旗，前后红幢绿盖随。"苏轼也有词记叙西湖的荷花之盛："四面垂杨十里荷，问云何处最花多。画楼南畔夕阳和。"既是采莲，自然少不了采莲人，在江南的诗意世界里，采莲的多是妙龄女子，而吴越的采莲女也是从古至今诗人笔下不可或缺的江南意象之一。

　　李白在若耶溪看荷花，见到溪旁有三三两两的采莲女子，隔着荷花谈笑，阳光洒在湖面，倒映着女子精心修饰的新妆，娇美的面庞，更加衬托出湖水的清澈。微风拂过，不见人影，只见衣袂飘飘，在花丛中翩跹飞舞。"若耶溪边采莲女，笑隔荷花共人语。日照新妆水底明，风飘香袂空中举。"(《采莲曲》)有的女子，见到湖上游玩的行客，唱着歌儿、嬉笑着将船划入藕花深处，似乎是害羞了，不肯再出来。"耶溪采莲女，见客棹歌回。笑入荷花去，佯羞不出来。"(《越女词》其三)镜湖的水如同皎洁澄澈的月，而采莲女子肤白胜雪，两相交映，风景可谓奇绝。"镜湖水如月，耶溪女似雪。新妆荡新波，光景两奇绝。"(《越女词》其五)

　　唐代张籍的《采莲曲》则是对采莲女子的辛勤劳作的详细刻画：

　　　　秋江岸边莲子多，采莲女儿并船歌。
　　　　青房圆实齐戢戢，争前竞折漾微波。
　　　　试牵绿茎下寻藕，断处丝多刺伤手。

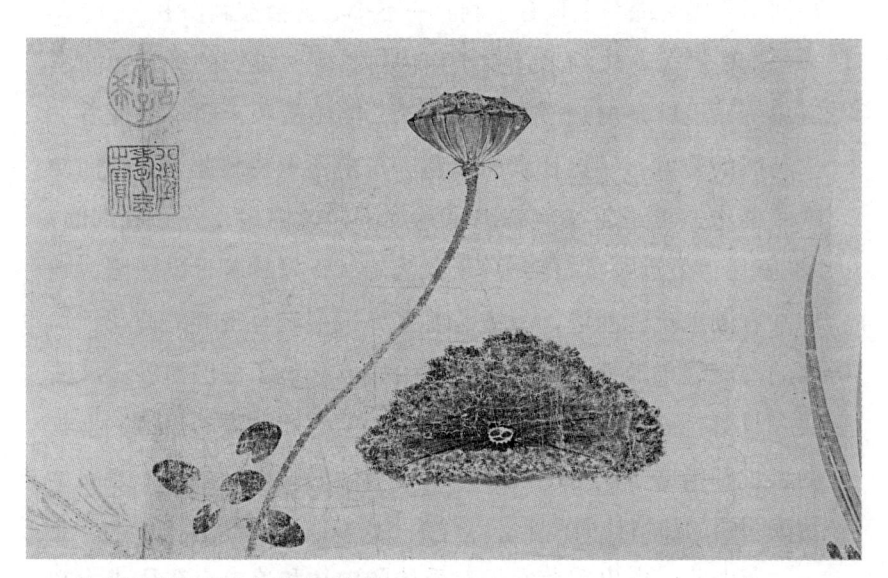

● 赵佶《池塘秋晚图》(台北故宫博物院藏)

白练束腰袖半卷,不插玉钗妆梳浅。
船中未满度前洲,借问阿谁家住远。
归时共待暮潮上,自弄芙蓉还荡桨。

清秋时节,正是莲子成熟,亟待丰收的时候,前来采莲的女子们划着船桨,并排而歌,欢快而清亮的歌声飘荡在湖面上,好不热闹!青青的莲蓬们一个个饱满圆润,齐戳戳地从水中冒出圆鼓鼓的头来,吸引着采莲的女孩们争相前来。她们摇着船桨,穿梭在荷叶中间,你争我赶,湖面水波飞溅,开启了一场激烈的采莲竞赛。此时还不是扒藕的季节,但已经长出了鲜嫩的小藕,她们也会小心翼翼地将顺着绿茎,试探试探莲藕长得如何了,因为绿茎上长有小刺,一不小心就会被刺伤手。

这些勤劳欢快的采莲女子作何打扮呢?她们的纤腰之间系着白练,也就是白绢,半卷着衣袖,略施淡妆,简单地挽着一头乌黑的秀发,显得朴素而清新。舟中还未装满莲子,她们便继续前进,可是越往前就离家越远了,她们相互关心着询问:"谁家住得最远哪?"待到莲子载满船,正好趁着日暮涨潮,她们乘着潮水疾驰前进,一边荡着桨一边把玩着舟畔的荷花,绚丽的晚霞轻柔地笼罩在湖面上,给她们披上了一层薄纱。从清晨和日落,一天的劳作虽是辛苦的,但她们洋溢的热情、丰收的喜悦却消磨了满身的疲惫,质朴清新的江南气息,采莲女子活泼明丽的热情扑面而来。

而由此引申出采莲女子对爱情的向往和追求也往往成为文

人写作的题材,其中也寄寓着行游江南的诗人对清丽的采莲女子的美好想象。如南朝乐府民歌《西洲曲》以一位痴情女子的相思独白,唱出了一曲色彩丰富、感人至深的情歌:

> 忆梅下西洲,折梅寄江北。单衫杏子红,双鬟鸦雏色。
> 西洲在何处?两桨桥头渡。日暮伯劳飞,风吹乌白树。
> 树下即门前,门中露翠钿。开门郎不至,出门采红莲。
> 采莲南塘秋,莲花过人头。低头弄莲子,莲子清如水。
> 置莲怀袖中,莲心彻底红。忆郎郎不至,仰首望飞鸿。
> 鸿飞满西洲,望郎上青楼。楼高望不见,尽日栏杆头。
> 栏杆十二曲,垂手明如玉。卷帘天自高,海水摇空绿。
> 海水梦悠悠,君愁我亦愁。南风知我意,吹梦到西洲。

西洲者,西边水滨的一片洲渚,有人认为可能在今湖北武汉附近。西洲在诗中出现了四次,其实也就是女子爱情的寄托之处。单看诗的内容,是很有江南风味的。梅花、桥、乌桕、采莲、莲子、青楼这些都是典型的江南意象,诗歌语言清丽、韵味无穷,女子动人的情思更是弥漫在字里行间,令人生出无限的遐想。

江南春

江南好,风景旧曾谙。日出江花红胜火,春来江水绿如蓝。能不忆江南?

(白居易《忆江南》)

这首《忆江南》写于白居易晚年。白居易曾经担任过杭州刺史和苏州刺史,有着江南生活的经历,对江南十分了解,江南也成为他生命中挥之不去的印记。即便在他因病卸任苏州刺史回到洛阳的十二年后,他仍然对那一段江南生活念念不忘。诗中回忆江南春景,清晨的阳光铺洒在江边的花朵上,花丛仿佛比燃烧的火焰更加鲜红,而那一江春水碧绿如蓝草,春日的江南如何不令人怀念呢?

春天到来的讯号,往往首先是大自然传递出来的,苏东坡的《惠崇春江晚景》刻画了一幅江南的初春景象:

竹外桃花三两枝,春江水暖鸭先知。
蒌蒿满地芦芽短,正是河豚欲上时。

春天到了,近处竹林被染上一层新绿,桃树上粉嫩的花朵逐渐在枝头绽放,抬眼一看,不远处碧绿的江面上,群鸭已经迫不及待地在浮水了。满地的蒌蒿长出了新枝,芦苇已经抽出了新芽,河豚也要逆流而上,游到江河里来了。竹、桃花、鸭子、芦苇、河豚等因在大自然中,对春天到来的变化也是最为敏感的,它们构成了江南早春里最清新美好的风景。

虞集的一句"杏花春雨江南"无疑是江南春日最好的写照,

"杏花"与"春雨"也成了诗人笔下江南春色的常客。淳熙十三年（1186）春天，陆游奉诏入京之前，在杭州西湖边的客栈中写下了"小楼一夜听春雨，深巷明朝卖杏花"的名句。作为著名的爱国诗人，清人赵翼说陆游诗凡三变："早年拘泥，中年放肆，晚年平淡。"（《瓯北诗话》）彼时陆游已六十二岁，虽年岁日长早磨平了当年的锐气，但壮志未酬的憾恨却也成了挥之不去的愁思。当独坐在客栈的小楼上，听着楼外的雨声，想必他的心情是十分惆怅的。绵绵不绝的小雨恰如诗人的愁思，点点滴滴，打在诗人的心上。他就这样听了一夜的雨，直到巷子里已经传来小贩叫卖杏花的声音。诗人用无声的听雨和小贩的卖花声将小楼之外无尽的春光点染出来。

除了杏花，江南春色到来的信使应该是梅花了。梅花因报春最早，因此也成了江南的代表，唐人许稷就有"江南正月春花早，梅花柳花夹长道"（《江南春》）之句。早在南北朝时期，陆凯折梅寄友的故事一时传为佳话。《荆州记》云："陆凯与范晔交善，自江南寄梅花一枝，诣长安与晔，兼赠诗。"其诗云：

折花逢驿使，寄与陇头人。
江南无所有，聊赠一枝春。

江南正值梅花盛开的时节，他拿什么送给身在北方的朋友呢？此时的江南最多的便是无限的春意，于是他便折梅花一枝，聊寄离思，这是一桩多么浪漫而又极富诗意的美事！此后"一枝春"便成了梅花的代称，而寄梅也常常用来表达对友人的别后离思。宋人舒亶也曾有"故人早晚上高台，赠我江南春色、一枝梅"句。

更为人所熟知的诗中的江南春色，应该是韦庄的《菩萨蛮》了：

> 人人尽说江南好，游人只合江南老。春水碧于天，画船听雨眠。垆边人似月，皓腕凝霜雪。未老莫还乡，还乡须断肠。

开篇就说人人都说江南好，到过江南的游客都只想要在江南慢慢老去。江南怎么个好法呢？诗人接着说，江南的春天，江水比澄净的天空还要清透碧绿。这时，乘着一艘装饰华美的船儿，荡漾在碧波之上，听着外面的雨声静静入眠。而此时岸上当垆卖酒的女子皎洁如月，盛酒时不时露出的手臂洁白似霜雪，多么美好。这样的生活是多么悠闲自在！这首词选取了江南水乡最常见的意象，营造出了江南独有的温柔闲适、清新可人的美感，字字都浸润着诗人对江南的缱绻留恋之情，所以诗人才会发出"未老莫还乡，还乡须断肠"的感慨。江南的春色，无论是花，是草，是柳，是雨，是水，都蕴含了这样一种无尽的缠绵情思，使人如痴如醉，流连忘返。

江南山水

秦汉时期，北方人对南方包括江南的印象是湿热、多毒虫害，是未经开化的蛮荒之地。但随着汉魏六朝对江南地区的开发以及大量北方士人为躲避战乱迁居江南，人们逐渐发现了江南的美。宗白华先生在《论〈世说新语〉和晋人的美》一文中说"晋人向外发现了自然，向内发现了自己的深情"，这个自然，便是江南的好山好水。江南的山水唤醒了晋人心中的诗意，也成就了诗中的江南世界。

提到山水诗，自然就得说到山水诗的开山祖师谢灵运。谢灵运，祖籍陈郡阳夏（今河南太康）人，生于会稽始宁（今浙江上虞），晋宋间诗人。谢灵运出身东晋世家大族，为东晋名将谢玄之孙，袭封康乐公，后世称谢康乐。他性好山水，肆意吟咏，文章冠绝江左。谢灵运一生纵情山水，将江南山水之美淋漓尽致地记录在了他的诗中，对唐宋山水诗创作产生了极大影响。

江南山川常令谢灵运沉醉其间、流连忘返。他登永嘉江中的孤屿山，写下了《登江中孤屿》：

乱流趋正绝，孤屿媚中川。
云日相辉映，空水共澄鲜。

诗人穿越激流从江中横渡，看见孤屿山立于大川中间。白云丽日交相辉映,水天一色显得格外澄澈纤妍。孤屿山在白云、丽日、碧水、蓝天的衬托之下愈加秀丽妩媚,令人叹为观止。

在《石壁精舍还湖中作》中,他描写了故乡北山傍晚书舍的风景:

> 林壑敛暝色,云霞收夕霏。
> 芰荷迭映蔚,蒲稗相因依。

树林和山谷将暮色敛聚在一起,天上飘动的云霞也逐渐收敛凝聚。在一片暮色中,菱叶和荷叶在碧蓝的河水中交相呼应,蒲草和小麦相互依偎着。仿佛时间也慢下来,让人的内心无比宁静。谢灵运的山水诗更偏向于原始的山林风光,而在唐宋人笔下,江南的山川更带来些人情味,更添柔媚婉转。

李白笔下的江南山川是"三山半落青天外,二水中分白鹭洲"(《登金陵凤凰台》);杜牧笔下的江南山川,是"青山隐隐水迢迢,秋尽江南草未凋"(《寄扬州韩绰判官》);到宋人王观笔下,便是:

> 水是眼波横,山是眉峰聚。欲问行人去那边?眉眼盈盈处。　才始送春归,又送君归去。若到江南赶上春,千万和春住。

山水间尽是数不清、道不明的绵绵情意,而这也是江南山水之于其他地方的不同之处吧！它不似北方边塞的雄伟壮阔，也不似西南山地的蜿蜒奇绝。江南山水于秀丽中含着女子般的温柔婉媚，如同一曲悠长缠绵的乐曲，久久萦绕着、牵动着游人的心。

江南断肠句

屈原《楚辞·招魂》写有"湛湛江水兮上有枫。目极千里兮伤春心。魂兮归来哀江南！"此处江南虽与今天我们所指的江南不同，主要是指屈原故国楚国所在的湖北一带，但却奠定了"哀江南"的基调。南北朝庾信有《哀江南赋》，"哀江南"之题正是来自屈原楚辞中的"魂兮归来哀江南"，其主题也与《招魂》相同，皆是表达对故乡故国的哀思。晚唐韦庄《菩萨蛮》中有："未老莫还乡，还乡须断肠"一句，正是因为江南秀丽的山水和自在悠闲的生活令人不能割舍，而故乡却处在纷飞的战火中，欲回而不得。宋代晏几道和贺铸词中都有断肠句。如晏几道《蝶恋花》：

梦入江南烟水路，行尽江南，不与离人遇。睡里消魂无说处，觉来惆怅消魂误。　欲尽此情书尺素，浮雁沉鱼，终了无凭据。却倚缓弦歌别绪，断肠移破秦筝柱。

词人在梦中似乎到了烟雨迷蒙的江南。可是走遍了江南，却不曾遇见他的心上人。一句"行尽江南，不与离人遇"里，包含了诗人心中多少失落与怅惘。走遍了江南的路，过尽了江南的桥，踏遍了江南的山，涉尽了江南的水，却依旧没能见到她。更让人凄楚的是，这一切不过是一个梦而已。梦中的黯然销魂没有地方诉说，醒来却更加惆怅了，都怪这悲苦的离情将人误。如何纾解诗人心中的愁苦与思念呢？写一封书信遥寄吧，可是大雁飞向远方，鱼儿沉入水底，终也不知如何给她。唯有将心事都付与弦歌，减轻心中的惆怅相思。这种相思真是令人肝肠寸断、百转千回。

再如贺铸《青玉案》：

凌波不过横塘路，但目送、芳尘去。锦瑟华年谁与度？月桥花院，琐窗朱户，只有春知处。　飞云冉冉蘅皋暮，彩笔新题断肠句。试问闲情都几许？一川烟草，满城风絮，梅子黄时雨。

贺铸一生怀才不遇，只做过些小官，郁郁不得志。这首词作于贺铸晚年隐居苏州之时。诗人遇佳人而不知所往，思念难遣，孤独凄清。"一川烟草，满城风絮，梅子黄时雨"的愁绪，怕也是他一生怀才不遇、郁郁心绪的反映吧！而这也成了无数词人骚客梦中的江南愁思，词中的"断肠句"更成为后来诗人们反复吟咏的典故。如黄庭坚就有"解作江南断肠句，只今唯有贺方回"(《寄贺方回》)。其他还有:"赋了秋声、还赋断肠句"(张炎《祝英台近》);"断肠句、落梅愁雨"(吴文英《祝英台近》);"莫唱横塘断肠句,不堪斜日独登楼"(刘翼《挽敖仪仲》);"安得江南断肠句,为题风雨浣啼妆"(刘仲尹《墨梅》);"休唱江南断肠句,小银筝,十三弦,新换柱"(朱祖谋《夜游宫》);等等。

江南,既触发了诗人心底绵绵不尽的离愁别绪,又成为诗人们难以忘怀的断肠之乡。

江南那人

冷红叶叶下塘秋,长与行云共一舟。零落江南不自由。两绸缪,料得吟鸾夜夜愁。

(姜夔《忆王孙·番阳彭氏小楼作》)

姜夔虽才华横溢,然屡试不第,一生漂泊,终生未仕。词作写于姜夔返回故乡之际。秋日登上彭氏小楼,词人回想起自己一生漂泊零落的苦楚,与自己作伴的常常只有天上的浮云与江中的小舟,发出了"零落江南不自由"的感叹。自古及今,有多少迁客骚人,乘着一叶扁舟,飘荡在江南的迷蒙烟雨中。江南水乡的温柔与诗意,又抚慰了多少游子逐臣的寂寞心灵。他们在这片苍茫的天地间尽情游历,肆意高歌。尽管生命的底色是苍凉而脆弱的,但在江南,却不仅仅只有苍凉。因为江南的山水，江南的春雨，江南的杏花，江南烟雨中伫立的女子，给他们的人生点染上了无尽浪漫的诗意。

有一群人，她们的命运甚至还不如逐臣去客。至少逐臣去客还能肆意游历，追逐自己的理想，即便一生仕途不顺，也落得个诗人的头衔。而大多数女子却只能成为男性诗人作品中描绘的对象，或是吴娃，或是越女，又或是豆蔻和小苹。她们自己的声音却湮没在历史的尘埃之中。

生为女子，自由对她们来说是奢侈的，而生在江南，却又似乎是一种幸运。她们中有一小部分人，也曾毅然走出家门，游荡于江南山水湖泊间，写下了关于江南、关于人生的诗篇，比如黄媛介。黄媛介，字皆令，浙江秀水（今浙江嘉兴）人，生卒年不详，大约生活在晚明至清初。黄媛介出身于书香门第，年幼时就极其聪慧，与自己的兄长姊妹一起学习翰墨文章，喜好吟咏，工于书画。但与寻常闺秀不同，她一生漂泊流离于江湖之间，往来于朱门大户，过着一种令人非议、不同尘俗的生活。

黄媛介自幼与父亲的好友之子杨世功定亲，不料到了适婚年纪，杨家家道中落，一贫如洗，无力娶妻，于是杨世功远走他乡。据说其间晚明复社的创始人之一张溥，因爱其文采，欲纳黄媛介为妾，但黄媛介一心钟情于杨郎，断然拒绝。在历经坎坷之后，二人终成眷属，但这也开启了黄媛介悲苦的一生。

杨世功科举考试屡次落第，以至于以鬻卖畚箕为业。两人婚后生活十分清贫，但他们黾勉同心，恬然自乐，日子也倒还过得去。但世事难料，乙酉鼎革、朝廷易代，清兵南下，无情的战争将二人推向国破家亡的境地。故园毁于战火之中，为了生计，二人只得行游江湖，游历于江南各地，靠黄媛介以卖画卖文为生，姜绍书《无声书史》记二人行迹："跋涉于吴越间，困于槜李，踬于云间，栖于寒山，羁旅建康，转徙金沙，留滞云阳。"后为了生计，黄媛介赴天津任闺塾师。直到儿女命丧于此，遂归故里，不久黄媛介也罹病身亡。

黄媛介一生颠沛流离，为了生计四处奔波。数十载的漂泊生活让她见到了底层人民的生活疾苦，国破家亡也更增添了她的愁苦与迷茫，因此她的诗歌多"流离悲戚之辞"。她在《长相思》中描绘江南的暮春景象：

风满楼，雨满楼，风雨年年无了休，余香冷似秋。
卖花声，卖花舟，万紫千红总是愁，春流难断头。

江南的风雨似乎是无休无止，连空气中飘来的花香也平添了几分冷意。江南春日的万紫千红，在她的眼里都化作了无尽的哀愁，如绵绵不绝的流水，无休无止。黄媛介的诗词总是带来一层悲凉凄苦的底色，即便面对西湖春色，她的《湖上》中也有一种好景不长的怅惘：

西子湖头千顷春，风光不属去来人。
朝岚夕霭谁收得，半在凭栏半钓纶。

黄媛介的身世命运虽然特殊，却与生长于这个时代、这片土地上的女子有着同样的哀愁。她们美丽多才，善于感怀，身为女子，却有着胜于男儿的坚韧。面对清军攻陷南京、故国沦亡，柳如是劝夫殉国，愿相从地下。钱谦益不从，柳如是沉池自溺。如此勇气，可令须眉侧目；面对丈夫入仕新朝的徐灿，她无力阻拦，只得将自己的愁苦写入诗中，成为幽咽的患世之音；而对酒高唱"一腔热血勤珍重，洒去犹能化碧涛"的鉴湖女侠秋瑾更是近世女性之英豪……她们的坚韧、勇敢，也是这片土地深藏的内蕴与能量，她们的芳魂零落在江南这片土地上，也化作了缕缕诗意。

潜入历史的深海中，我们看见了江南的秀美山川，看见了江南的富庶繁华，也看见了行游在这片土地上无数的诗人骚客。他们或三五成群，或踽踽独行。有人在江南春日里纵情高歌，有人在杏花细雨中苦苦低吟。江南秀美的山水激发了他们的诗兴，也抚慰了他们的心灵。江南的诗意，在那山里，水里，在六朝的烟雨里；而诗意的江南，在唐诗宋词的字里行间，也在游人过客的心间。江南的诗意触动了诗人骚客的千般情绪、万种情思，而诗人笔下的江南却塑造了千百年来人们对这片土地共同的诗意想象与热爱。

从诗歌中的长干里看江南文化精神

浙江海洋大学师范学院讲师
冯坚培

长干里是中古时期江南城市中居民区的典范。关于长干里的一些基本情况，学者已有研究，许志强《六朝建康长干里考略》一文结合文献记载与考古发掘，对长干里的名称由来、位置、形态及历史变迁作了全面考察，文中指出，长干里的范围主要在秦淮河南岸，石子岗以北，戚家山以西，一直向西到江岸横塘的区域内，自西向东依次为小长干、大长干、东

● 六朝长干里示意图

长干,长干里聚落形成于孙吴定都建业后,当时在秦淮河入江口及江岸修建了"横塘",防止潮水涌入,秦淮河两岸遂成为交通便利、土地平旷的居民区。① 南朝时秦淮河北岸的宫城以南部分主要为富人的居住区,南岸主要为经济地位低下的平民的居住区,② 而整个长干里就囊括了南岸平民区的主体。"长干"这一地名最早见于左思《吴都赋》:"横塘查下,邑屋隆夸。长干延属,飞甍舛互。""长干"之"干"共有三义:山间的广阔平地、溪涧、堤岸。③ 江南平原地区山丘错落分布,水道纵横,而居民区往往密集分布在河边的堤岸上,这三种含义勾勒出了江南典型的自然、人文景观,因而"长干"成为典范,多为诗人所咏。另外,薛冰在《南京城市史》的第六章"隋唐时期的商业都市"中对长干里作了简要的介绍,其中也涉及对长干里诗歌的简单评论。作者指出,六朝、隋唐是长干里的全盛时期,这是依靠长江航运发展起来的商业区,从五代开始,长干里走向衰落,关于其原因,主要是五代时杨吴政权定都金陵,修筑城垣,将长干里

---

① 许志强:《六朝建康长干里考略》,《魏晋南北朝隋唐史资料》第三十六辑,第76—87页。
② 《梁书·曹景宗传》:"御道左右,莫非富室。"《陈书·徐度传》:"市廛居民,并在南路。"
③ 第一,山间广阔的平地之义:与左思同时代的刘逵注《吴都赋》云:"江东谓山埒(冈)间为干。建邺之南有山埒(冈),其间平地,吏人杂居之,故号为长干。中有大长干、小长干、东长干,皆相属,疑是古称干也。《韩诗》云:'考槃在干。'《传》曰:'地下而广曰干。'"这一地区中间地势平坦,南面是石子岗,秦淮河以北,地势向北逐渐抬高,符合"山冈间为干""地下而广曰干"的说法。第二,溪涧之义:《韩诗》"考般(槃)在干",《毛诗》作"考槃在涧","干"乃"涧"之假借,毛传云:"山夹水曰涧。"长干里所在的广大平地上,其北为秦淮河,其中又有落马涧自南向北汇入秦淮河中。第三,堤岸之义:《史记·苏秦列传》载苏秦说魏王云:"臣闻越王勾践战敝卒三千人,禽夫差于干遂。"司马贞《索隐》曰:"干遂,地名,不知所在。然按干是水旁之高地,故有'江干''河干'是也。又左思《吴都赋》云'长干延属',是干为江旁之地。遂者,道也。于干有道,因为地名。"此正以"长干"之"干"为涯岸之义。江南地区河流众多,自然或人工的堤岸上往往是道路、人家所在。

的部分区域隔在了城垣之外，后来元明之际，长江水道北移，远离了长干里，使其失去了一直依托的交通要道。[1]但结合相关图文资料，很难说唐代以后的长干里走向了衰落，只不过居民的习俗、文化风貌发生了很大变化。

关于诗歌中所写的长干里的专门研究，目前尚未见到。这些诗歌可分为两类：一类是以《长干曲》或《长干行》为题的乐府诗、歌行，这类长干里诗歌产生于六朝，而作为一种典范，主要形成于唐代；另一类是在内容中写到长干里的诗歌，这些诗歌中，长干里作为意象，蕴含了特定的反映江南文化精神的意蕴，与前一类诗歌在不断书写中形成的风貌有密切关系。从唐代到宋代，也是从中古到近古的社会转型，中国社会的各方面都有显著的变化，长干里现实景观及其风格的变化是其缩影，这种转型不是一蹴而就的，而是从中唐到北宋中期逐渐变化的。诗歌的内容、风格是现实景观的文本表征，反映了诗人对景观的直观体验，带有诗人的主观感情与时代精神。通过将诗歌与其他文献、地图相对照，我们可以身临其境地体会诗人所写的长干里作为江南地方所具有的精神特质。

自由与柔美：中古时期长干里的"江湖文化"

吴越地区江湖遍布的环境使得当地居民形成了以商贾为业的风气，这在中国农耕文明时代具有独特性，可称之为"江湖

---

[1] 薛冰：《南京城市史》，东南大学出版社2015年版，第90页。

文化"。具体而言，文学中的"江湖文化"有两种特征：一是自由精神，表现在商贾、渔翁、采莲女等意象中；二是柔美的风格，这是多水的平原、丘陵地区的自然景物的美感特征及其间人民的气质。这两个在地方环境中孕育而成的特征，也会受时代因素影响而被突出或掩盖。

六朝诗歌中长干里的两种特征

长干里位于六朝都城建康的秦淮河南岸，建康与汉晋及北朝的都城长安、洛阳、邺城相比，有一个崭新的特点，那就是市场的错杂广布，根据史籍记载，建康市场数量众多，大小不一，从宫城外侧到郭门外都有分布，既有综合性的市场，也有专门交易某类商品的市场，其中秦淮河沿岸是许多小型市场的密集分布区，与居民区之间没有严格的界线①，这与汉晋及北朝都城的稀少、单一、封闭的市场完全不同。左思《吴都赋》描写居民的生活，主要就突出了其商业活动："混品物而同廛，并都鄙而为一。士女伫眙，商贾骈阗……富中之甿，货殖之选。乘时射利，财丰巨万。"建康繁荣的商业是吴越地区地方风俗的体现。由于人口流动性强，都市与边鄙并无明显的界限，长江是长干里得以兴盛的交通要道，当地居民的活动范围远至长江上游的巴蜀地区。

---

① 《太平御览》卷八百二十七引山谦之《丹阳记》："京师四市：建康大市，孙权所立；建康东市，同时立；建康北市，永安中立；秣陵斗场市，隆安中发乐营人交易，因成市也。"南宋周应合《景定建康志》卷十六"古市"引《南朝宫苑记》的记载比较详细，但略有不同："吴大帝立大市，在建初寺前，其寺亦名大市寺。宋武帝永初中立北市，在大夏门外归善寺前。宋又立南市，在三桥篱门外斗场村内，亦名东市。又有小市、牛马市、谷市、蚬市、纱市等一十所，皆边淮列肆稗贩焉。内纱市在城西北耆阇寺前；又有苑市，在广莫门内路东；盐市，在朱雀门西。"

因而长干里诗歌的内容往往不是长干里本身,而是长江上的情景。《乐府诗集》的"杂曲歌辞"中载有六朝乐府诗《长干曲》古辞:

> 逆浪故相邀,菱舟不怕摇。
> 妾家扬子住,便弄广陵潮。

"扬子"是在广陵的长江岸上的一个地名,故流经当地的长江又称"扬子江"。诗歌题为《长干曲》,但诗中的女主人公却住在广陵,似与长干里无关。诗歌以独语的方式展现了她常乘舟采菱,又擅长在江上行舟的生活状态。提到长干里的诗歌还有吴均的《和萧洗马子显古意诗六首》其五:

> 妾家横塘北,发艳小长干。
> 花钗玉宛转,珠绳金络纨。
> 羃䍤悬丹凤,逶迤摇白团。
> 谁堪久见此,含恨不能言。

这是现存的南朝文人诗中唯一提到长干里的篇章。由于南朝时都城的繁荣,文人的诗歌在题材、风格、声律上深受闾巷民歌的影响,吴均此诗就是这种影响的产物。然而当时的贵族文学话语又是排斥平民市井内容的,长干里作为平民市井,无法进入文人的诗歌话语中,仅有的这首提到长干里的诗歌,"横塘""小长干"

也只是作为地名而存在的,诗中毫无涉及长干里的具体面貌,诗中的女主人公生活富裕而精致,也失去了平民的朴素风貌。

有学者指出,现代工商业城市的发展促进了女性地位的提高,女性审美意识是城市审美意识的重要内容,故有"城市是特意为女人准备的"一说。[1]这一点古今皆然,城市是孕育女性化审美的地方,这种女性化审美在不同类型的城市、城市内部的不同空间、不同阶级中又有区别。古代的都城一般是达官贵人聚居的"消费城市",城市文化是贵族化的,中古时期的都城最为典型,长期生活在都城中的文人往往擅长书写私人化的小空间,南朝都城建康是典型的官僚贵族世代居住的城市,当时诗歌中美丽的宫苑、官署就体现了精致、细腻的女性化审美,诗歌中常见的都城中的富贵女子形象则是反映了这种审美风尚的文学原型,吴均诗中居住在小长干里的女子就是这种原型的体现,都城环境促进了江南地区自然物色的美感特质的发现,体现为柔美的风格,但民间的那种自由烂漫的精神受到了掩盖;而平民市井空间则表现出商人妇、酒家女、娼妓等女性形象,她们与商业环境有密切关系。长干里是繁荣的平民市井,长干曲乐府诗中的女性形象属于后者的类型,又具有独特性,这些形象在中古诗歌中丝毫没有商贾的粗鄙,她们都不直接从事商业,而是商人的妻子,或是采菱女、采莲女,展现出清新朴素的面貌,这也是江南地区生产、生活的重要表现。古辞中女子的不畏风浪、自由自在的精神,正是在江南的这种"江湖文化"

---

[1] 蒋述卓等:《城市的想象与呈现:城市文学的文化审视》,中国社会科学出版社2003年版,第29页。

下形成的，与以农桑为业的女子迥异，长干里在广陵上游，女主人公很有可能常乘舟去那里。这是整个长江沿岸居民的共同生活经验，而位于京邑的长干里则是其典范。吴均之诗展现了都城中的小空间环境，其中的长干女子体现了江南的柔美风格在都城环境中的进一步精致化；而《长干曲》古辞则以阔大的长江为背景，女子不惧风浪的勇敢形象处于这一空间中，充分体现了"江湖文化"中的平民化的自由精神。

唐诗中长干里风格的变化

隋灭陈后，平毁了南朝的宫殿、皇家园林、城垣及附属的官署、小城，将大量王侯官吏俘往关中，并在石头城下置蒋州，在原西州城置江宁县，六朝的建康县、秣陵县及附近数县的广大地区都被并入江宁一县，在行政上受到贬抑。本来建康是"消费城市"，达官贵人庞大的消费需求推动了都城的持续繁荣，由此支撑起南朝的绮靡文化。陈亡后，这些人被俘离开建康，城市的发展必然受到阻碍，无法再保持过去的绮靡文化，诗人对金陵的书写也就失去了过去的那种精致的都城小空间的表征，取而代之的是壮阔的山川、遗迹等大空间。唐人对金陵的书写始于盛唐时，其中李白留下的诗篇最多，具有典范意义。盛唐时的伟大诗人大都以书写大空间景象而著称，这是当时的时代精神的反映，有别于南朝诗歌中的精致的小空间。唐代仍然是官僚贵族统治的时代，但在胡汉融合的大一统背景下，平民的因素已经凸显。建康（金陵）失去了都城地位，但秦淮河两岸传统的平民区被保留下来并继续发展，市井繁荣的余风尚存。正是在这一背景下，唐诗对金陵平民市井的书写既有摆脱了贵族风气的自由精神，又有南朝诗歌中的女子的那种柔美的风格，展现出洗尽铅华的朴素。

唐人所写的长干里诗歌与六朝的古辞一脉相承，通常以阔大的长江为背景，表现出清新朴素的风格。崔颢的《长干曲四首》是其中著名的篇章：

> 君家何处住，妾住在横塘。
> 停船暂借问，或恐是同乡。
>
> （其一）
>
> 家临九江水，去来九江侧。
> 同是长干人，生小不相识。
>
> （其二）
>
> 北渚多风浪，莲舟欲渐稀。
> 那能不相待，独自逆潮归。
>
> （其三）
>
> 三江潮水急，五湖风浪涌。
> 由来花性轻，莫畏莲舟重。
>
> （其四）

这四首诗采用了男女问答的形式，第一、三首为女主人公所说，第二、四首为男主人公所说。从诗歌的内容可知，男、女主人公都居住在长干里,往来于江上,他们是同乡却并不相识,这就写出了一个农耕文明时代的陌生人社会。所谓"九江",乃泛指长干里所临之长江,①这是中古长干里诗歌中最常见的背景,它是作为宽泛的地域,而非狭小的地点表现出来的,承载了自由精神。他们在江上萍水相逢,很快通过同乡的纽带建立起了感情,然而这种感情并不稳固,当女子轻易要求与男子一起乘流而下时,男子以调侃的方式拒绝了她。第四首的次联不易理解,"由来花性轻"乃双关语,言其身轻如花,不用担心莲舟过重,又暗示其性情放诞轻浮。②《长干曲》古辞乃是女子独白,并没有生动的情节。崔颢之诗在意象、风格上对古辞都有继承,同时也继承了古辞中的那种"江湖文化"下的自由精神。与古辞不同的是,崔颢诗没有侧重于女主人公勇敢的一面,而是显得情意绵绵又活泼、随性,将江南的自由精神与柔美的风格完美地融合在一起。殷璠《河岳英灵集》卷中选录了第一首,《文苑英华》卷二百一选录了第一、三首,都是以女子口吻叙说的部分,在古人心目中,《长干曲》总是以女性为主的,表现了江南女子以及整个江南地方的柔美的特质,这种人物形象也体现了市井环境所孕育出来的女性化审美。顾璘《批点唐音》称其"蕴藉风流"③,即形容诗歌既多情、活泼又含蓄、柔和,由此生发出强烈的感染力。

① 万竞君《崔颢诗注》注此诗:"九江,这里泛指江水,因长江下游汇集诸江的水流,九言其多,非指江西九江。"《尚书·禹贡》中的"九江"有不同解释,但一般指长江中下游的某一段或一片流域。
② 见霍松林主编:《历代绝句精华鉴赏辞典》葛晓音解释评语,陕西人民出版社 1993 年版,第 207 页。或谓"莲舟"谐音"爱怜周至"。参见袁闾琨主编:《全唐诗广选新注集评》第二卷,辽宁人民出版社 1994 年版,第 691 页。
③ 霍松林主编:《万首唐人绝句校注集评》,山西人民出版社 1991 年版,第 235 页。

江南大义 227

与崔颢同时的崔国辅作有《小长干曲》：

> 月暗送潮风，相寻路不通。
> 菱歌唱不彻，知在此塘中。

崔国辅，《唐才子传》言其为山阴人，他所作的不少诗歌都充满江南风味。小长干靠近江岸横塘。诗歌展现了男主人公在月下的江边寻找心上人的情景，隐去了人物，凸显了清幽的环境，亦显得含蓄蕴藉。其内容、风格与崔颢之诗有近似之处。李白的《长干行》也是长干里诗歌的名篇。韦縠《才调集》、宋本《李太白集》、《乐府诗集》、《文苑英华》都载录了李白的两首《长干行》，第一首确为李白所作无疑，第二首的作者应该是张潮。[1]李白与张潮以乐府诗中常见的商人、思妇题材来写《长干行》，与《长干曲》古辞及吴均、崔颢、崔国辅之诗都不同。在这以后，商人、思妇遂成为《长干曲》或《长干行》诗歌的主流内容，风格由质朴趋于细腻，这反映了文人对好远行、轻离别的陌生人社会在文本中的改造。

李白出身于商贾家庭，出蜀后的几年中继承了父业，往来于长江上下，料理家产。他虽非江南人，但对长干里居民行经的长江沿岸风物可谓谙熟于心，又曾亲自游览吴越，江南的文化、习俗已经深深印入了其生活经验之中。李白作有《玩月金

---

[1] 詹锳：《李诗辨伪》，《李白诗论丛》，作家出版社1957年版，第45—46页。

陵城西孙楚酒楼达曙歌吹日晚乘醉著紫绮裘乌纱巾与酒客数人棹歌秦淮往石头访崔四侍御》《金陵江上遇蓬池隐者》，诗中所写的秦淮河边的市肆、商客、吴姬、江上的隐士，以及李白喜爱的"金陵酒"，都寄托他的自由精神。他作有不少赠予妻子的诗作，其中《自代赠内》一诗以妻子的口吻表达了对丈夫的思念，其中云："估客发大楼，知君在秋浦。""大楼"是秋浦的山名，当时李白在秋浦，妻子在宋州，因为李白与商人多有交往，故妻子向来自秋浦的商人打听丈夫的消息，这是将商人、思妇的题材运用到了现实中。他写《长干行》，字里行间饱含了现实的切身感受。诗中说同居长干，两小无猜，与崔颢笔下的陌生人社会不同，女主人公始羞怯而后忠贞的性格也与崔颢诗中的女子不同。诗中又写到居室周围的狭小空间：

> 门前迟行迹，一一生绿苔。
> 苔深不能扫，落叶秋风早。
> 八月胡蝶来，双飞西园草。

这寄托了女主人公细腻的感情，与南朝诗人笔下的居室、宅院类似，体现出浓厚的文人化色彩，与崔颢诗相比有明显的差异，如胡震亨《李诗通》评曰：

> 长干在金陵，贾客所聚。篇中长风沙在池阳，金陵上流地也。清商吴声《长干曲》乃男女弄潮往来之词，而此咏贾

人妇望夫情,其源自出清商西曲,与吴声《长干曲》不同。[1]

他说崔、李之诗分别属于吴声、西曲,固然不对[2],但指出了两者在内容上的显著差别,这是比较准确的。只是李白诗中的女主人公仍然带有那种弄潮女子的勇敢精神,她盼望丈夫回家,敢于独自乘舟至数百里外的"长风沙"去迎接,又与一般的闺中女子不同。黄周星《唐诗快》评之曰:

> 虽是儿女子喁喁,却原带英雄之气,自与他人闺怨不同。[3]

《李太白集》集中第二首《长干行》是张潮所作。张潮是润州曲阿人,与李白同时,作为江南人,他熟悉江南的风物,《全唐诗》载其较完整的诗歌五首,全以江南女子的生活为内容,除《采莲词》外,另外四首都是商人、思妇的题材,包括其两首《长干行》"忆妾深闺里""婿贫如珠玉"。"婿贫如珠玉"[4]一首云:"惠好一何深,中门不曾出。"又不同于李白诗中那敢于乘舟远行的女子。

---

[1] 引自(五代)殷元勋辑,(清)宋邦绥补注:《才调集补注》卷六,清乾隆五十八年宋思仁刻本。
[2] 《长干曲》与《长干行》在《乐府诗集》中都属于"杂曲歌辞",并不是"清商曲辞"中的"吴声歌曲"或"西曲歌"。吴声、西曲乃是就其声音节奏而言,与内容关系不大。就其内容而言,《乐府诗集》中的"吴声歌曲"中出现了荆楚、中原的地名,"西曲歌"中也有吴越一带的地名。"西曲歌"中思妇之诗固然很多,但"吴声歌曲"中思妇之诗也有不少,不能以此为区分标准。
[3] 陈伯海主编:《唐诗汇评》(增订本)第二册,上海古籍出版社 2015 年版,第 903 页。
[4] 《乐府诗集》题为《长干行》,《文苑英华》题为《江风行》,注云:"一作《长江行》。"《江风行》以其中诗句"江上多南风"而来,《长江行》可能是"长干行"因音近而误。

在中国传统的农耕文明时代，人民安土重迁，又重视家族亲缘，不乐意辞家远游，远游则必思念故乡，亲人远行则必思其速归。中国传统的儒、道思想都强调安定太平，反对频繁迁徙，如汉末徐幹在《中论·谴交》篇中批评了当时"释王事，废交业，游远邦，旷年岁"的交游风气，肯定了上古时期仅限于"乡党同志"的交游。道家也主张"老死不相往来"的极度安定的社会。古人离家远行的原因有多种，或从征戍边，或宦游干禄，或游学求道，或避乱漂泊，这在《诗经》、乐府诗、五言诗中多有反映。而商人则是一生以转运为业的群体，中国商业的渊源很早，随着社会发展，更多的人脱离了自给自足的农耕生活而成为商人。但中国社会中小农经济毕竟占了绝对的主导地位，对一个商人来说，为追逐利润而长期远游在外，不归家，违背了传统的强调故乡亲情的观念。因而商人往往也有定居的住宅，其家族一般不随其迁徙，商人获取丰厚利润后就会回家购置地产，这表明了商人不断迁徙的生活与主流的小农经济下安土重迁的生活之间存在矛盾。六朝以来，随着中原文化与江南文化的交融，这种矛盾比较突出，南朝乐府诗中常见的商人、思妇的题材，实际上就是这种矛盾的表现。而李白、张潮则是将这一题材运用到《长干行》诗歌中去了。胡震亨《李诗通》评李白《江夏行》诗云：

此篇及前《长干行》篇并为商人妇咏，而其源似出西曲。盖古者吴俗好贾，荆、郢、樊、邓间尤盛。男女怨旷

> 哀吟,清商诸西曲所由作也……而言其家人失身误嫁之恨、盼归怨望之伤,使夫讴吟之者,足动其逐末轻离之悔,回积习而裨王风。

前面已经说过,说《长干行》因为是思妇题材故属于"西曲",这是不正确的,胡震亨自己也承认,除了荆楚,吴地亦以商贾为俗。他认为这一题材的诗歌有助于移风易俗,改变当地人长途迁徙以从事商贾的习惯,合夫妇之欢,以裨风教。这是文人对江南地区的平民文化在文本中的改造,相比于南朝时吴均之诗,盛唐诗歌中保留了一个广阔的江上的空间,特别是李白之诗,虽然已经文人化了,但对江南文化中的那种自由精神多有吸纳,融化于自身中。李白的商贾家庭出身及行旅经历与南朝时长期生活在都城中的贵族文人迥异,这是盛唐时的平民化因素的体现,但他自觉地继承了南朝贵族文学的成果,精致细腻的儿女之情与乘舟远行的江湖气概并存于诗中,张弛有度,两者形成相对待的美感。

唐诗中有些诗篇,虽不作《长干曲》或《长干行》,但也涉及长干里地名,有的反映了男女相访的内容,如润州诗人丁仙芝的《江南曲五首》其一:

> 长干斜路北,近浦是儿家。
> 有意来相访,明朝出浣纱。

有表现商人、思妇题材的,如张籍《春江曲》:

> 春江无云潮水平,蒲心出水凫雏鸣。
> 长干夫婿爱远行,自染春衣缝已成。
> 妾身生长金陵侧,去年随夫住江北。

也有的诗作,像《长干曲》古辞那样,以女子的独唱体现宁静、柔和的江南风貌,显得更为蕴藉,如储光羲《江南曲四首》其四:

> 隔江看树色,沿月听歌声。
> 不是长干住,那从此路行。

既云"听歌声",则除了女主人公以外,还有另一个角色隐藏在诗中。上述诗歌都是以女子的口吻进行的抒情,女子主动寻访男子,或是随丈夫远行,体现出"江湖文化"中的自由精神,而男主人公并不出现,只是隐藏在江水、月光景色之中,这就使得诗歌的表现含蓄而不外露,诗歌的美感就产生于这张弛有度的表现中。以男女相思为主题的诗作并不少见,但将其放入长干里这个地方中时,它就有了独特的韵味:这是自由烂漫而又含蓄、柔和、细腻的水乡文化;更广泛地说,长干里是整个江南地方的缩影,崔颢的《长干曲》又名《江南曲》《江南行》,从这里的一个画面中,我们就可以领略整个江南的风貌。

正因如此,"长干"这一地名也出现在江南的其他地方。其他还有更多唐人的诗篇提到了地名"长干"。一部分诗歌中的"长干"确实是秦淮河之南的长干里,如韩翃《送丹阳刘太真》诗:"长干道上落花朝,羡尔当年赏事饶。"韩翃没有到过江南,他在许多送行诗中描绘的江南景象都是通过历史典故展开的想象,其中包含了对这些地点的"文化印象"。诗中写到的长干里落花缤纷的景象体现了这一地名所蕴含的柔美的风格,它作为一个文化意象,蕴含了一种特定的感受,可以脱离具体的地点而存在。也有一些诗篇中的"长干",可以确定不是指金陵之长干,而是江南地方的一个标志,如同诗人笔下常见的"横塘"一样。许志强指出,梁普通元年(520)的《故永阳敬太妃墓志铭》载墓主人"袝葬于琅琊临沂县长干里黄鹄山",侨置的临沂县位于建康之北,故其所云的"长干里"并非建康之南的长干里。[①]"长干"乃山间之临水处。江左地区丘陵错出,江河广布,岸上往往是人家所居。将这种形态的聚落都称为"长干",并无不可。唐诗中的"长干"并不仅仅是一个特定的地名,它还代表了自由、隐逸的水乡风格。如越州诗人严维《赠万经》诗云:

万公长慢世,昨日又骞官。
纵酒真彭泽,论诗得建安。

[①] 武汉大学中国三至九世纪研究所编:《魏晋南北朝隋唐史资料》第三十六辑,上海古籍出版社 2017 年版,第 78 页。

>家山伯禹穴，别墅小长干。
>辄有时人至，窗前白眼看。

万经隐居于越州，此处的"小长干"可能不是真实存在的地名，而是象征了他作为隐士的那种放迹江湖，崇尚自由的精神。又如元稹《送王协律游杭越十韵》描绘了杭州、越州的风物，而以越州为主，其中云："长干迎客闹，小市隔烟迷。"此处的"长干"也在越州，是商旅往来频繁的河岸聚落，又掩映在云雾之中，喧闹的街市因而显得柔和，平民市井中的自由精神与江南山水所孕育的柔美的风格也是并行不悖的。

张籍的《江南曲》细致地描绘了水边的街市景象，与一般的唐诗中长干里的风貌有显著差别：

>江南人家多橘树，吴姬舟上织白苎。
>土地卑湿饶虫蛇，连木为牌入江住。
>江村亥日长为市，落帆度桥来蒲里。
>清莎覆城竹为屋，无井家家饮潮水。
>长干午日沽春酒，高高酒旗悬江口。
>娼楼两岸临水栅，夜唱竹枝留北客。
>江南风土欢乐多，悠悠处处尽经过。

张籍此诗中没有说明所写景象的具体地点，其中的"长干"或许就在金陵，但也可能在其他地方。元和以来的诗歌中，民间的世俗景象得到了细致书写，展现出一种近古风貌的发端。此诗写了水边的街市，不同于《长干曲》古辞与崔颢、李白等人的诗歌将所写的场景放在了长干里之外的江上，而且描写非常细致，江南地区市井的繁荣到了中唐时终于得到了直接的关注。张籍写了地里的虫蛇、江上的竹簰、乡间的草市、当地人饮江水的习惯、酒旗、水栅等充满世俗气息的意象，描绘出一幅极其简陋而又细致的江南生活图景，没有了中古诗歌中长干里的柔美的风格，取而代之的是市井中简陋的愉悦感。这是中唐时开始的社会转型在文学中的表现。

历史与世俗：近古时期长干里地景中的时代精神

五代以来，秦淮河南岸长干里的景观经历了较大的改变。杨吴政权在昇州设金陵府作为西都，并且营建了宫城与外郭城、护城河，外郭城南部的轮廓与后世明代的内城基本重合，其南门就是明代的聚宝门，南门外建造了长干桥，跨越护城河。北宋大中祥符年间，废弃已久的长干寺在原址上重建，天禧二年（1018）改名为天禧寺，位于城外长干桥东南方。南门、长干桥、长干寺和南宋时出现在长干里的乌衣巷，都是近古时期长干里的重要景观，常为诗人所书写。宋代以来的时代因素与这些地景的组合使得长干里诗歌的内容、风格与唐代有鲜明的差别。

地景组合所体现的街市中的历史感

北宋以来的一千年间，江左地区人口稠密，经济发达，金陵的南门作为正门，交通繁忙，城门内外是市井分布集中的区域。但居民的风俗已与六朝隋唐时有了很大不同，它已经逐渐脱离了与长江的紧密联系，在长江上行舟弄潮、居无定所，不再是当地人的主流生活方式。因此，它在文人诗歌中展现的面貌也发生了显著的变化。在诗歌的书写中，文人有一种将其视作历史遗迹的倾向，甚至用"长干"代指整个金陵，与"石头城""白下"等地名类似。诗人常将"长干"与"白下"并称，用来表示秦淮河两岸的江宁府或建康府城。如黄庭坚《次韵王荆公题西太乙宫壁二首》其二："白下长干梦到。"姜夔《永遇乐·次韵辛克清先生》："长干白下，青楼朱阁，往往梦中槐蚁。"孙应时《望建康诸山》："山色千年围故国，江流万里赴沧溟。惊心采石瓜洲渡，搔首长干白下亭。"这种地名的跳跃性与初盛唐诗中书写鸟瞰或想象中的江南山水的笔法类似，只是唐人不曾以此种怀古的眼光看待长干里。"长干"这一意象没有柔美的风格，也没有崔颢诗中的朴素、自在的图景，而表现出历史的厚重感。

从北宋到南宋，一个非常重要的变化就是长干里与历史遗迹乌衣巷的结合。六朝时乌衣巷的准确位置难以考索，这一地名在诗歌中的出现，始于韩翃的《送客之江宁》："朱雀桥边看淮水，乌衣巷里问王家。"韩翃没有到过江南，这只是作为典故存在于诗歌文本中的。其次便是出现在刘禹锡的《金陵五题》中，根据序言，他写此诗时尚未亲游金陵，诗中的情景也是根据既有的知识展开的想象，他将"朱雀桥""乌衣巷"组成对偶，又写到燕

江南大义 237

子，或许是受了韩翃诗的影响①，不过，即便是想象，刘禹锡之诗仍然具有元和以来诗歌的那种细致的写实性，《乌衣巷》一首所写的对象是秦淮河一带的居民区，他将历史感穿插到了"寻常百姓"之中，改变了之前对金陵的历史遗迹的书写与对平民市井的书写完全分离的状况。正是通过刘禹锡的书写，"乌衣巷"成了一个典范的意象，常为后世诗人所咏。中唐以来诗歌中的近古风貌，不仅表现在对日常俗事的细致书写上，也表现在书写日常俗事时所融入的更深的感悟上，平民市井中的历史感就是这种近古风貌的表现。金陵的台城、石头城等遗迹自李白以来在诗歌中很常见，通常表现为高大空阔、杳无人迹的景象，刘禹锡不仅写了这些遗迹，还选取了乌衣巷这一带有历史感的市井景观，使得贵族的历史与平民的现实之间的联系更为密切，对比也更为鲜明，由此造成了强烈的感染力。张籍、刘禹锡等元和诗人的创作代表了近古风貌的发端，这种风貌在北宋中后期的诸多伟大诗人的创作中成熟。宋诗中长干里意象作为平民市井与历史感的结合，实际上就是刘禹锡笔下的近古风貌的进一步发展。

过去学者从未考证过乌衣巷的位置，但其实，不少诗歌中长干里、乌衣巷并存的情况与现实中的地景有密切的联系。关于乌衣巷位置的文献记载始于北宋大中祥符年间编成的《祥符江宁图经》，《图经》已佚，见引于南宋史地文献中。根据其中的记载，乌衣巷应当在秦淮河桃叶渡（青溪汇入秦淮河处）东南岸，从

---

① 韩翃《送客之江宁》又写到"江燕双飞瓦棺寺"，可能是刘禹锡诗中燕子意象的来源。

骠骑航向西延伸，与河道大致平行，属于"东长干"的范围。这是否是六朝时乌衣巷的实际位置，难以确知，但根据《景定建康志》所载，到了南宋时，乌衣巷的位置移到了南门外护城河之南的长干寺背后，与当时文献传述的早期史料记载的位置不同。①

这处坐落于护城河之南的乌衣巷，应该是南宋时新出现的地景，这与当时人将南护城河视为秦淮河有关，这段河道至今仍称"外秦淮河"。《景定建康志》卷十六载："东口市，在城南长干桥下东，今乌衣巷口是。"从朱雀桥（镇淮桥）南行出南门，走过长干桥，东边就是乌衣巷口，有东口市，整条乌衣巷位于长干

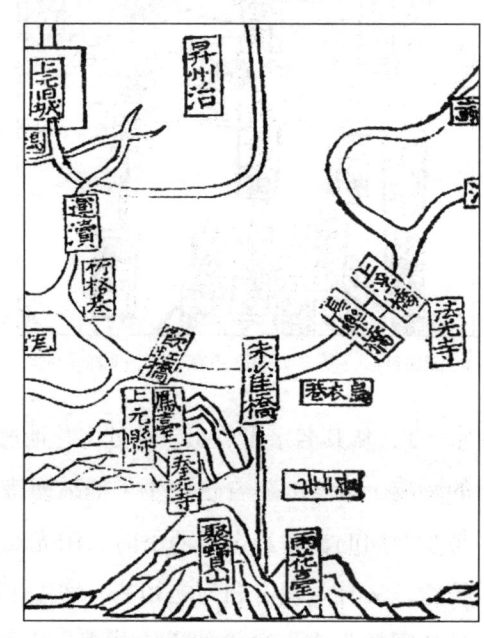

● 正德刊本《金陵古今图考》中的《唐昇州图》（局部）

① 南宋张敦颐《六朝事迹编类》卷下："乌衣巷……《图经》云在县东南四里，《晋书》：王导、纪瞻宅皆在此巷。"南宋王象之《舆地纪胜》卷十七："谢安宅，在乌衣巷口。《图经》云：'谢安居骠骑航之侧。'"《景定建康志》卷十六："乌衣巷在秦淮南。晋南渡，王、谢诸名族居此时，谓其子弟为乌衣诸郎。今城南长干寺北有小巷曰'乌衣'，去朱雀桥不远。(《旧志》)"《旧志》指南宋史正志所撰的《乾道建康志》。《景定建康志》卷四十二："王导宅，在乌衣巷中，南临骠骑航……谢安宅，在乌衣巷，骠骑航之侧，乃秦淮南岸谢万居之北……谢万宅在长乐桥东，傍丹阳郡城，今桐林湾东。纪瞻宅，在乌衣巷。"这些记载中，"今城南长干寺北有小巷曰'乌衣'，去朱雀桥不远"是对现实地景的描述，其余都是对早期史料的传述，根据早期史料，乌衣巷从谢安所居的骠骑航侧向西延伸。谢万宅在长乐桥（武定桥）东，与谢安宅都在秦淮河南岸，乌衣巷也应当在南岸，巷中的王导宅"南临骠骑航"似不确，殆为史料传述之异。

江南大义 239

寺（天禧寺）背后，东西向延伸，与护城河平行，大致相当于现在扫帚巷的位置。繁荣的长干里居民区、熙熙攘攘的市场、重建的六朝古刹、代表东晋名士风流的乌衣巷就这样实现了地景的组合，此处的乌衣巷是一处虚拟的文化遗迹，当时巷中有"乌衣园"，园中有"来燕

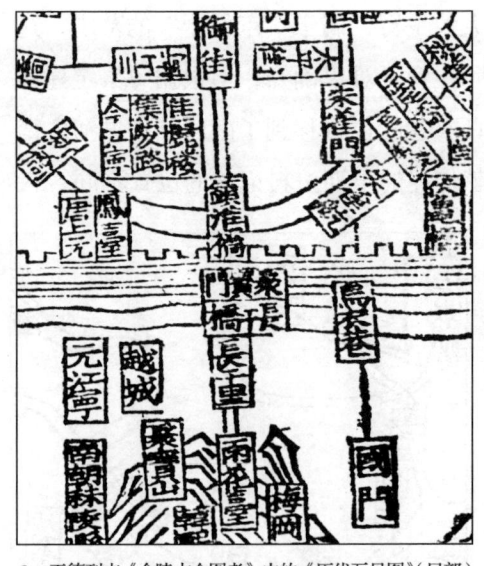

● 正德刊本《金陵古今图考》中的《历代互见图》（局部）

堂"①，从其名字可看出，这处文化遗迹的形成是受了刘禹锡诗歌的影响。地景的组合也产生了刘禹锡诗中的意境：因为这条小巷是东西向的，每当夕阳西下时，阳光就从巷口穿入，形成一种沧桑感，又有六朝古刹与之相邻，增添了历史的空无感；乌衣巷口是热闹的街市，过去的贵族与现实中的商贩形成了强烈的对比。这一地景组合从南宋一直维持到明代，大约从明代中后期开始，随着文人对地名的考据的深入，乌衣巷这处文化遗迹才逐渐离开长干桥附近，移动到城内秦淮河的东南岸。②成书于正德十一年

① （宋）周应合：《景定建康志》（清文渊阁四库全书本）卷二十二："乌衣园，在城南二里乌衣巷之东，王谢故居，一堂扁曰'来燕'。岁久倾圮，咸淳元年五月，马公光祖撤而新之。"
② （明）王诰修，刘雨纂：《正德江宁县志》（明正德刻本）卷五："旧志云今城南长干寺北有小巷曰乌衣，去朱雀桥不远，相传遂以今重译街为古乌衣巷……今重译街虽日临水，乃五代时杨溥所凿城壕，实非秦淮。据镇淮桥即古朱雀桥，则乌衣巷当在今桐林湾一带，临秦淮方是。"

240 江南·温馨

（1516）的陈沂的《金陵古今图考》中，《唐昇州图》的朱雀桥与长乐桥之间的秦淮河南岸标有"乌衣巷"，乌衣巷南边较远处标有"长干寺"，这是依据了文献传述的早期史料，只是乌衣巷位置稍偏西南，最后的《历代互见图》的"聚宝门"外有"长干桥"，桥南标有"长干里"，"乌衣巷"标在

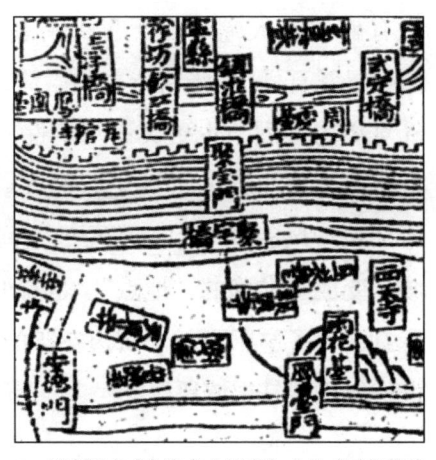

● 天启刊本《金陵古今图考》中的《国朝都城图》(局部)，其中的"乌衣巷"在正德刊本的《国朝都城图》中未标出

城垣外、长干桥东，这正反映了南宋至明代的现实地景组合。《金陵古今图考》后来的版本中，天启四年（1624）朱之蕃刊本的《国朝都城图》中的长干桥称"聚宝桥"，桥的东南方有"乌衣巷"，巷南有"报恩寺"，也反映了这一现实地景组合。

由于这一地景组合，在南宋诗歌中，长干里也与王谢贵族、乌衣巷结合了起来，这在南宋之前未尝出现过。如杨万里《三月三日上忠襄坟因之行散得十绝句》其八：

长干桥外即乌衣，今著屠沽卖菜儿。
晋殿吴宫犹碧草，王亭谢馆尽黄鹂。

诗中所言的"屠沽卖菜儿"就是"东口市"中的人物，完全

没有盛唐诗人笔下长干里的清新朴素的面貌，与刘禹锡诗中的"寻常百姓"、张籍诗中的酒肆、娼楼相比，平民市井的世俗气息更为强烈，也更具有写实性，这是对长干桥、乌衣巷、东口市的地景组合的个性化的书写，而不是出于想象或是对江南地区典型风貌的书写，所写的空间由过去诗歌中的宽泛的"地域"变成了准确的"地点"。也有的诗歌较多地继承了刘禹锡的诗意，写了夕阳下长干桥边空旷的乌衣巷，营造出凄冷的情境，世俗气息不是很浓厚，如：

> 吴宫晋苑半桑麻，路入长干野草花。
> 秋晚夕阳空巷陌，旧时燕子几人家。
> 不携妓与东山醉，曾赌棋输别墅哗。
> 已近重阳风雨少，菊花篱落酒旗斜。
>
> （方岳《乌衣园》）
>
> 日落凭栏感慨频，长干桥畔冷残春。
>
> （周弼《乌衣巷》）

在这种景观的组合中，诗人提到长干里，想到的不仅是弄潮的男女、商人、思妇，还有王谢风流，长干里这一意象在诗中脱去了朴素的平民气息，变成了曾经的贵族的居住地，如：

> 冠制殊常袖更宽，风流王谢出长干。
>
> （刘宰《赠尤丞季端》）

> 山垄中间号曰干,此长干里盛衣冠。
> 想应王谢朝回后,日日行人看绣鞍。
>
> (罗必元《长干里》)
>
> 王谢风流自一时,长干古巷记乌衣。
> 寻常百姓几番换,那有当年燕子飞。
>
> (黄文雷《金陵即事》其四)

长干寺是长干里的标志性地景,始建于孙吴时,是继建初寺之后南方第二座佛寺。南朝时的建康虽然寺庙众多,但进入文人诗歌中的只是极少数。一些著名的寺庙邻近市场,是众人聚集之地,当时又有舍宅为寺的习惯,寺庙与市井属于同一层面的事物,除了同泰寺、光宅寺、大爱敬寺等少数与政治关系密切的寺庙外,绝大部分寺庙都在南朝贵族文学的话语之外,位于平民市井中的长干寺也是如此。长干寺在六朝时因埋藏有佛舍利而著名,梁武帝大同年间在寺中的阿育王塔下发现佛舍利,因而扩建了寺庙,称阿育王寺,但现存的六朝诗歌中从未写到长干寺。北宋建天禧寺前,长干寺处于废弃状态,准确的废弃时间不甚明了,唐代皎然于天宝年间在长干寺出家,其诗云:"入道曾经离乱前,长干古寺住多年。"(《答李侍御问》)这是唐诗中唯一提到长干寺的诗歌。自从北宋初年重建后,长干寺也为诗人所大量书写,在诗中表现出寺庙所常有的幽闲情调,它作为六朝古刹,也往往是诗人的怀古之地。在南宋时,长干寺与乌衣巷这两处相邻的地景有时也并存于诗歌中,乌衣巷这一意象本来就容易引起诗人对历史的怀念，与长干寺在一起，造成了一种历史的虚无感，如：

乌衣巷侧长干寺，暇日闲来看一回。
未觉六朝兴废迹，凄凉先傍眼边来。
（苏泂《金陵杂兴二百首》其九十九）
沉沉长干寺，南轩清且幽。
乌衣访王谢，湮灭那可求。
（周必大《送子开弟还江西》）

这种历史的虚无感带来的不只是怅惘，也可以是一种静观历史与现实的平静：

游人塞道不容车，千古金陵少妇居。
朱雀大桁春雨后，乌衣深巷晓风初。
红红白白花无数，下下高高意有余。
此景只应闲客管，瘿藜轻盖日徐徐。
（项安世《同刘监丞步观长干寺后诸园》）

长干寺后有园林，园林后面就是乌衣巷，诗中的朱雀桥、乌衣巷的历史感被淡化了，而显得很幽静；热闹的游人是现实中的景象，思念丈夫的女子是前代诗歌中常见的人物，诗人杖藜闲行，平静地看待这一切，这是宋代以来的文人常见的态度。

宋代长干里的地景在元、明时得到了延续。明代洪武年间建造南京内城城垣时，因袭了五代以来的南门、护城河、长干桥。长干寺在明代永乐年间毁于火，旋又重建，称大报恩寺。《洪武京城图志》载："重译桥，在聚宝门外东重译街，即古乌衣巷朱雀桥也，今名重译。"①南宋以来的乌衣巷就是重译街，东有重译桥。将重译桥视为古代的朱雀桥，并不符合历史真实，这种地景组合也是受了刘禹锡诗歌的影响，上述项安世《同刘监丞步观长干寺后诸园》中的"朱雀大桁"可能就是重译桥。明代文人对这种地景组合也多有写照，如明初胡用和的套数《中吕粉蝶儿·题金陵景·八煞》：

长干桥畔乌衣巷，高堂燕至思王谢，古梵蛮吟叹孔张。②

所写的重点在于长干桥边的乌衣巷、长干寺，这两处景观都容易让人想起六朝往事。又如吴稼竳的《乌衣巷》：

长干西去路，门巷旧乌衣。
岁岁春风里，家家燕子飞。③

吴稼竳大约生活于万历年间，长干里、乌衣巷的组合似乎延续

---

① （明）王俊华纂修：《洪武京城图志·皇都山川封城图考》，清钞本。
② （明）张禄辑：《词林摘艳》卷三，明嘉靖刻本。
③ （明）吴稼竳：《玄盖副草》卷十九，明万历家刻本。

到了明代后期。

从南宋到明代，乌衣巷的位置长期固定在长干寺背后，清代时由于文人的考证，乌衣巷回到了城内①，清代方志、地图中的乌衣巷的位置在镇淮桥与桃叶渡之间的秦淮河东南岸漂移不定，到了清末才固定到今天的位置上。②由于乌衣巷的"离去"，清代诗人面对聚宝门外长干里的景观，就不再提到乌衣巷了。如毛奇龄《江南杂诗四首》其二：

聚宝门前路，长干寺外桥。
市帘斜挂处，山叶下萧萧。

诗中对聚宝门、长干桥、长干寺等地景位置的书写也非常具有写实性，诗人的视角是站在聚宝门外朝南观看，他在简单地描述这些地景的位置时表达了对地方的亲切感，又写到了沿街店铺斜挑的帘旌，透露出寥落的气氛，同时以稍远处的雨花台的落叶为背景。在没有乌衣巷这一意象的情况下，诗中仍然带有历史沧桑感，但更为隐微、浑融地渗透在街市景观与自然物色

---

① 王士禛在《游金陵城南诸刹记》中记录了康熙三年（1664）闰六月游览金陵城南寺院的经历："廿二日自乌衣巷出聚宝门，遂造报恩寺。"可知清初乌衣巷的位置移到了城内，与南宋至明代的情况不同。

② 题款有"爰就家藏金陵省会城垣街巷旧图重付剞劂……咸丰六年丙辰兴化袁青绶谨识于楚南浏阳官舍"的《江宁省城图》中没有标出"乌衣巷"，但在聚宝门右上方的空白处有小字："乌衣巷为孙吴乌衣营旧址，今剪子巷至武定、文德桥南一带是。"范围比较粗略，当时现实中应该尚无一条街巷的正式名称叫"乌衣巷"。到了陈作霖作于光绪二十五年（1899）末的《东城志略》所附的《东城山水街道图》中，文德桥东南岸有一条东西向的街巷称"乌衣巷"（见陈作霖、陈珩绂：《金陵琐志九种》上，南京出版社 2008 年版，第 110 页），自此以后，乌衣巷的位置固定下来了。后来民国时期的南京城市地图都标有"乌衣巷"，与今天的乌衣巷的位置基本一致。

中，不留痕迹。

宋代以来的《长干曲》与《长干行》

宋代以来，题为《长干曲》或《长干行》的诗作在宋、元两代较少：宋代有陈与义、陆游的《长干行》，周紫芝的《长干曲》；元代李孝光的《长干行》。明、清两代作品较多：明代有张羽、佘翔、徐庸、陈贽、沈周、李梦阳、王世贞、郑学醇的《长干行》，胡应麟的《长干行二首》，徐渭的《长干行四首》，皇甫汸的《长干行送陆仪曹重补南署》，杨巍的《长干行二首效齐梁体》，邓云霄的《长干行》《长干行二首》，朱阳仲、于慎行、孙继皋、王伯稠、袁袠的《长干曲》，周天球的《中秋长干曲三首》，高启的《小长干曲》，陈子龙的《长干曲二首》；清代有屈大均、王夫之、史夔、陈长生、沈德潜的《长干曲》，缪公恩的《长干曲二首》，钱澄之的《长干曲三首》《长干行》，朱彝尊的《小长干曲》，毛奇龄的《小长干曲二首》，钱谦益的《长干行》《长干行寄南城郑应尼是庚戌同年进士榜下一别三十二年矣》，刘汉系的《长干行五首》，曹鉴平的《长干行》，王文治的《长干行二首》。此外还有不少题目不同而内容、风格类似的诗篇。从内容上来看，商人、思妇的题材占了主流，而描写更为细腻。以周紫芝的《长干曲》为例：

> 黄昏明月上朱楼，帘旌射月香雾浮。
> 画栏垂手楼中女，对月低眉不举头。
> 人似长干桥下水，一去悠悠几千里。
> 谩道嫁鸡逐鸡飞，长干夫婿那得知。

题材相似，但诗中没有了李白、张潮笔下浩荡的江上景色，只是局限于狭小的空间与精致的意象中，比较类似南朝诗歌的风格，但更为写实、厚重。诗中的女主人公虽然也像南朝诗歌中的美女、唐诗中弄潮或采莲的女子、思念丈夫的妻子那样，有典范化、模式化的特点，将场景放在江南其他地方或长江上任何一处都是一样的。但此诗中写到了五代以来的地景长干桥，这是一处近在身边的、又具有地标性质的景观，诗中将思念的对象比作长干桥下的流水，是将主人公对丈夫的思念与对地方的亲切感结合起来了，体现了人与地景的紧密结合，在这一点上不同于中古诗歌的模式化。五代以后，长干里形成了定居的、内敛的、精致的风貌，原来那种乐于弄潮、迁徙的自由精神消退了，上述周紫芝的《长干曲》就充满了一种凝固、厚重的感觉。明、清两代，江南的繁盛远超前代，长干里所代表的文化进一步精致化。这段时期的长干里诗歌较多，虽然仍以模仿前代诗歌为主流，但也体现了不少时代气息。如明初张羽的《长干行》：

> 长干人家向江住，朱雀桥边旧衢路。
> 参差碧瓦扬青旗，系缆门前有杨树。
> 竹弓射鸭向汀洲，家家无井饮江流。
> 女儿数钱当酒肆，商人买笑开娼楼。
> 谢家子弟如兰玉，不见当时旧游躅。
> 夜深月满大堤寒，愁听陈王后庭曲。

> 送君策马此中行,秣陵遥接石头城。
> 愁来满引金陵酒,莫听秋风淮水声。

诗歌效法了张籍的《江南曲》,而描写更细致,具有特定地点的特殊性,而不是江南的普遍性,反映了诗人对城市中现实生活的切身体验,而且将历史与现实交织了起来,诗中的女子经营酒肆,直接参与商业活动,不同于中古诗歌中的采莲女、商人妇,其中的"谢家子弟"是当地的乌衣巷使诗人产生的联想,这在唐代是没有的。邓云霄的《长干行》云:

> 飞絮乱春心,落花侵履迹。
> 步出大长干,香车密如织。
> 油幢翠羽扇,珠箔镂金床。
> 争驰红尘里,环佩声琅锵。
> 相逢谁最好,王谢两家郎。

男主人公由商人变成了想象中的王谢子弟,这不仅是当地乌衣巷的现实景观在诗歌中的表征,而且也是城市中特定人群的反映,当时南京作为陪都,官吏众多,但他们没有实际职事,生活奢侈,在江南富庶的环境中染上了那种靡靡之风,好在都中寻访娼妓,这种情况很容易让人想起六朝时贵族的风气,诗中女主人公所展现出的华丽柔美的形象,既是对南朝风格的继承,又是当时南京的都市文化的反映,体现了今古的相接。王世贞

的《长干行》中的男主人公身份也有变化:

> 十五嫁小吏,小吏焦仲卿。三朝上府腋,四夕践府更,府公拮据不得宁。十五休浣期,中厨刺刺宰猪羊。不见小吏还,乃过邯郸倡。邯郸倡,善为蛊,不可方。长干女,守空房……

诗人仍然使用了原来的思妇题材,连男主人公的名字也是过去诗歌中既有的,但他由商人变成了小吏,他在城市中寻访娼妓的情节,正是明代南京官吏的风气的反映。钱谦益的《长干行》诗则比较独特,其序云:

> 万历己酉十月,偕计吏过临清,新安何周无党邀谷、范两名姬置酒,胜流歊集,燕赏淋漓,乐美人之目成,惜云英之未嫁。醉后作《长干行》题于北里谷氏之壁间……

这是一首纪实的诗歌,不像其他诗人那样模仿某类题材。诗人所说的聚会的地点在北方的临清,诗歌主人公是两位江南的名妓,诗人对她们漂泊北国感到同情。诗云:

> 长干女儿争妖娆,秦淮一曲水亦娇。复道回廊映佳丽,六朝杨柳秦时潮……江南是处矜花草,渡江但说临清好。燕赵佳人真擅场,摧残苦向风尘老。贾胡多钱伧父臭,秦

筝吴歈等闲奏。小范空余林下风，谷生枉自闺房秀……江南小草花不如，江北名花暗如土。人生遇合总悠悠，此夕相看黯欲愁。眼底娉婷俱未嫁，忍看沟水东西流……①

逝去的历史、江南风貌、名妓的风度以及他个人的境遇在诗中交织起来，字里行间充满了感人的力量。他也有对历史的怀念，这种历史感不仅寄托在具体的地点中，而且也体现在两位名妓身上。长干里、秦淮河代表的是柔美、精致的六朝遗韵、晋宋风流，这也是她们两人流露出来的气质。如今她们却流落北方，不受胡商伧父的赏识。诗人由此联想到自己身居下吏，疲于奔命，对她们更为同情，如同白居易见到琵琶女，罗隐见到云英。事情发生在北方，诗歌却题为《长干行》，诗人在写法上独出机杼，不依傍古人，使得这个陈陈相因的主体又鲜活起来了。"长干"这一地名包含一种精神气质，其中体现了强烈的江南认同意识。

长干里具有特定的文化内涵，在不同的历史时期又表现出不同的特征。对长干里诗歌的鉴赏、分析，有助于我们认识江南文化的特质与不同时代古人精神面貌的变化。

长干里是江南水乡的典型景观，它在诗歌中的表现蕴含了江南地方的风格，从不同时代来看，中古时期诗歌中的长干里

---

① （清）钱谦益著，（清）钱曾笺注，钱仲联标校：《牧斋初学集》，上海古籍出版社1985年版，第244—245页。

表现了水乡都市所孕育出来的精神特质，包括江南人善于弄潮、迁徙不定的自由精神，与在山水秀丽的环境下养成的柔美的风格，两者在诗歌中形成了相对的美感。当时长干里的居民以渔商为业，往来于长江上下，形成了一个农耕文明时代独特的陌生人社会，充满自由气息。最初的长干里诗歌主要是女子的独唱或男女相逢之辞，从李白、张潮开始，长干里诗歌采用了乐府诗中常见的商人、思妇题材，在此以后遂成为主流，这是文人对清新朴素的平民文化的吸纳与改造。中唐时张籍诗歌中的长干里，没有其他诗歌中常见的遥远的江上景色，也没有采莲女的那种柔美风格，而表现为简陋、细致的世俗景象，有向近古风貌转变的倾向。长干里作为一个意象，超越了具体的地点，成为整个江南地方、江南文化的代名词，或是一种人物精神的外化，如退居江湖的隐士，或流落异乡的娼妓。

五代以还，长干里的面貌发生了很大变化，包括现实地景与文化风貌的变化，两者互为表里。长干里居民原来的弄潮、迁徙的生活转变为定居的生活，它在诗歌中的表现由中古时的轻快转变为厚重。近古文化的一个重要方面就是经历了千百年沧桑巨变后对历史的感悟，这在诗歌中与对现实中平民市井的细致描写结合在一起，就像老人面对现实回忆过去一样。长干里的街市与北宋初年重建的长干寺、南宋时出现在长干寺背后的乌衣巷等地景的组合中，就蕴含了这种近古的精神，到了清代，随着文人对历史地理的考据的深入，乌衣巷这处文化遗迹才离开了长干里。诗人所写的《长干行》或《长干曲》主要采用了商人、思妇的题材，这是对前代诗歌的效法，而描写更为细腻、写实，一定程度上反映了当时的都市景象，体现了今古的相接。倘若对诗歌中涉及的城市景观进行场景还原，就能够更深入地理解诗歌的含义与艺术风格。

江南·灵秀

灵秀是中国文化中一个非常美的概念，包含着多重意蕴，可以从艺术、山水、风物中窥知一二。江南的水乡尤其具有与人相亲的特别之美。水乡之人因柔性而仁爱，因清澈而清明，因平淡而内敛，因流动而交流，因流动而自由，因流动而多样，因凝聚而廉贞。江南的灵秀，跟水的清明、内敛、交流、多样息息相关。

再造桃花源：明代江南园林对陶渊明的接受与重塑

华东师范大学中文系教授
赵厚均

华东师范大学中文系研究生
袁子罂

明代是中国文人园林发展的极盛时期，无论是造园的理论还是具体的园林实践，都达到了极高的水平，取得了极高的成就。在明代园林尤其是江南园林的营造中，陶渊明及其作品成为大家高度关注的对象。以明代江南园林作为一个切入口，观察其对陶渊明园林的接受和改写，能够更好地看到陶渊明在后世的接受情况，同时可以管窥明代士人精神在园林中的呈现。

明代江南园林对陶诗景观和意象的接受

陶渊明描绘的景观中对园林产生巨大影响的非桃花源莫属。

他以《桃花源记》和《桃花源诗》营建了一个远离尘世、真纯简朴的世外桃源。在《桃花源记》中：武陵渔人先是"缘溪行"，后"逢桃花林"，接着"林尽水源"、"得一山"，从山洞中进入，"初极狭"，"复行数十步，豁然开朗"。①先后经历了水、林、山的三重空间迷雾，最终发现桃花源。陶渊明以山、水、林设置了空间阻碍，将桃花源和尘世区隔开来，既反映了桃花源的避世属性，同时使得桃花源因为障碍的设置保持了神秘，增加了几分美感。"他将这桃花源说得那么自然、真实，好像只与我们隔着一条桃花溪水和一孔数十步的山洞而已；同时，又将它放置得那么遥远，可遇而不可求，所以那些想要通过留下的标志找到它的企图，总会迷不得路。"②此后，经过齐梁至唐代的不断演绎，桃花源已成为一个重要的原型，兼具"避世远俗、终难寻觅的空间条件，以及不辨秦汉、悠游于历史时间的束缚之外的时间特质"③。沿着其时间特质，桃花源逐步演化成为人间仙境，具有超尘脱俗的意味，如王维的《桃源行》即"将陶诗中对那个无税的小国寡民世界的向往，改为对神仙世界的向往"④。另外，桃花源又朝向隐逸与田园复归，"开始明显地田园化了，观其中点染铺设的景色风物不外是长榆高柳、粳稻芊粟、暮蝉药苗、鸡鸣黍熟，还有竹径茅栋、池果园畦、接篱葛巾、

---

① （晋）陶渊明著，龚斌校笺：《陶渊明集校笺》，上海古籍出版社2021年版，第467页。
② 张祥龙：《桃花源的隐逸世界》，渠敬东、孙向晨主编：《中国文明与山水世界》，生活·读书·新知三联书店2021年版，第81页。
③ 欧丽娟：《唐诗的乐园意识》，北京大学出版社2020年版，第250—251页。
④ 程千帆：《相同的题材与不相同的主题、形象、风格——四篇桃源诗的比较研究》，《古诗考索》，上海古籍出版社1984年版，第32页。

钓童樵叟，再加上主客之间忘形尔汝、杯酒言欢的场景，正是平日忙于'攀桂'求取功名，或俗务缠身不得喘息者，于神劳志乖、疲于征逐之余，可赖以舒展身心的暂时栖身之所"[1]。神仙世界遥不可及，隐逸与田园之乐则可以实现，桃花源遂成为明代园林建造者时常取法的原型。这种取法大体有两种模式，一是在园林营造中模仿其与世隔绝的空间；一是在景点命名上予以关联。

"江南许多文人园林，都寓有陶渊明乌托邦理想社会的含义，明代文徵明《拙政园图咏》中有'桃花沜'一景，用以代表桃花源。现在拙政园门口的一座假山，也是桃源洞口的模拟，西部月门上题了'别有洞天'横额，也是取李白'桃花流水窅然去，别有天地非人间'的意境。网师和渔隐，也都是武陵渔人的世外桃源。"[2] 此处明确指出了拙政园景点对桃花源的取法，这种情形在明代江南园林中非常普遍。郑元勋在《影园自记》中描述"影园"建制：

> 户东向临水，隔水南城，夹岸桃柳，延袤映带，春时舟行者，呼为"小桃源"。……渡池曲板桥，赤其栏，穿垂柳中，桥半蔽窥，半阁、小亭、水阁，不得通，……梧、柳障之，夏不畏日而延风。室分二，一南向，觅其门不得，

---

[1] 欧丽娟：《唐诗的乐园意识》，北京大学出版社 2020 年版，第 258 页。
[2] 孙晓翔：《生境·画境·意境——文人写意山水园林的艺术境界及其表现手法》，见江溶、王德胜编：《中国园林艺术概观》，江苏人民出版社 1987 年版，第 445 页。

予避客其中。①

在"影园"中,郑元勋仿照"桃花源"的外部建造,以人工的叠山、引水和植树的形式制造人工的阻碍,在山水树林的阻碍后隐藏着一个房间,恰似隔离凡尘俗世的"桃花源",遂命名为"小桃源"。这个房间被园主郑元勋作为自己的私人空间,"避客其中",同样呈现了与外界的隔离。陈宗之的"集贤圃",同样仿照"桃花源"与外部隔离的形制进行建造,据陈宗之《集贤圃记》记载:

> 自此至"群玉堂",八窗玲珑,居圃中央,垒山环之。取径西涉,则石桥兀耸,下临碧潭,迤路樱桃、海棠间植,……其下石洞,窅靓莫测,名曰"飞香径"。稍前,豁然开朗,从朱桥渡而西,修竹数千个,琤琮瑟戛,有屋三四楹,名"一叶居",半借竹坞,半跨水,栖迟此中,雅堪避暑。

"集贤圃"的结构依旧是对"桃花源"的借鉴,但不同于"桃花源"与"影园"中对阻碍隔离效果的追求,更追求以"障景"的设置,产生"曲径通幽"的审美体验和清凉幽静的意境获得。相较于"桃花源"外部的自然山水和桃树,"集贤圃"以

---

① 陈从周、蒋启霆选编,赵厚均校订:《园综》,同济大学出版社2011年版,第40页。后文引文多出自此书,不再一一注明。

"垒山""碧潭""石桥""樱桃""海棠"等更具文人气息的景色进行置换，最终追求一种"雅堪避暑"而非"避世""避乱"的功能。

此外，明代士人还将"桃花源"视作一个具有独立审美价值的园林景观，对其进行复现。如寄畅园："西垒石为洞，水绕之，栽桃数十株，悠然有武陵间想"，石洞、流水、桃树，即是按桃花源的形制进行再造，故令人"悠然有武陵间想"；又如邹迪光在《愚公谷乘》中描述："两崖第植桃、梅、杨柳、梧桐、橙橼、芙蓉而已。开时葳蕤延蔓，郁郁菲菲，肸蚃芳馥，随风布写，时时有桃花流出，不减武陵溪，又是一境界"；再如《灵洞山房记》，"更半里，降而达溪桥，诸山之水皆合，且余十里，夹植桃李，春时烂漫，游者作武陵源观云"。武陵溪、武陵源，其模式也是指向桃花源。可以看到，明代士人在建造园林时，以对"桃花源"进行物理场景复刻的方式，形成文化层面上园林景色的"召唤结构"，用来唤醒游于园中具有一定传统文化知识积淀的园主与游客对《桃花源记》和《桃花源诗》这一文学传统的回忆，使园林变成"桃花源"在现实世界的再现，进而获得精神和文化层面的"桃源"情调。

除去上文所提及的"桃花源"之桃，菊、松、柳、秋等自然之物都与陶渊明有着紧密的联系，并对明代园林的景致安排产生了影响。

陶渊明性嗜酒，"'酒'在他的诗中出现66次，加上在动词如'饮''斟''酌''挥''举''恃'后省掉的'酒'字，以及用酒器表示酒,如'觞''爵''杯''壶''樽''斗',以及'壶浆''杯中物''余沥''醪',还有动词或用作动词的'醉''陶''酣'等,其数量的总和,恐怕不会低于在陶诗中用了123次的'予'字"①。《晋书·陶潜传》载:"在县公田悉令种秫谷,曰:'令吾常醉于酒足矣。'妻子固请种秔,乃使一顷五十亩种秫,五十亩种秔。"②"秫"即高粱,适合酿酒,象征着逍遥高蹈的出世姿态;"秔"也即"粳",为稻谷,是用作饱腹的粮食,象征着务实济世的入世情怀。这两种植物经由陶渊明得到文化层面的属性界定,代表着两种人生态度,明代园林在建造时多以两种植物的种植表达自己的志向③。或者"秫""粳"兼种,表达"中隐"心态,如王世贞《养余园记》记载养余园主人之言,"吾之田,有余秔足以饔,有余秫足以酒";又如张岱记《琅嬛福地》,"山之西鄙,有腴田二十亩,可秫可粳"。养余园主人许从龙为吏科右给事中,后虽辞官归园,但并未完全割裂与官场的联系;张岱虽无仕宦经历,但家族世代簪缨,张岱本人的功名心也比较重。故在此二人的园林中,"秫""粳"兼种。而王心一的"归田园居",则单单种"秫","径尽,北折,为'秫香楼',楼可四望,每当夏秋之交,家田种秫,俱在望中"。王心一志在隐居出世,《归田园居记》自言"予性有

---

① 魏耕原:《陶渊明论》,北京大学出版社2011年版,第153页。
② (唐)房玄龄:《晋书·陶潜传》,中华书局1974年版,第2461页。
③ 柯律格认为16世纪中叶前的园林普遍栽种农作物和水果,具有经济属性,如东庄、拙政园等,在16世纪下半叶才普遍被当作审侈消费品。参见(英)柯律格:《蕴秀之域:中国明代园林化》,河南大学出版社2019年版,第9—46页。

丘山之癖"，虽几起几落，但"甲戌，予复流连尘网，庚辰归田，又为修其颓坏，补其不足，予无间阴晴，散步畅怀，聊以自适其丘山之性而已。所谓'此子宜置丘壑中'，予实不能辞避"，隐逸之心较深，故而其园林"归园田居"只种"秫"而不种"粳"，以表心志。

陶渊明爱菊，赞菊为"霜下杰"，赋予菊花坚贞守节的道德人格；陶渊明常将松菊并举，认为松有"贞秀姿"，具有坚贞刚健的道德，故"抚孤松而盘桓"。此外，陶渊明自号五柳先生，柳也成为其人格的代表，具有典范意义。明代文人对菊、松、柳与陶渊明相联系的属性多有体认，在建造园林时，常种植这些自然物。如：

堂之右，为"菊圃"，长廊翼之，名曰"寄傲轩"。圃中有海棠数株，花时颇妨种菊，有议他徙者，谓："美人与高士，气韵正不相妨耳！"（张凤翼《乐志园记》）

傍为"含贞斋"，阶下一松，亭亭孤映，既容贞白卧听，又堪渊明独抚。（王穉登《寄畅园记》）

园以内，花木之繁，不止"七松""五柳"。（祁彪佳《寓山注》）

上举三例，很明显可以看出园林主人种植菊、松、柳，是基于陶渊明所赋予这些自然物以道德和文化上的"溢余价值"，是对陶渊明的追忆和回应。尽管明人更多的园林书写，仅仅列举

● 仇英《梧竹消夏图》(武汉博物馆藏)

园中植物的种类，没有直接点出植物的文化属性，但仅从以上三例，我们也可以说，陶渊明影响了明代园林的景致安排和选择。

张岱曾言，"造园亭之难，难于结构，更难于命名"（《与祁世培书》）。陈继儒言，"余尝谓园有四难，曰：佳山水难，老树难，位置难，安名难"（《园史序》）。园林命名的艰难，实际上反映了给园林命名的重要性：园林的名称是反映园主心志、塑造园主形象最为直接有效的途径。吴欣认为："当徜徉于风景与园林之中，文人会着意发掘灵感，借此'寻景'，接着向同伴指出景致来'点景'，通过命名来'题景'，最后以作文或题词来铭记。'景'不只是风景本身，还是心智在与自然富于省思的接触中产生的视界。当人的智慧介入风景，后者就成为有意义的情境——景。"[1] 园林及其景点的命名，无疑也是"有意义的情境"。明代园林不乏对陶渊明及其诗文进行借鉴和化用的名称，具体分析的话，又可将这种化用分为"用意"和"用语"两类。所谓"用意"，即是沿用话语的本来含义。如"归田园居"，出自陶渊明的组诗《归园田居》，旨在表达隐逸出世的姿态；如"止园"，出自陶渊明的诗歌《止酒》，旨在表达知足常乐的人生哲学；如"日涉园"，出自陶渊明《归去来兮辞》"园日涉以成趣"，旨在表达复归自然的愿望；又如"载欣堂""静寄轩"等名，作

---

[1] 吴欣：《儒家山水——从风景园林到格物致知》，见吴欣主编：《山水之境：中国文化中的风景园林》，生活·读书·新知三联书店2015年版，第154页。

为园主"致政时所署",出自陶渊明《归去来兮辞》"载欣载奔""倚南窗以寄傲",表达对田园、自然生活的喜爱和独立出尘的人生追求。

所谓"用语",即是借用话语的形式或字词,但更改话语的原本意思。如王世贞在弇山园中称阻水的石坊为"虽设",取自《归去来兮辞》"门虽设而常关"之句,似乎是在说该"石坊"虽然设立却并不常常使用,毕竟王世贞的"弇山园"胜在山石的堆叠而非水,园内水景并不多,水量也不大,作为阻水的石坊应使用频率不高。又王世贞将右坊名为"虽设",与左坊"始有"相对,只取儒道相对、仕隐并举的对立形式,并不表达深层内涵。此外,王世贞的弇山园有桥名为"知还",出自陶渊明《归去来兮辞》"鸟倦飞而知还",但并未用其中的避世隐逸之义,而是用来表示园林的界限,过此桥即到了园林的边界,需要回返。明代园林中,诸如此类仅用其语,不用其义的命名还有很多,如"小斜川""采菊堂""杞菊阑""菊圃""菊田""菊潭""寄傲轩""桃溪"等,皆化用渊明旧典,却更加贴合园林自身的特色,园主在这些名称中,逐渐消解了对陶渊明隐逸高士属性的追随,代之以文人雅士的身份认定。

明代江南园林对陶渊明隐逸情怀的接受

据《晋书·陶潜传》《宋书·陶潜传》《南史·陶渊明传》以

及昭明太子《陶渊明集序》，可知陶渊明一生先后做过州祭酒、镇军、建威参军和彭泽令，义熙元年（405），解印去县，返归田园，自此之后，终身不仕。陶渊明在其做官行役时写诗怀念田园："静念园林好，人间良可辞"①，"诗书敦宿好，林园无世情"②，"园田日梦想，安得久离析"③。而当其终于回归田园，陶渊明又写道："少无适俗韵，性本爱丘山。误落尘网中，一去三十年……久在樊笼里，复得返自然。"④可以看到，在陶渊明心中，田园（园林）与官场相对，不同于官场的污浊和对人性的扭曲，园林是一个忘机复性的自然空间。可以说，区别于两汉时代的皇家园林、石崇的金谷园、谢灵运的始宁墅，陶渊明第一次建构了一个"以隐居之志为内核，以鄙视俗世为风骨"⑤的"精神家园"，并为后世园林所承继。上文反复提及的王心一的"归园田居"自是其代表。祁彪佳《寓山园注》中言："当余乞归时，便欲于定省之暇，适志园亭，而此斋实为嚆矢，乃此志吾之归也，亦曰：归固吾志耳。"从中亦可看出明人园林在精神上对陶渊明田园作为官场的反面这一内涵的接受。东桥居士顾璘以"息"为名命其园林：

夫息之义，止也、生也。形贵止，神贵生。动而不止，形乃日败；静而不挠，神乃日生。一止一生，寿乃长久。

①②③④ （晋）陶渊明著，龚斌校笺：《陶渊明集校笺》，上海古籍出版社 2021 年版，第 91、201、202、222 页。
⑤ 龚斌：《中国士人园林文化的不朽经典——略论陶渊明园林的文化意义及其影响》，《云梦学刊》2020 年第 1 期。

然则息也者，宝形养神之道具是矣。故造化遗我以年，先人遗我以地，邻里助我以胜，我顾纠缠外物，而不知神形之为贵，殆庄生所谓倒置之民乎？

在《息园记》中，顾璘以道家养神解释"息"之义，从中又可看出明人园林在精神上对陶渊明田园作为复性空间这一内涵的接受。

陶渊明以隐士身份流传千古，但究其心志，终有汲汲用世、建功立业的人生追求，"世人论渊明，皆以其专事肥遁，初无康济之念，能知其心者寡也。尝求其集，若云：'岁月掷人去，有志不获骋。'又有云：'猛志逸四海，骞翮思远翥。''荏苒岁月颓，此心稍已去。'其自乐田亩，乃卷怀不得已耳。士之出处，未易为世俗言也。"[1]其诗歌也并非"浑身静穆"，而是交织着"平淡"与"金刚怒目"两个方面。潘德舆有言："陶公诗虽天机和畅，静气流溢，而其中曲折激荡处，实有忧愤沉郁、不可一世之概，不独于易代之际奋欲图报，如《拟古》'枝条始欲茂，忽值山河改。本不植高原，今日复何悔'……即平居酬酢间，忧愤亦多矣，不为拈出，何以论其世、察其心乎？如'醒醉还相笑，发言各不领''是非苟相形，雷同共誉毁'……"[2]既有用世之心，

---

[1]（宋）黄彻《䂬溪诗话》，丁福保：《历代诗话续编》，中华书局2006年版，第387—388页。
[2]（清）潘德舆：《养一斋诗话》卷十，郭绍虞：《清诗话续编》第4册，上海古籍出版社1983年版，第2152页。

又有用世之途，然而陶渊明却最终选择了返归田园，究其原因，大抵如朱熹之言："陶渊明说尽万千言语，说不要富贵，能忘贫贱，其实是大不能忘，他只是硬将这个抵拒将去。然使他做那世人之所为，他定不肯做，此其所以贤于人也。"①面对"风俗淫僻，耻尚失所"②的世风和"毁誉乱于善恶之实，情愿奔于货欲之途。选者为人择官，官者为身择利"③的官场，陶渊明"像一位'一生爱好是天然'的千金小姐，强逼着去倚门卖笑，那种惨耻悲痛，真是深刻入骨"④，故陶渊明最终压制了自己的"猛志"，选择回到田园作为疗伤的场所，用以医治自己在官场中所受的心灵创伤，同时也在田园的平淡中努力压制着自己"有志不获骋"的失意之悲。

明代文人在官场失意之时，常效仿陶渊明回归田园的方式，回归园林，以园林作为自己的私人空间，在园林中医治从外界的公共空间那里遭受到的心灵创伤。如秦耀因朝政失意，罢官回乡，为了消解胸中块垒，重修家族园林"凤谷山庄"，并取王羲之"取欢仁智乐，寄畅山水阴""三春启群品，寄畅在所因"之义，将此园更名为"寄畅园"，"园成，日涉其中，婆娑泉石，啸傲烟霞，弃轩冕，卧松云，趣园丁抱瓮，童子治棋局酒枪而已"，以此消解"为谗人所螫，中岁解官"的苦闷。秦耀有《寄畅园二十咏》，分咏"寄畅园"景色，其九《卧云堂》："白云已出岫，

---

① （宋）黎靖德编，王星贤点校：《朱子语类》卷三十四《论语十六·述而篇·子谓颜渊曰章》，中华书局1986年版，第874页。
②③ （唐）房玄龄等撰：《晋书帝纪第五》，中华书局1974年版，第135、136页。
④ 梁启超：《梁启超学术论著：文学卷》，华东师范大学出版社1998年版，第271页。

复此还山谷。幽人卧其间，常抱白云宿"，其十六《含贞斋》：
"盘桓抚孤松，千载怀渊明。岁寒挺高节，吾自含吾贞"①，均出自
陶渊明《归去来兮辞》，秦耀实际上是借写陶渊明来写自己，以
自己的园林比附陶渊明的田园，进而消解自己官场失意的痛苦。

  还有些文人，虽怀抱积极进取之志，却因为各种原因，和
陶渊明一样"有志不获骋"，故而对他们来说，园林就是另一
种彰显和实现人生意义的场所，通过对园林的营建施展自己的
才能，在园林中读书著述，消磨岁月，同时以文人雅士身份的
获得，补偿无法出仕为官的遗憾。如陈继儒《园史序》中记载
的《园史》作者费无学，一生未曾出仕为官，"退而修园史以寄
傲，亦是悲已"。其所撰写的《园史》"言志类萧大圜，诫子类徐
勉。逍遥磅礴，文采隽逸。能写其中之味与方外之乐，即陆天
随之《幽居》，罗景纶之《鹤林》，皆未始有也"，费无学以史书
形式写园林，其内容又丰富多样似子书，艺术上文采隽逸类文
集，可以看出费无学旨在将仕途上的失意和无法通过出仕做官
而实现的人生价值追求，寄托于对园林资料的整理与历史的编
写。此时的园林，不仅仅作为物质实体而存在，还作为一个有
着独立文化价值的精神实体而存在，提供给失意士人一个疗伤
修养的心灵空间。

  在中国的传统文化中，园林因为其相对的封闭性和环境的
优美，一直被文人视作自己的私人领域。陶渊明五官三休，义

---

① 秦彬辑：《锡山秦氏诗钞》卷七，清光绪十六年（1890）刻本。

熙元年（405）在彭泽县令任上辞官，返归田园，后终身不复出仕。田园成了陶渊明后半生全部的活动场所，相较于在官场上受束缚的不自由状态，陶渊明可以在自己的田园里任性而为，或读书弹琴，或漫步西园，或种豆南山，或日涉成趣……陶渊明在田园中的活动，进一步加强了园林作为自得其乐的私人领域的属性。"陶渊明个性自由的主张是建立在两个相关的基础之上的：第一，他辞官回家，回到他自己的产业。在他自己的院墙内，自由自在。第二，他有理性上的自由，因为'富贵非吾愿'，所以他不再受到权贵之人的控制。"[1]这种放纵不羁、潇洒自如的个性表现，在苏轼那里得到积极的响应，明代文人也经常以陶渊明为行为的典范和参照，在园林中比附陶渊明而行。如王世贞《弇山园记》中所记载：

> 吾自纳郧节，即栖托于此。晨起，承初阳，听醒鸟。晚宿，弄夕照，听倦鸟。或蹑短屐，或呼小舠，相知过从，不迓不送。清酒时进，钓溪腴以佐之；黄粱欲熟，摘野鲜以导之。平头小奴，枕簟后随，我醉欲眠，客可且去。此吾居园之乐也。

王世贞在"弇山园"中的活动恰似对陶渊明的比附，"或蹑短屐，或呼小舠"，好似陶渊明在《归去来兮辞》中的"或命巾

---

[1] 包华石：《中国园林中的政治几何学》，吴欣主编：《山水之境：中国文化中的风景园林》，生活·读书·新知三联书店2015年版，第126页。

● 钱选《扶醉图》（大都会艺术博物馆藏）

车，或棹孤舟"；"我醉欲眠，客可且去"直接出自陶渊明的典故，《宋书·陶潜传》："贵贱造之者，有酒辄设，潜若先醉，便语客：'我欲醉眠，卿可去。'其真率如此。"其中"承初阳，听醒鸟。晚宿，弄夕照，听倦鸟"很容易就让我们想到"众鸟欣有托""山气日夕佳，飞鸟相与还"等句；"清酒时进，钓溪腴以佐之；黄粱欲熟，摘野鲜以导之"则一派田园气息。

此外，在园林中吟咏诵读陶渊明的诗句也是明人常做的事情。如《艾园志游》所记载："兰渠子日抱膝于此，偶伊吾兴至，书喜骚，诗喜靖节，金石之声琅然振响"；又祁彪佳"常咏陶靖节诗：'欢然酌春酒，摘我园中蔬'"。这些文人在园林中吟咏诵诗，本就是个人乐趣的展现，而选择陶渊明的诗歌，不仅反映了陶渊明诗文在后世的广泛传播程度和经典性地位，还展现了明人对陶渊明精神的认同与接受。

明代江南园林对陶渊明隐逸形象的重塑

陶渊明生于乱世,南北割裂,战乱连天,其隐居避乱符合儒家思想;且隐逸为陶渊明其时的时代风尚,如谢灵运在始宁墅隐居,支遁买山隐居,和陶渊明并为"浔阳三隐"的周续之、刘遗民均入庐山隐居。因此,陶渊明隐居于田园的行为并不存在任何的合法性危机,反而是一种道德优越性的表现。此后每逢易代,士人多效仿陶渊明进行隐居,此时士人避世于园林就具有了一种道德层面上坚贞守节的含义。但在天下承平时期,士人以园林作为私人空间和"中隐"的场所,本质上仍然是将园林视为一个与官场、出仕、积极有为相对立的空间,象征着对士人责任的推卸和对天下苍生的淡漠,园林在某种程度上具有道德层面的非法性。尤其是明代,随着造园之风大兴,文人对园林的痴癖更甚于唐宋时期,甚至出现了为了常住于园林而辞官的做法,更使得园林陷入了道德层面的困境。为了对园林的道德困境进行开脱,为园林以及文人的爱园、建园、恋园行为寻求合法性,明代文人开始对园林的隐逸属性进行了从时代特征再到行为特征两方面的更改,使明代江南园林呈现出了不一样的特色。

在明代文人的笔下,隐居由乱世的不得已之举变为盛世才能获得的机会。徐有贞在《先春堂记》中有言:

> 地以人而胜,人以时而乐,是故山水虽佳,而居无能

赏之人，过之而弗睨，睨之而弗爱，则地固不得以自胜。人能赏矣，而生无可乐之时，饥寒之切身，忧患之萦心，则登山临水，且悴然有恻怆之情，抑乌能自乐哉？

在下文中徐有贞又一一列举了隐居必备的几个前提条件："湖山之胜""太平之时""文儒之绪""田园""琴书"以及"安闲之志"。其中"太平之时"为最主要和根本的前提条件，因为和"视彼叔世之民，抢攘于风尘之际者"相比，生活于太平盛世的人方能有条件体会到自然之美和隐居的乐趣，所以在这里隐居反而成了盛世的象征，如此就化解了隐居对现实政治的反抗姿态，代之以友好的同构关系。

无独有偶，张凤翼在《乐志园记》中以主客问答的方式，提出了对园林的过分喜爱以及士人的社会责任之间的矛盾问题：

客有问者曰："子志存五岳，学在先忧，'平泉'草木之戒，'午桥'松岭之悲，莫不嗤为大惑，有异达观。今沾沾一园之乐也，将无泉石膏肓乎哉？"予曰："唯唯，否否。……今天下承平累叶，四裔宾贡，扶杖之老，不识鼓鼙，而庙堂禁疏网阔，万物熙然，夜行无醉尉之诃，狂吟绝诗案之狱，其去云林、仲瑛，何可以道里计？是吾侪所际，千百年未有之一日也。此而不乐，谁当乐者？"

在这里，同样是强调归隐于园林是盛世的产物，并向前推一步,认为在园林中逍遥行乐,不仅仅是盛世才有的幸运,更是为了与盛世相匹配而必然有的活动,显示出园林对盛世的成就作用。刘定之在《游梁氏园记》中同样有此认知:"于是吾侪得以息朝署之迹,摅林野之兴焉。俯仰古今,感慨多矣。可以自幸夫圣明之不易遭也。"

由此,在明代文人的努力下,园林从陶渊明那里继承而来的隐逸属性逐渐开拓了自己的时代范围,不单单是乱世的逃避场所,还可以成为盛世的享乐空间,由此消解了园林的隐逸属性与盛世的时代属性之间的矛盾,获得了政治上的正当性。在陶渊明那里,田园作为官场的绝对反面而存在,仕与隐是完全不同、泾渭分明的两条道路。对此,后世文人白居易已经以"中隐"的方式进行调和,唐宋文人修建园林作为文人士大夫的私人空间和仕隐之间的缓冲地带,由陶渊明的仕隐两分逐渐发展为仕隐合一。明人在园林建造和规划中,接受了唐宋文人士大夫开辟的园林的私人空间属性,对陶渊明仕隐两分的园林观念进行了扬弃和超越。如祁彪佳《越中园亭记》:

> 陶石梁先生,以文成嫡派,究明心性之学,三刀才梦,挂冠长往,自称小柴桑老人,恐渊明无此精诣也。园在"陶堰"府第中,小轩曲沼,人比拟尧夫之"安乐窝"。

在这里,赐曲园所要追寻的是北宋理学家邵雍在洛阳的"安乐窝",而非陶渊明的"田园",由此即可看出明代文人面对两种园林传统的有意识选择。

  明人不仅以仕隐合一的观念看待自己的园林，并将这种观念反映到园林的形制建构中，如亭台楼阁的命名：乐志园中"文昌阁"与"且憩亭"的相对；又如楹联的书写中隐含仕隐的融合，"柱联榜云：'王好支颐，遥对西山，挹朝来之爽气；何须荐手，仰瞻北阙，承日下之恩光。'此陈子凤昔志也"；又如江元祚的横山草堂，隐居室于山水之内，隐藏草堂于居室之内的三重空间，"盖欲以可进可退之身，寄之山林、城市者也，故两营焉"。

  在对园居生活正当性的建构中，明代士人接受了宋儒重"义功"而轻"事功"的观念。所谓"事功"，即指进入官场，建立物质性的功业，如参与国家顶层政治的建设，推动国家的经济、军事、文化制度变革；又如沙场征战，保家卫国。所谓"义功"，即指在道德上拥有突出的表现，获得人格上的典范意义，并以言传身教的方式影响他人，进而影响社会。"事功"与"义功"表现不同，但改变世界的旨向是一致的，他们都根源于儒家的"内圣外王"之道。秦汉至唐代的中国政治多强调"事功"，故而多实践家和政治家，强调得君行道，走儒家的"外王"之路。宋朝是中国政治由强调"事功"转向强调"义功"的重要阶段，宋代政治由得君行道转向觉民行道，走儒家的"内圣"之路。具体来说，宋代中国政治的转向表现在二程、张载、朱熹、陆九渊等人均以追求道德而非参与政治作为学问的第一追求，走学术下行路线，以"新民"取代"亲民"，通过开设书院、讲述道德义理、强调修身功夫的方式培养人才，意图形成一个"道德→新民→政治"的链条，以改造人的方式改造世界。宋人的"义功"路线将个人道德的优劣与社会政治的兴衰结合在一起，故宋人格外看重在日常生活中言行举止，认为每时每刻个人德行的展现与性情的涵养，都会影响到身边之人，进而逐渐影响到现实社会。故宋人将在园林中的私人活动也视作修身养德，进而参与现实政治的方式，因此，宋人的园林则通过对"义功"的参与具有了出世的属性和积极进取、承担儒家士大夫责任的功能。如曾巩在《清心亭记》中感悟到的人生政治哲学："虚其心者，极乎精微，所以入神也。斋其心者，由乎中庸，所以致用也。然则君子之欲修其身，治其国家天下者，可知矣。"① 又如司马光在独乐园进行的修身功夫，邵雍在安乐窝进行的心性涵养……② 均是宋人将园林与"义功"联系起来的产物。

  明人继承了宋人的园林观念，一方面将致仕归园林的做法解释为不慕荣华富贵的先王之义，赋予其道德上的优越性，所谓"亦有战胜而肥，为余不知者乎"是也。另一方面，明人直接赋予园林内活动以道德层面的优越性。李维桢的《松石园记》，表面上是在记载松石园，实际上是以园林作为主人活动的一个场所，旨在表达园主陈正甫的高尚的道德。李维桢首先写

---

① （宋）曾巩著，陈杏珍、晁继周点校：《曾巩集》卷十八，中华书局1984年版，第296页。
② 对于司马光独乐园与邵雍安乐窝的不同特质，参见杨晓山：《私人领域的变形：唐宋诗歌中的园林与玩好》，江苏人民出版社2009年版，第181—206页。

园林具有文化功能与道德功能，"或取适于花草禽鱼，或取胜于泉石湖山，或取景于烟雨风月，或取事于耕钓樵牧，或以睦宗戚，或以训子孙，或以集朋友，或以叩禅宗"；接着，又写园主陈正甫与其弟之间兄友弟恭的道德，并认为这种道德具有由"私义"转为"公义"，最终产生"义功"的趋势，即"正甫孝友之政，于是乎在。扩而充之，以领天下国家，为世名臣，不亦宜乎"；最后又写园主人陈正甫在苕霅做官时，"携种布园中，属善造者造之，补陆鸿渐所未有"，为一邑百姓谋求福利。值得注意的是，作为公共福利的茶树，其栽培和种植又在园主的私人园林里进行，故又将"事功"与园林结合了起来，使得园林同时具有"义功"和"事功"的两重功用，进一步将作为隐逸场所的园林与现实功业，通过园主人的个人品德联系了起来，以主人言行的崇高消解了园林在政治上的非法性。

明代江南园林园主身份的变迁：从"贫士"到"雅士"

相对于支遁买山而隐的高人之隐，谢灵运修建庄园、带着奴仆的贵族之隐，陶渊明的隐居则是走向田园、箪瓢屡空的贫士之隐。"陶渊明的园林不是刻意经营的产物，它平凡至极，自然至极，但美至极，趣至极，韵至极。若可一言而蔽之，则曰平淡自然。……读陶诗中描写的园林景致，花药、方宅、草屋、榆柳、桃李、松竹、清荫、穷巷、荆扉、南风、松菊、庭柯……一如江南常见的农家风物，无不平淡自然，找不到有意营造的痕迹。"[1]通过对先贤贫困的吟咏和先师"忧道不忧贫"的言说，陶渊明使得"贫士"成为一种值得称颂的身份，经济上的困窘逐渐与道德上的高洁联系在一起，成为人格优越性的象征。随着明代经济的发展以及造园风气的兴盛，建设一个园林所需要投入的成本也逐渐增多，如王世贞的弇山园、郑元勋的影园、邹迪光的愚公谷……均叠山治水，壮丽非常。而那些资金不够充裕却仍有建园意愿的文人，就会想方设法为自己园林不够精致进行回护。一方面，园主继承了陶渊明将"贫"与"德"结合起来的说法，同样强调园林的简朴与主人德行之间的关系，但区别于陶渊明认为"守节"会带来"贫穷"的看法，明代园林主人则更加强调以主人的德行进行贫穷的弥补。如高启在《绿水园杂咏序》中强调的"惟寅虽穷居隐约，而能以诗书世其业，笃于孝友，其清德雅操，固可以蔑视勔矣"，以园林主人的言行上的优越性，超越朱勔营建艮岳的精美豪奢。

范景文是崇祯年间的名臣，一生刚正不阿、忠心报国，在崇祯十七年（1644）三月十九日，李自成军队攻入京城时自投双塔井而死，谥号"文忠"。范景文为官清廉，在任东阁大学士，在门上张贴"不受嘱，不受馈"六字以明心迹，被称为"二不公""二不尚书"。范景文为人如此清廉，其衍园也是崇尚清俭的典型。《衍园小记》云：

---

[1] 龚斌：《中国士人园林文化的不朽经典——略论陶渊明园林的文化意义及其影响》，《云梦学刊》2020年第1期。

衎者，喜也，信也。《诗》曰"嘉宾式燕以衎"，志信则喜起，志屈而信，则亦喜亦起，所志惟先忧后乐之事，所居无内宁外惧之忧，如此乎其喜且信也，衎莫过焉。何舒"蔬圃"，广汉"北山"，摩诘之"辋川"廿景，少陵之独树空庭，他如"喜雨""醉翁""雪堂""研山"，岂必尽崇构盛饰哉？余往昔家居为"且园"，石脚松根，草略布置，聊乐我云。频年留滞周南，饮冰餐檗，兹园正如三径旧识，清俭素风，雅与野性相宜，萍踪偶寄，援笔识之，亦昔人旅宿洒扫之意云尔。

范景文以心怀天下忧乐的家国情怀作为自己的志向，并以此命名园林，使园林具有在道德层面上的优越性，以"清俭素风"超越"崇构盛饰"。

另一方面，明代文人又采取了"以雅化贫"的解决措施，通过宣扬园林品位的雅致和园主情趣的高雅，尽量淡化和弥补园林建设背后的经济因素，将财富的多寡问题转化为情趣的雅俗问题，以天然胜人工的审美评价化解园林简朴、不够精致雕琢的困境。

虽其宏壮侈丽不逮前，而山林之观，争出于睥睨之上下者如故也。（王世贞《复清容轩记》）

石季伦之金谷新声，李赞皇之平泉花木，莫不殚智力、竭神巧、縻金钱、淹岁月而后成；顾不如幼元此墅不雕不

斫，自然灵境之为饶也。(王穉登《兰墅记》)

避暑斋中，北窗尽启，平畴远风，绿畦如浪，似觞以咏，忘其为简陋，而转觉浑朴之可亲，遂使画栋雕甍，俱为削色。(祁彪佳《寓山注》)

意匠世授，楚畹氏因家焉，读易拥书，或鸡鸣树巅，犬吠云中，意更不自侈，曰：此亦园也。(谈迁《亦园记》)

诸材求之蜀楚，石求之洞庭、武康、英、灵璧，卉木求之百粤、日南、安石、交州，鸟求之陇若闽广，而吾园固无一也。然至于旦而旭，夕而月，风于春，雪于冬，诸甲第名圃所不能独擅而长秘，而吾得窃其余。(王世贞《求志园记》)

上述的复清容轩、兰墅、志归斋、亦园、求志园均强调自然风光胜于人工雕琢，园林主人活动的高雅胜过园林建造的豪奢，对主人的雅趣进行强调与推许。

对园林天然的追求，不仅仅是那些较为简朴的园林加以标榜的方式，富庶如邹迪光，同样强调园林的天然性和建园是主人风雅情趣的体现。故其在《愚公谷乘》中言："夫山水成于天者也，屋宇成于人者也……构造之事不独以财，亦小以智……是吾园本于天而亦成于人者也。"可以看出，明代文人对雅士形象的认同，在园林建设和文学呈现中，看重自己作为一个雅士的形象塑造。

此外，明代造园之风的兴盛，还影响到了一批寒素文人，他们的经济实力使得他们连一个简朴的园林建设都无法负担，故为满足自己拥有一座园林的心愿，他们采取了以在纸上写、在笔上画的虚构方式满足他们的园林癖。在《乌有园记》中，刘士龙自名其园为"乌有园"，认为历史中的实存之园，终将归于乌有，成为颓垣断瓦；而自己的笔下之园，却可以"以久其传""无可为有"。此外，自己的笔上之园，"景生情中，象悬笔底""结构无穷"，相较于实存之园的"张设有限"更胜一筹。更重要的是，笔上作园，"不伤财，不劳力，而享用具足，固最便于食贫者矣"。曹淑娟认为："《乌有园记》正是透过语文的形式转述着园林主人对园林主权的模拟及想望，更由于免除政治、经济、劳作的条件限制，主人可以随意之所之，驰骋于神思无垠的天地，所谓'实创则张设有限，虚构则结构无穷，此吾园之所以胜也'，当他借由言词极力铺陈园林丰美，同时也轻易地将园林的边界无限外拓，终而模糊消淡，借以满足无穷的欲望。"[1]较为精确地描述了刘士龙的心态。又，王思任尽观天下名园而无力造园，在其《名园咏序》中，他以画园的方式对遗憾进行消解："余力不能园，而园之意已备，上自云烟，下及圊溷，皆有成竹于胸中矣，特未及解衣泼墨耳。"从文人无力造园而以文字、绘画造园的这一现象，我们一方面可以看到明代文人对于园林的喜爱；另一方面，以这种文人的方式造园，进一步将园林与雅士联结在一起，成为一种身份的象征，更进一

---

[1] 曹淑娟：《小有、吾有与乌有——明人园记中的有无论述》，《台大中文学报》2004年第20期。

步淡化了园林的经济属性和道德属性，代之以文化层面的风雅属性。

  随着经济中心的南移与商品经济的发展，江南地区在明代得到了极大的开发，物质文明与精神文明都得到了极大的发展，形成了极具特色的江南文化。明代的江南文化既是对千年以来中国传统文化的继承，又增添了地域和朝代的特色，在中国文化史上独具一格。作为综合性建筑的江南园林，是江南地区物质文化与精神文化的双重载体，其在建造时一方面继承了魏晋以来以陶渊明的"桃花源"为代表的园林建造方式与精神内涵，另一方面则对陶园的隐逸传统及贫寒属性进行了改写，代之以仕隐合一的自由状态与风雅属性。从江南园林对传统"桃花源"思想的继承和改造出发，我们得以管窥明代江南地区独特的文化状态与文人精神。

华东师范大学中文系副教授
韩立平

江南尺牍书法：乱世、杂帖与深情

一

只见张三丰走了一会，仰视庭除，忽然伸出右手，在空中一笔一画地写起字来。张三丰文武兼资，吟诗写字，弟子们司空见惯，也不以为异。张翠山顺着他手指的笔画瞧去，原来写的是"丧乱"两字，连写了几遍，跟着又写"荼毒"两字。张翠山心中一动："师父是在空临《丧乱帖》。"他外号叫作"银钩铁划"，原是因他左手使烂银虎头钩、右手使镔铁判官笔而起，他自得了这外号后，深恐名不副实，为文士所笑，于是潜心学书，真草隶篆，一一遍习。这时师父指书的笔致无垂不收，无往不复，正是王羲之《丧乱帖》的笔意。这《丧乱帖》张翠山两年前也曾临过，虽觉其用笔纵逸，清刚峭拔，总觉不及《兰亭诗序帖》《十七帖》各帖的庄严肃穆，气象万千，这时他在柱后见师父以手指临空连书"羲之顿首：丧乱之极，先墓再离荼毒，追惟酷甚"这十八个字，一笔一画之中充满了拂郁悲愤之气，登时领悟了王羲之当年书写这《丧乱帖》时的心情。王羲之是东晋时人，其时中原板荡，沦于异族，王谢高门，南下避寇，于丧乱之余，先人坟墓惨遭毒手，自是说不出满腔伤痛，这股深沉的心情，尽数隐藏在《丧乱帖》中。

（《倚天屠龙记》第四章"字作丧乱意彷徨"）

谈王羲之的《丧乱帖》，先摘引了一段金庸先生著名武侠小说中的演绎，是想表明：中国传统文化经典往往具有极强的浸润性、渗透力，它仿佛炼乳和蜂蜜，能够很好地融化在后世的通俗文艺、民间艺术之水中，增添后者的滋味。

《丧乱帖》是王羲之的"杂帖"之一。作为江南"帖学"的开山祖师，王羲之留存后世的法帖主要可分为两大类：一类是如《兰亭序》《乐毅论》《黄庭经》《东方朔画赞》等有具体篇名的书法作品；另一类则没有具体名称，内容庞杂，篇幅短小，以书札尺牍为主，唐人将其称之为"杂帖"。唐武平一《徐氏法书记》载："太宗于右军之书，特留睿赏"，"《兰亭》《乐毅》尤闻宝重……及太宗晏驾,本入玄宫。至高宗,又敕冯承素、诸葛贞拓《乐毅论》及杂帖数本,赐长孙无忌等六人"。所谓"杂帖",其实是王羲之等人的日常化、私人化书写,是亲友间的往来书札,并不是公开化的写作,书写者并不存在要创作文学作品的意识,也没有流传后世的期许,正如宋人欧阳修所言:"其事率皆吊哀候病、叙暌离、通讯问,施于家人朋友之间,不过数行而已。盖其初非用意,而逸笔余兴,淋漓挥洒,或妍或丑,百态横生,披卷发函,烂然在目,使人骤见惊绝。徐而视之,其意态愈无穷尽,故使后世得之以为奇玩,而想见其人也。"(欧阳修《集古录·晋王献之法帖》)

这些杂帖,正如我们现今每天在微信中发的留言、简讯、问候,一般情况下是属于"速朽"的。但由于书写者非同寻常,这些杂乱的书迹被南朝以来的"二王"崇拜者搜罗庋藏。梁武帝酷爱二王书法:"天监中,敕朱异、徐僧权、唐怀允、姚怀珍、沈炽文析而装之,更加题检,二王书大凡七十八帙,七百六十七卷,并珊瑚轴织成带,金题玉躞。"其后虽经战火,至唐贞观年间,二王杂帖数量仍然巨大:"右军书大凡二千二百九十纸,装为十三帙,一百二十八卷。真书五十纸,一帙八纸,随本长短为度;行书二百四十纸,四帙四十卷,四尺为度;草书二千纸,八帙八十卷,以一丈二尺为度。并金缕杂宝装轴织成帙。"(张怀瓘《二王等书录》)纸无千年寿,唐朝的真迹,在后代逐渐烟消云散了。时至今日,我们几乎找不到一件王羲之的真迹。乾隆皇帝"三希堂"中视若至宝的"三

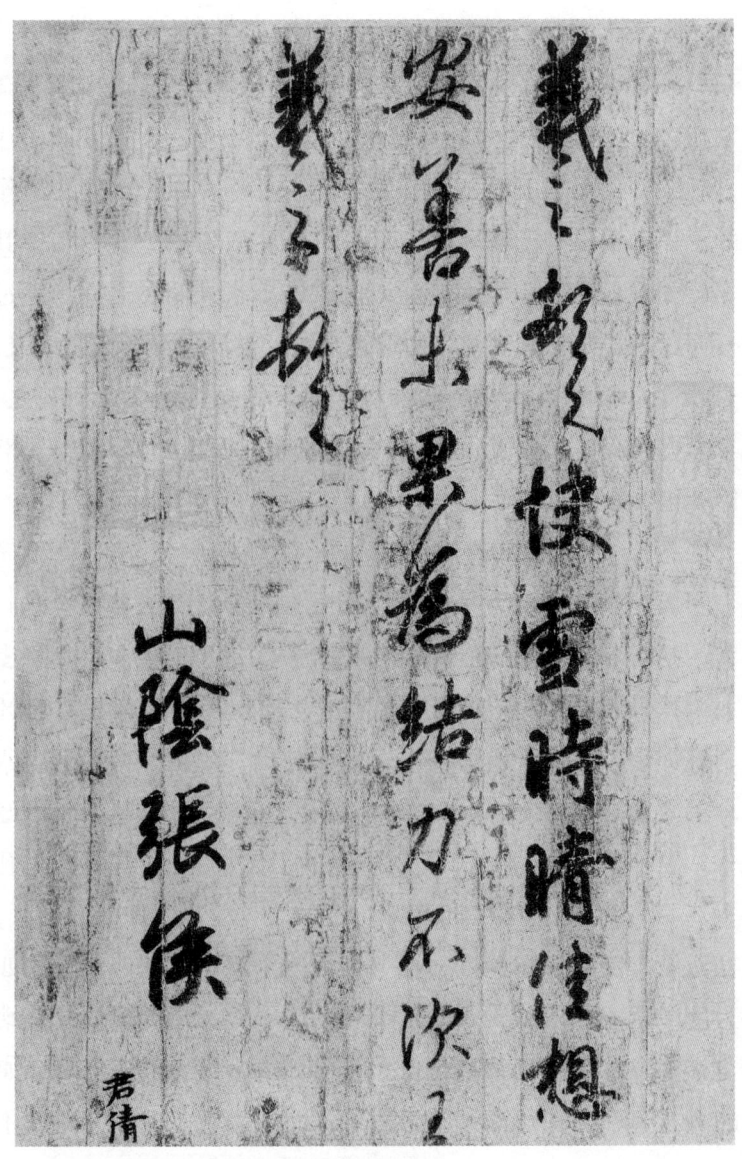

● 王羲之《快雪时晴帖》(台北故宫博物院藏)

希",其实就是三件"杂帖":王羲之《快雪时晴帖》,王献之《中秋帖》,王珣《伯远帖》。三希之中仅《伯远帖》是真迹,二王的两件尺牍,皆是摹本。

历史发展不以人类意志为转移,有时候实在太出乎我们的意料了。杂帖的"不朽",原本是由于书法墨迹,而非文本自身。可如今,墨迹本身已经朽了,烟消云散,反而杂帖的文本自身却"不朽"了。杂帖文本内容被后人著录在各种文献中,目前收录较为完备的,是清代严可均所辑《全晋文》。《全晋文》"王羲之"部分特别设立了一个文类,就叫"杂帖",从卷廿三至卷廿六,足足有四卷的尺牍短札,数量极多。可以说,中国历史上从未有一个人的"短信",受到王羲之这样的礼遇,能不朽地传之后世。

二

伴随晋室东渡,书法史上著名的"衣带过江"这一标志性事件,揭开了江南帖学的帷幕,二王帖学从此主导了中国古代文人书法的演进。

王羲之四世孙王僧虔,对这段往事的追忆是:"亡高祖丞相(王)导,亦甚有楷法,以师钟、卫。好爱无厌,丧乱狼狈,犹以钟繇《尚书宣示帖》藏衣带中,过江。后在右军处。右军借王敬仁。敬仁死,其母见修平生所爱,遂以入棺。"(张彦远《法书要录》)王修死后,《宣示表》殉葬入棺,我们现在还能见

江南大义 287

到传为王羲之的临本。王羲之临本《宣示表》摹刻本甚多，如《淳化阁帖》《大观帖》《停云馆帖》《玉烟堂帖》等丛帖多有收入。传王羲之临本《宣示表》，保留钟繇的某些特点，稍掺以己意，这种变化与江南文化审美趣味不无关系。

海派名家沈曾植《海日楼题跋》较早对帖学的"江南性"予以关注，他认为二王书法变革乃由于江南风气使然，强调吴地文化对书风的构建作用，"大令改右军简劲为纵逸，亦应江南风气而为之"，"王氏之同化于吴久矣"。清代以降，帖学出现颓势，阮元、包世臣、康有为等大力提倡碑学，尊碑抑帖，尊北抑南。近现代海派书法则重新回归了"南派"帖学并使之重获生机。"南"与"北"不单纯是艺术风格层面的问题，还关乎中国书学的正统。《中庸》："宽柔以教，不报无道，南方之强也，君子居之；衽金革，死而不厌，北方之强也，强者居之。"朱熹《四书集注》："南方风气柔弱，故以含忍之力胜人为强，君子之道也。"江南之学也有一种北方所缺少的的潇洒不拘，《庄子·天运》载孔子往见老聃，"孔子行年五十有一而不闻道，乃南之沛见老聃"，老子说："子来乎？吾闻子，北方之贤者也。子亦得道乎？"江南水乡的柔美，江南人性格的宽和，江南的吴侬软语，江南饮食的精细……凡此皆与毛笔的柔软圆润、宣纸的绵韧光洁，与文人书法的"游于艺"具有内在的同一性。北方碑版的刀刻、石块、风霜、剥蚀，固然能带来别样的雄强苍劲之美，可供书法借鉴取资，但终究不能代替帖学正统。近现代海派书法回溯江南帖学，走以帖为本、以碑济帖、碑帖结合之路，是对传统江南文化的认同，是对传统文人书法的承宗继轨，是在续一种中国文化的正脉。

三

尺牍，一尺左右之木简。尺的长度，最初以拇指与中指近一手之长为一尺，《大戴礼记·王言》所谓"布手知尺"是也。谢庄《月赋》："抽毫进牍，以命仲宣。"《文选》李善注："牍，书板也。""书于竹片谓之简，书于木片谓之牍，书于绢绸谓之帖，书于布帛谓之素。"尺简、尺素、尺翰、尺鲤等，皆为书信之别名。

书信作为文体，《尚书》中已出现，姚鼐说："书之为体，始于周公之告君奭"，指的是《尚书·君奭》。刘勰《文心雕龙·书记》最早对书信的文学性作了探讨："观史迁之《报任安》……志气盘桓，各含殊采，并杼轴乎尺素，抑扬乎寸心"，"详总书体，本在尽言，言以散郁陶，托风采，故宜条畅以任气，优柔以怿怀，文明从容，亦心声之献酬也"。"心声"是书写文学最重要的特点。

晋室东渡，南北文化隔绝，尺牍书写在南方出现了一些新变化。颜之推《颜氏家训》发现了这些特点。其《杂艺》云："真草书迹，微须留意，江南谚云：'尺牍书疏，千里面目也。'承晋宋余俗，相与事之，故无顿狼狈者。"卢文昭释曰："若不能作书，即狼狈。"可见，南朝文人已经视尺牍写作为基本素养，不善写书信被视为一种狼狈状态。南朝文人中善尺牍者，往往为世所称道，如：

与朱龄石并便尺牍。(《宋书·刘穆之传》)
尺牍便敏。(《臧质传》)
闲尺牍。(《梁书·徐勉传》)
尤工尺牍。(《邵陵王纶传》)
善尺牍。(《陈书·蔡景历传》)

《颜氏家训·风操》还发现南方尺牍在称呼用语上的变化："昔者，王侯自称孤、寡、不穀，自兹以降，虽孔子圣师，与门人言皆称名也。后虽有臣仆之称，行者盖亦寡焉。江南轻重，各有谓号，具诸《书仪》；北人多称名者，乃古之遗风，吾善其称名焉。"颜之推具有复古情怀，因此较认可北方的传统称呼方式。南方尺牍往来，称呼用语极为复杂，在《书仪》这类书籍中有具体的规定。《隋书·经籍志》著录谢元撰《四外书仪》四卷，蔡超撰《书仪》三卷，王宏撰十卷等。现存最早的《书仪》是北宋司马光所撰，共十卷。书信交往用语的复杂化，也反映了南方尺牍文化的繁荣，尺牍在文人日常生活中的运用极为广泛。

四

尺牍原本难以进入中国古典文学之林，因为它是一种最

"轻"的文字。它太过随意了，有话则长，无话则短。它太过"掐头去尾"，没有厚重的背景，甚至连收信人是谁都不知道。它太过"鸡毛蒜皮"，包含着一些可有可无的嘘寒问暖，一些谁也躲不开的病痛。然而，尺牍有一种其他文学体裁无法胜过的特点：真。

清人孔尚任将尺牍视为"诗余"："人但知词为诗之余，而不知尺牍亦诗之余也。"周作人在《五老小简》一文中，将尺牍之美与晚清以来桐城派文章针锋相对："尺牍向来不列入文章之内，虽然，'书'是在内，所以一个人的尺牍常比'书'要写得好，因为这是随意抒写，不加造作，也没有畴范，一切都是自然流露。……桐城派的人说做古文忌用尺牍语，却不知尺牍也正忌做古文，因为二者正是针锋相对地不同。"周作人提倡性灵文字，受晚明以来小品文影响较深，而尺牍也正可以归入小品文。周作人的观点，延续了清人袁枚的看法："随园先生尝谓尺牍者，古文之唾余。今之人或以尺牍为古文，误也。盖古文体最严洁，一切绮语、谐语、排偶语、词赋语、理学语、佛老语、考据注疏、寒暄酬应，俱不可一字犯其笔端，若尺牍则信手任心，谑浪笑傲，无所不可。"（洪锡豫《小仓山房尺牍序》）

民国学者陈柱在《中国散文史》特列"帖学家之散文"一种，云："吾国美术，莫高于书法。而自古以书法兼文章名者，于周秦莫如李斯，于汉莫如蔡邕，于汉以后莫如王羲之，然李、蔡之书存于石刻，凡石刻之文，必为极矜意之作，与三代钟鼎之文正复相类；作者、书者、刻者无不极人工之巧而为之也。

帖学则不然，书者随意写之，作者随意出之，原不期人之刻之也；故其字与文一任天而行，极自然之致，与钟鼎石刻之文学家适极端相反。吾既爱人工之巧，而尤爱天然之妙也。"

不过，后人对尺牍之美的论述有一种后视性。存在即是合理，首先因为二王尺牍历经千年留传下来了，然后它们才有被认识到"任天而行"的可能性。流传不朽的过程中，文字的重要性实已退居其次，更关键的是书法之美。假设南朝以来没有对书法艺术的自觉，假设南朝文人没有对二王书法的普遍好尚，则这些"任天而行"的文字是否能见诸后世，就要打一个问号了。

五

据学者研究，二王尺牍杂帖中，存在几百个中古汉语时期的新词，例如"哀摧""悲恻""比者""不次""驰企""摧剥""乏劣""感切""羸乏""披对""衰朽""痛惋""叹怅"……它们此前从未在先秦以来的"经典"中出现，此后，它们也很少活跃在所谓的"古文"中。它们是魏晋人日常交流的"私语"，它们最多、最集中展现了魏晋人的"深情"。而我们后世所谓的"唐宋古文"经典概念，因其所关乎的"儒道""温柔敦厚"要求，其实是具有极强遮蔽性的，并不能充分而全面体现古代文学、古代汉语以及古人的性情。

尺牍杂帖之语，一旦进入后世的文学书写，便极具人生的深情。这里，我们举一个关于"寒食"的例子。

南宋孝宗淳熙十三年春（1186），陆放翁在临安西园写下一首绝句，《饮张功父园戏题扇上》："寒食清明数日中，西园春事又匆匆。梅花自避新桃李，不为高楼一笛风。"陆放翁的"数日间"，看似平常语，实是有一个重要典故在内。原典为《天气殊未佳帖》（也称《寒食帖》）：

> 天气殊未佳，汝定成行否？寒食只数日间，得且住，为佳耳。

这只是一通短短的尺牍，却成为中国文学的经典，功劳要归于宋人。宋人的"点铁成金、夺胎换骨"，不仅是一种艺术技巧上的追求创新，其中更隐含着对传统的估量与反思。前人所谓的经典，自有可能夹杂平庸乃至粗劣；前人所忽略的边角料，自有可再利用再创造的价值。传统的窘突逼仄之处，在在潜隐着文化生命的幽光，等待后世有心人的提撕开拓、阐扬振宣。与陆游同时代的辛稼轩，在其《霜天晓角·旅兴》也有一番点化：

> 吴头楚尾，一棹人千里，休说旧愁新恨，长亭树，今如此。　宦游吾倦矣，玉人留我醉。明日落花寒食，得且住，为佳耳。

江南大义　293

此阕词淳熙五年（1178）离江西豫章时作，稼轩被朝廷召为大理少卿。

明焦竑《焦氏笔乘》续集卷五"用晋人语入声律"条，对杂帖尺牍用语融入诗词之妙有细致论析，也以辛稼轩这首词为例：

> 晋人语一入声律，无不精妙。右军帖云："奉橘三百枚，霜未降，未可多得。"韦苏州用之为诗："怜君卧病思新橘，试摘才酸亦未黄。书后欲题三百颗，洞庭须待满林霜。"浑化无迹如自作语耳。一帖："寒食近，得且住，为佳耳。"辛幼安《玉蝴蝶》词："试听呵，寒食近也，且住为佳。"又《霜天晓角》："明日落花寒食，得且住，为佳耳。"凡两用之，当是绝爱其语。

《天气殊未佳帖》的作者，也有学者认为是唐人颜真卿，因颜真卿文集中收入此段文字。钱锺书先生即持此一观点，其《谈艺录》引宋张侃《张氏拙轩集》卷五："辛待制《霜天晓角》词云云，用颜鲁公《寒食帖》：天气殊未佳，汝定成行否？寒食只数日间，得且住，为佳耳。"《钱锺书手稿集》第六三六则亦云："邓注（指邓广铭《稼轩词编年笺注》）'晋人帖'云云，妄甚。此颜鲁公帖也……真卿此帖收入《全唐文》卷三百三十七。"除了钱先生所引《张氏拙轩集》外，尚有多则宋代文献材料，可证明颜真卿确实写过《寒食帖》，如黄庭坚《题

苏轼《寒食帖》（台北故宫博物院藏）

欧阳佃夫所收东坡大字卷尾》说苏轼尝为其临"鲁公《祭兄濠州刺史》及《侄季明文》《论鱼军容坐次书》《乞脯》《天气殊未佳帖》",米芾《书史》云:"'天气殊未佳',颜鲁公帖,绿枣花绫,是唐人勾填,圈深墨浅。"然而,笔者仍觉得不能排除《天气殊未佳帖》为晋人所作的可能性,颜真卿也可能只是临写"二王"杂帖,临写的内容被后人收入文集,而其实颜真卿并非原创。笔者之所以持此观点,只因《天气殊未佳帖》的口吻、语气、用词,太具有晋宋人的风味了。我们试将它与王羲之、王献之的杂帖尺牍相放在一起:

  天气殊未佳,汝定成行否?寒食只数日间,得且住,为佳耳。(《天气殊未佳帖》)
  快雪时晴,佳想安善,未果为结,力不次。(《快雪时晴帖》)
  想小大悉佳,蔡家宾至,君情感益深。(《宾至帖》)
  小佳,更致问一一,适修载书平安。(《小佳帖》)
  得示知足下犹未佳,耿耿吾亦劣劣。明日出乃行,不欲触雾故也。(《得示帖》)
  鸭头丸,故不佳,明当必集,当与君相见。(《鸭头丸帖》)
  新妇服地黄汤来,似减,眠食尚未佳,忧悬不去心。(《地黄汤帖》)

"佳"字似乎是晋人书帖的专利,是他们的口头禅,以"佳"与"未佳"来评价判断外在的一切,显示了晋人的脱略潇洒,而其背后则是一种对主体生命的尊重,通透着道家的葆生精神。正因为"未佳",所以"忧悬不去心",所以"明当必集",所以"得且住为佳耳",一种人生苦短、紧握当下的焦虑与深情,似乎不是颜真卿那个时代所能产生的。

战乱与病痛,脆弱而飘飞的纸张,零杂文字,深情眷恋……二王杂帖尺牍的"江南性",是北方碑派书法所不具备的。千载而下,我们一面用毛笔临写二王杂帖,一面品读尺牍文字,体验到的,正是牟宗三先生在《关于文化与中国文化》中所说的"生命与生命之照面":"古人以真实生命来表现,我以真实生命来契合,则一切是活的,是亲切的,是不隔的。古人文化生命之精彩、成就,与夫缺陷病痛,都是我自己真实生命之分上事。"

江南古镇旧曾谙

上海体育大学副教授
郎　净

正当春日，江南的核心地带，翠绿的杭嘉湖平原上，沟河交错，水港相通。太湖如镜，运河如练。绸缪如网的春水边，点缀着许多美好的古镇。酒旗迎风、市肆如织，千百船只穿越万家烟火。这是一片中国最美好的土地，也是一片中国人最心驰神往的土地。

说到江南古镇，可以先分开来说一下其中的两个关键词："江南"与"市镇"。

首先是江南，"江南好，风景旧曾谙"，这么美好的地方，到底指的是哪一个区域？其实对于"江南"的界定，每个时期都不太一样。我们主要聚焦于明清，来看一看江南的范围。周振鹤先生在《释江南》中对江南核心区域有一个界定，主要指长江下游南岸的太湖及其周边地区，包括明清时期的苏州、松江、常州、嘉兴、湖州五府与太仓直隶州的全部，以及镇江府的大部和杭州府的余杭、海宁县，以杭嘉湖平原为中心。①江南之重中之重即杭嘉湖平原，所以，我们所说的江南古镇，主要是集中在杭嘉湖平原一带。

接下来说说什么是市镇。市是由农村交换剩余产品而形成的不定期集市演变而来的，后来慢慢固定拥有常住居民和店铺，而镇是在市的基础上发展起来，比市更高一级、介于城乡间的商业中心。②所以，江南的古镇，都是重要的商业中心。中国集市的大规模发展是在明中叶以后，之后几经波折，最迟到清代乾隆至道光年间，全国大多数省区已经陆续形成一个运作自如的农村集市网，形成全国性商品流通网络体系。③而明清，正是江南市镇蓬勃发展的时期。在明代的长江三角洲，到处是如珍珠般散落的市镇，而这些珍珠，是被如网的水系连缀在一起的。

"小桥流水人家"，"春水碧于天，画船听雨眠"，说起江南古镇，很多人会生起如诗如画般的联想，确实，江南古镇最打动人心的是水、市、桥、人家，这些关键词贯联起对于江南古镇的讲述。

---

① 参见周振鹤：《释江南》，《中华文史论丛》第四十九辑，上海古籍出版社1992年版。
② 参见樊树志：《明代浙江市镇分布与结构》，《历史地理》第五辑，上海人民出版社1897年版，第185页。
③ 参见樊树志：《江南市镇：传统的变革》，复旦大学出版社2005年版，第86页。

江南的水

江南是柔婉的、优美的,她具备的是水一般的气质。

李伯重先生对江南八府一州的水系有过一个整体的勾勒:

> 这八府一州在地理上还有一个极为重要的特点,即同属一个水系——太湖水系,因而在自然与经济方面,内部联系极为紧密。
>
> 太湖水系,古有三江五湖之称。实际上,严格地说,应当是一河二溪三江五湖。一河,即江南运河,北起镇江,南抵杭州,纵贯江南平原中心地域,是京杭大运河的南段。二溪,即太湖水系的上流和水源,在西北是荆溪,西南是苕溪。……荆溪、苕溪两水系,把太湖西部的宁、镇、常、湖、杭五府,与东部苏、松、嘉三府联系了起来。……一般都认为三江是介于长江与钱塘江之间、位于太湖东面的入海河流。这些河流情况变化很大,到明代中叶以后,只有黄浦江成为太湖东部的主要河流和太湖水出海的主干。当然,中小河流仍然很多,形成著名的江南平原水网,把太湖以东苏、松、嘉三府紧密地联系在一起。……太湖上纳二溪之水,下通三江出海,形成了太湖水系的中心。太湖水系的主要河流,都是东西流向。但江南运河则纵贯南北,将东流各河连贯起来,使江南水网更为完备。另外,应天(江宁)府的大部分地区本不属于太湖水系,但通过人工开

挖的胥溪，亦与江南水网相接。……说明这八府一州确实是一个由太湖水系紧密联系着的整体。①

所以，笔者有一个美好的遐想，现在的我们可以开辟出江南水系游历的路线，打通分布于杭嘉湖平原的各个古镇。游历的路线，其主体应为太湖和京杭大运河，利用运河水道，利用已有的航线，将杭州、苏州、嘉兴、湖州之游历沟通起来，连接各个古镇，设计多种水路游历路线。另外，对江南之水，应该做一个全方位的了解。不仅有李伯重先生提及的一河二溪三江五湖的主脉络，江南之水，还应该包括遍布各地的河、湖、潭、溪、泉、井、池、沟，由水系衍伸的湿地地貌，也应该一并纳入江南之水系地图，我们知道杭州有著名的西溪湿地，其实还有位于湖州的下渚湖湿地，以及位于塘栖的丁山湖湿地，都是很好的湿地地貌，它们都是和附近的古镇遥相呼应的，例如丁山湖是挨着塘栖镇的，而下渚湖湿地则靠近新市镇。这样，民众的游历，就不会只限于一两个镇的选择；民众心目中的江南，因水而连成了整体；而江南的文化气质，也因各种形态的水而展示出来。

江南的市

我们沿着水路，可以经行哪些市镇呢？这就是我要说的第

---

① 李伯重：《多视角看江南经济史》，生活·读书·新知三联书店 2003 年版，第 448—453 页。

二个关键词"市"。

其实,我们现在旅游的一些热点古镇,例如"周庄""西塘",未必是明清江南时期最热闹繁华的市镇。江南市镇到清中后期大约有 1293 个,我们如果按照人口进行界定,可以把江南市镇分为如下等级:1. 人口超万户;2. 人口在千户以上;3. 人口规模只有十几户至数十户。其中明清时期居民超万户的镇主要分布在苏州(包括太仓州)、松江、杭州、嘉兴、湖州等府:其中有盛泽镇、震泽镇、罗店镇、朱泾镇、法华镇、濮院镇、王店镇、王江泾镇、南浔镇、乌青镇、菱湖镇、双林镇、新市镇、新塍镇、唯亭镇、硖石镇、长安镇、塘栖镇等。[1] 其中例如乌青镇、南浔镇是当下江南旅游的热点,塘栖镇也是旅游的后起之秀,但是其他古镇对现代热爱古镇游的人来说,好像就有点面生了。回到我们之前说的什么是市镇,大家大概会有些明白了,真正的江南古镇是重要的商业聚落,而且具有特定的专业功能,是在经济方面发挥着重大作用的,而不仅仅是景色优美、休闲娱乐之处。

学界关于专业化市镇,已经有很深入的研究。刘石吉、樊树志等学者都提出了自己的思路,认为江南市镇兼具一般性商业聚落和特定专业市镇的特点。刘石吉认为江南市镇分为丝业、丝织业、棉业、棉织业、米业等专业市镇;而樊树志先生更是将江南之专业化市镇细化,认为江南市镇中数量最多的是丝绸

---

[1] 陈国灿:《江南农村城市化历史研究》,中国社会科学出版社 2004 年版,第 187—189 页。

业、棉布业、粮食业市镇，除此之外还有盐业市镇、榨油业市镇、笔业市镇、冶业市镇、窑业市镇、渔业市镇、编织业市镇、竹木山货业市镇、刺绣业市镇、烟叶业市镇、制车业市镇、造船业市镇、海业市镇等。①

应该来说，每个古镇都兼具上述的一些经济格局，并各有特色，例如丝业市镇以南浔镇、乌青镇、菱湖镇、震泽镇为代表；绸业市镇以濮院镇、盛泽镇、双林镇、王江泾镇为代表；棉业市镇以新泾镇、鹤王市、七宝镇为代表。布业市镇以南翔镇、罗店镇、朱家角镇、鹤王市、七宝镇为代表；粮食业市镇可以枫桥市、平望镇、长安镇、临平镇、硖石镇为代表。②

所以，长久以来，江南古镇承载的是重要的经济功能。很多游客可能并不知道，在明清，江南的生丝、丝绸、棉布等通过全球化贸易流向世界各地，中国一直处于贸易顺差的地位，通过丝银环流，大量白银流入中国。江南市镇的早期工业化，尤其是在丝织、棉纺织行业中达到的水平，领先于工业革命前的欧洲，江南丝织业的工艺水平也领先于欧洲。③ 这是不是很让人骄傲的事情啊？

沿着水路，我们不仅能邂逅古镇的经济格局，也能看到它的建筑格局。每个去古镇游玩的人，可能都会发现古镇的核心地带总是沿着水延伸的，水边一般会是廊檐建筑，靠河的是酒肆商店，里面是人家。沿河望去，是绵延不尽的桥。

---

①② 樊树志：《江南市镇：传统的变革》，复旦大学出版社2005年版，第203—214页。
③ 邹振环：《明清江南史研究的全球史意义》，《历史研究》2020年第4期。

确实，江南古镇的建筑格局就是这样，它们一般有三类：一河二街型市镇、丁字型市镇、十字港型市镇。小型市镇一般是一河二街，中大型市镇一般是丁字形甚至是十字港型市镇。

说到市镇的建筑格局和桥，我们以杭州市临平区的塘栖古镇为例，塘栖镇位于杭嘉湖平原南部，就在京杭大运河主干道边，是京杭大运河申遗中的重点古镇。大运河在镇中心和市河相交，也就形成了丁字形市镇。运河北岸是水北大街，南岸诸街，以及市河两岸东市街、西市街，有桥梁相连，构成塘栖最为繁华的商业区。运河南面街道为主要商业区，正因为临河大抵是廊檐建筑，所以有一句俗语叫作"塘栖街上落雨，淋（轮）不着"。还有一个有意思的概括"过街楼、美人靠、风火墙、囤煞房"。过街楼指的就是廊檐建筑，其街道大多有重檐（廊檐），可以遮蔽风雨，下面是长廊走道，上面是过街楼。走道边是临河的美人靠（米床），美人靠是一种下设条凳，上连靠栏的建筑构件。行路人累了，大可以坐下，在美人靠上看看水、看看桥、看看过往的船只。当然，塘栖是重要的米粮业市镇，明清时候米粮从湖广江淮通过长江、运河南下，会经过塘栖，运往杭州；附近所产的米粮也会到此集散，地方政府在塘栖建仓储粮，镇上也开满了米粮店。所以优美的美人靠另有一俗称，叫作"米床"，运粮船只停靠河边，会在美人靠上暂时搬卸粮食，美人靠也就摇身一变，变成米床了。从美人靠与米床的有趣变身，我们也可以发现江南就是这么一个雅俗共赏、雅俗兼备的地方。

至于风火墙，江南古镇一般是高墙窄巷小弄堂，以徽派建筑为主。塘栖镇的房屋是纵深型的，外面一般是商肆，看不出端倪。深宅大院建于店铺之后，进去以后才发现别有洞天，一般都有若干"进"，每进有各自墙门、厅房、正房、退堂。东西侧为厢房，厅屋前后为天井。有些深宅还建有僻弄，每进都有侧门与之相通。建筑之内会有弄，建筑与建筑之间更有悠长的弄堂。所以也被称为园煞房。无数人家就隐于这里弄之间。而走出弄堂，就能看见美人靠和河，看见河面的桥。塘栖甚至号称有"七十二条半弄堂，三十六爿半桥"。

每条弄堂，都有自己的名字"郁家弄、沈家弄、太史第弄、油车弄、水沟弄、张百步弄、酱园弄、梅家土斗弄、印刷厂弄……"加上这些名字，每一条弄堂就和人家、和过往的故事联系在一起。说到弄堂，塘栖镇比较窄的弄堂仅仅只有0.8米，比较宽的有将近3米；比较短的只有50米，比较长的有100多米。可见人家与建筑的规模高下了。所以，当走在幽深的弄堂里面，前面有女子撑一把油纸伞，弄堂光线有明有暗，影影绰绰，隐约勾勒出远处女子走路的娉婷形态，就会让人生出无限的遐想。而无数江南的大家族与江南美好的闺秀，也都隐于这样的弄堂之中。所以，待在江南古镇里，会觉得所有的人家和弄堂都是深深远远繁繁复复的，似乎要引人往更为幽深繁复的过往岁月中去。

江南的桥

接下来说说桥。每座江南的桥都不仅只是风景，其实它们是沟通水、沟通人家、沟通岁月的江南之血脉，它们自身，也都是一个长长久久的故事。

一般人心目中，想到江南的桥，都是"小桥流水"，其实江南市镇有规模非常大的桥，主要也是因为它们跨越的河面较宽，需要沟通的地域也较为重要。现存京杭运河上唯一一座七孔长桥是通济桥、一名广济长桥，碧天长桥。它就位于前面我们提到过的塘栖镇。这座桥一定会颠覆你对江南古镇"桥"的想象。因为它全长有83米，宽大约6.1米，高13米，两端有169个台阶，中间最大的石拱跨度为15.6米。南北各有三个对应的石拱，跨度分别为11.8米、8米、5.4米。是不是很有规模？它的地理位置也非常重要，在明清时一桥沟通两府。水北属湖州府德清县，水南为杭州府仁和县。这座桥是明代建造的，游客一定会惊叹，明代时竟然能造出这么气势恢宏的七孔长桥！

碧天长桥是沟通湖州、杭州的血脉，不论其在经济交往方面发挥的作用，单论其建造和维护的过程，就是一个让人感动的故事。最早的桥，不知何时修成，早就已经倾圮，而两岸民众苦于交通，也已经很久了，大家都盼望着桥能造起来，但是造桥是太大的一笔费用，普通的百姓根本无法筹得。就有一个鄞县来的商人叫作陈守清，发愿造桥。他削发为僧，奔走四方募金。后来他直走长安，曳数丈银铛，高呼燕市。他募金造桥的声音甚至惊动了深宫。于是太皇周后和明武宗都遣官赐钱。大小臣工,也都捐了钱。陈守清一边募钱,一边将钱邮至杭州,等他回归的时候,桥已经造好了。《塘栖镇志》中这是多么传奇的故事啊,虽然有人考证下来认为此事存疑,但我们能相信的是,江南的任何一座桥能修建成功,后面一定有感人的故事、有不懈的坚持者。这座桥造好对塘栖镇的后来发展有着非同寻常的影响,光绪年间的《塘栖镇志》一语以概之:"河开矣,桥筑矣,市聚矣……"

其实桥造好了并非万事大吉,还需要后人不断的维护。到了嘉靖庚寅年间广济桥裂,这个时候就有塘栖吕氏家族的吕一素捐金修桥,丁酉年复修;万历癸未年、天启丁卯年、康熙乙巳年……代复一代,塘栖人都自觉地护桥修桥。吕一素对他的两个儿子说过这么一段话:"镇之有桥,吾先君尚翁尝两助其役,今须更治,度费四百金,吾借成业力可办也,若辈其相予必继先德。"这是一段感人的叮嘱,吕一素的父亲吕尚曾经两次帮助修桥,现在是吕一素来修桥,而以后他的两个儿子也需要继承这种传统。所以塘栖卓氏家族的卓天寅也曾说过:"第思自嘉靖迄今百有余年,趋事维勤,鸠工如赴。吾里之人,轻利急公,始终如一日。"确实,江南的每一座桥,为过往的人们带来了便利,但也需要代代人的轻利急公,才能维护好。现在塘栖镇的古建筑大多都在岁月中陆续拆除,而碧天长桥却一直在,它成为江南最美的风景,成为时光最好的见证。

江南古镇这样的见证真是太多了,大大小小的桥数也数不清。周庄镇清代有三十多座桥，乌青镇明代就有七十多座，而塘栖镇则素以"三十六爿半"桥著称。桥的形态也各个不一，有梁桥（一些梁桥带有廊屋）、拱桥、浮桥、索桥等。而江南古镇以石拱桥居多，石拱又有圆弧形、半圆形、抛物线形、悬链线形，江南一带的石拱桥大多采用奇数多孔形式。[1]而不同形态的桥，又构成了不同的审美风格。例如位于苏州的甪直古镇，有一座明代的"东美桥"，是全环形桥洞的石拱桥。没有风的时候，桥体与倒影构成一轮圆月，美轮美奂。而每座桥都会有每座桥的美好，所以桥成为风景的重要部分，也成为诗词吟咏的对象。

江南的人家

"小桥流水人家"，说完"水""市""桥"，最后想说一下关键词"人家"。赋予江南气质与精神的无疑是代复一代的江南人。关于人家，最想说的是江南古镇的家族、园林及民俗。

明清江南不仅是中国经济的重心，也是文化的重心。潘光旦先生曾经得出这样的结论："太湖的四围、长江以南，钱塘江以北，即以前苏、松、常、太、杭、嘉、湖六府一直隶州之地，整个的原是一个人才的自然地域。"[2]明清江南主要家族正是集

---

[1] 童校青、邓超、陈斌：《江浙地区古桥的分类体系构建与应用》，《科技经济导刊》2020年第28期。
[2] 徐茂明：《明清江南家族史研究之回顾与展望》，王家范主编：《明清江南史研究三十年1978—2008》，上海古籍出版社2010年版，第369页。

中于环太湖的六府一州的，明清江南的世家大族主要是商贾巨族、官宦世家和文化世家。著名的有湖州的沈氏、杭州的洪氏、丁氏，海宁的查氏、陈氏、苏州的沈氏、申氏，太仓的王氏等。江南的世家大族很多都是分布在江南古镇之中的，所以如果去古镇旅游，一定会邂逅这些家族的宅第、听说这些家族的故事。

很多人应该都去过湖州的南浔古镇，去过的人，有没有听说过刘镛家族呢？南浔在晚清是以丝商著称的，有所谓"四象"（财产在一千万两银子以上者）、"八牛"（财产在八百万两银子以上者）、七十二只黄金狗（财产在三百万两银子以上者），而刘墉家族则为"四象"之首。他本人是学徒出身，但后来却暴富发迹。他发财之后，用大量的家财进行捐纳、助饷，进行政治投资，后来他终于加到四品官衔，成为真正的"绅商"了，而他的四个儿子，人称南浔镇刘氏"四大金刚"，其中次子刘锦藻成就最高。一方面，他继续家族生丝的出口贸易、经营扬州的盐业、上海的典当和房地产业，在武汉、长沙、南京、杭州、湖州等地投资电力、茶叶、船运、铁路等实业；另一方面，他在学术方面也颇有成就，完成了《皇朝续文献通考》三百六十卷的编辑工作，后来陆续增订为四百卷，另外还撰有《南浔备志》《南浔刘氏支谱》《坚匏盦集》等。刘氏家族的后人在当代也颇多贤俊，各方面人才都有。[①]

说起江南古镇的家族，可以说的实在太多了，除了商业奇

---

① 吴仁安：《明清江南著姓望族史》，上海人民出版社2009年版，第533—534页。

才、政治家，这些家族里还走出了太多的文学家、历史学家、藏书家。每一个江南古镇，都是一个人才荟萃的场域。最让人怦然心动的应该是江南古镇的文化世家。这些文化世家，秉持自己的家风，延续自己的家学，并构建自己的文学艺术群体。

　　位于杭州府与嘉兴府交界的海宁硖石镇，明清时有藏书之风。其中的蒋氏家族，就是藏书的世家。到了清代同光之际，蒋光煦更是积书至十万卷，他的藏书楼叫作别下斋。他的从弟蒋光堉，藏书楼名衍芳草堂，藏书亦至十万卷。他们并不仅仅是藏书家。蒋氏一族有著述者为蒋仁光、蒋光堉、蒋学勤、蒋学溥、蒋学培、蒋学烺、蒋学慈、蒋方骏、蒋佐尧。光蒋氏一族，就培养了如此多的人才。而且蒋氏颇多诗家，其传统始自蒋星柄、蒋星标、蒋星槎、蒋楷一代。蒋氏家族有息喧草堂，此处为招待过往文人的重要场所，留下很多唱和的作品。不仅是息喧草堂，蒋氏家族的馆舍一直是家庭与文士的雅集唱和场所。所以有人评价蒋氏家族名流辈出，可以与嘉兴梅里镇的朱彝尊家族和李复孙家族相比。而一家诗学的传衍，又融入一地诗学的流变之中，也造就了硖川的诗歌传统。[①]

　　硖石镇其实只是江南的一个小镇，就有这样的家族和文化传统，更不用说一些规模较大的古镇。江苏的同里镇是所有古镇中最有文化传统的，历来科举不绝、儒风不衰。宋代有进士5人，元代有进士2人、举人3人，明代有进士18人、举人46

---

① 徐雁平：《清代世家与文学传承》，生活·读书·新知三联书店2012年版，第114页。

● 周臣《闲看儿童捉柳花句意》(台北故宫博物院藏)

人,清代(嘉庆以前)有进士11人、举人31人。镇上有宋建状元坊,明建步蟾坊、进士坊、登科坊、毓贤坊、登云坊、侍御坊等。明清以来,人文荟萃,令人叹为观止。① 江苏的甪直镇也是如此,宋代有3名进士;明代有38名进士、78名举人;清代有9名进士、38名举人;黎里镇明代有进士10人、举人17人,清代有进士5人、举人36人。现代文学史上的革命家、文学家柳亚子,就是黎里人。所以漫步于古镇之中,你是否能闻到阵阵书香,感受到浓厚的人文气息呢?以后探访古镇还可以多一项深度的考察,就是去了解古镇上的家族故事和文化传统。正如清代王毂祥写的一首诗:"浙中今古多才彦,喜见名家有后人。温润襟怀同白玉,清修眉宇照青春。"江南的文化气质,正是由这代代的才彦铸就的。

  提及江南古镇之人、之家族,一定要说江南之私家园第了。每个江南古镇,都会有一个甚或几个让人赏心悦目的园第向公众开放,例如南翔镇的古漪园,同里镇的退思园、环翠山庄、耕乐堂,南浔镇的小莲庄,朱家角镇的课植园,周庄镇的沈厅,西塘镇的醉园、西园,乌镇的张同仁宅等。

  我们现在所见的古镇,好像一个镇上只有一至两个园第,实际上明清江南市镇的园第规模要大得多。巫仁恕有一个统计:"明清时期松江府法华镇私家园第较多,有29处;苏州府吴江县同里镇明代24处,清代10处;湖州府南浔镇明代25处,清

---

① 樊树志:《江南市镇:传统的变革》,复旦大学出版社2005年版,第516页。

代160处。"① 这个对比是否让人很震撼，原来明清的时候江南古镇上处处都是私家园第，也处处都是风景。

其实所谓园第，是第宅与园林两个概念。第宅是居住的场所，以建筑为主题；而园林，则是山、水、植物、建筑四个要素构成的有机的整体。而且是经过主人有意识的构建，所以光看园第之名以及园中各处题名，就能让人感受到园第主人想要表达的人生理想与审美理想。

我们如果全面把握江南古镇的园第，会发现所有的园第发展并非简单的建筑史，实为人事变动史。园第的发展直接维系着地方人事的变动及家族的发展。而主人与过客在园第之中的生活意象，也向我们展示了明清士人的生活及交游方式。明清的园第，通常会载入当地的方志之中，一方面是彰显园第自身，另一方面，主要是为了彰显人物。所以园第和家族、人事之间的关系是非常密切的。

我们以塘栖镇的东园为例，东园的变迁，就是塘栖家族此消彼长的历史。

东园为塘栖卓氏家族第七世卓明卿所建，中有大空楼、癖茶轩、梅花楼等胜景。明代塘栖园第之中心最初在吕水山之吕园，当时唐伯虎、仇十洲、祝枝山、文衡山、沈石田、王弇洲诸公，皆与吕水山唱和与吕园；卓明卿崛起之后，重心发生了转移，他的芳杜园、东园、崧斋，成为名士遨游之所，卓明卿

---

① 巫仁恕：《明清江南市镇志的园第书写与文化建构》，《全球化下明史研究之新视野论文集（二）》，第89页。

在他的园林中大会天下名士；至第九世卓明卿之孙卓回时，家道中落，卓回把东园卖给了邻居吴弘文。当时，卓人月、沈椒羽等都为此事赋诗，安慰卓回。

吴宏文本籍徽州，为督学使吴邦相犹子，他从杭州迁至塘栖，购茸了吴园。吴园主要兼并了两个园第：卓回之东园、沈巽吾之且适园。经过吴宏文的构茸有加，吴园成为一时之名胜。后来吴宏文宦游闽中，陨于任，子姓凋落，吴园遂荒废。至清代，吴园故址上建起栖溪讲舍。后来栖溪讲舍又改成"塘栖二中"，无论如何，那文化的氛围，还是一直在传承着的。

东园诸景，方志中有线索追踪的有两处：一为梅花楼，卓回提到此楼后来复回卓氏；一为大空楼，该旧址至清时被"一曲园"取代，易为他姓，"一曲园，即前明卓氏大空楼故址，北达市河，面临翠紫湖。为汪竹坡上舍课子处。有小于舟、容月轩诸胜。庭前古柏一株，数百年物也"。[1] 格局已经发生了彻底的改变，唯一依旧的可能只是庭前的那株古柏了。

而在《唐栖志》之人物栏，提到了清末的姚湘，姚氏家族是从余姚迁徙至塘栖的，至五世姚振麟时崛起，以卖药为业，终成清代塘栖巨族。在清末姚湘之小传中提及："尝购卓氏废圃为宗祠，园昔为张氏别业，传而归之卓，卓卒不能有，而宝田得之以为祠。"[2]

这段文字也为我们提供了卓氏园第的一些线索，读之令人

---

[1] （清）王同：《唐栖志》卷五，志遗迹。清光绪十六年（1890）刻本。
[2] （清）王同：《唐栖志》卷十二，志人物，耆旧下。清光绪十六年（1890）刻本。

感慨。

正如卓人月诗歌中所说的："且休问此径谁开，万古谁非过客哉？吾不必将吾室爱，后当复有后人哀。"①

所以一部园第史，也是一部家族兴衰史。而园第，并不仅仅属于园第主人，它是由主人、经行者、寓居者共同打造的。其实园第还有一个重要的功能，就是会客，园第是吟咏雅集的重要场所。上面说到的塘栖镇的芳杜洲，仅此一地点，就有专集出版，有无数过客经行题咏：稚登、皇甫汸、张士瀹、杜大中、黄姬水、周天球、袁士龙、袁尊尼、张凤翼、程大伦、陈芹、顾云龙、朱希儒、张文柱、吕霈、释大香、卓明卿、卓发之、沈朝焕、文徵明、沈昇、朱邦、吴九达、张献翼、沈廷训、周楥、范大超、邬佐卿、金梧、皇甫濂、朱麟、王绍曾、程大伦、卓宗懋、卓天寅、查慎行……而其曾经的主人卓明卿，不但招待四方来客，自己也是烟波一艇，到处结交访客。所以，江南古镇的人们其实是如水般流动的，他们借助水路、陆路，四处切磋拜访，江南的各个文化家族，也是在不断交流之中的。

有人曾说，江南的这些园第所展示的，是最高境界的文学与艺术。我们可以总结一下江南古镇园第内的生活方式：与书有关的，有读书、著书、藏书；日常生活中，又能欣赏园中各色景物：山水、动物、植物、晨昏变化、季候更替。此外还能饮酒、品茗、清谈、结社、诗歌酬唱、观剧、观歌舞、坐禅、

---

① （明）卓人月：《卓珂月先生全集》卷六,《读方水弟别东园诗诗以慰之》,明传经堂藏版。

诵经、弹琴、绘画、题写、弈棋、种植、钓鱼、寄居，凭吊等。

这样的生活方式非常写意、非常唯美，意味着人与自然的契合、人与艺术的邂逅，让后人无限向往。所以后来的凭吊者，纵使园第早已荒凉，也会反复在文本中渲染与想象当年的那种美好："群贤多逸兴，寄托在林泉。佳句堪留景，荒园遂此传。"

所以呈现在我们面前的江南古镇的园第，提供给我们无限遐想的空间，遐想之前的过客、遐想明清的文化家族、遐想传统的文学与艺术。当然，我们现在也能在一些古镇中感受到过往的场景，融入文学艺术的氛围中去，例如我们可以去朱家角镇的"课植园"看一场园林版的昆曲《牡丹亭》，也可以去乌镇参加一次戏剧节。

最后想说说与"人家"相关的民俗。中国是曾经的农业大国，所谓"一张一弛，文武之道"，国人传统的节日与节令，都是繁忙的农业生活中适时的放松。而一些重大的节日是全国共通的，我就不多说了，我们可以说说和江南古镇特质相关的民俗。

之前说到江南古镇很多为丝织业古镇，古镇和"蚕桑"相关的民俗活动不少。旧时余杭一代在养春蚕前，每家都要买泥猫放在灶台上；在蚕室的窗上，要用红纸剪猫形窗花贴上，对家养的猫看管得很好。猫的作用很重大，因为它可以吃老鼠、保护蚕宝宝。每年蚕农都要祭祀蚕神，蚕神又被称为马头娘、马面娘娘、蚕花娘娘等。清明节，蚕农到庙宇祭祀蚕神，自晨及暮，男女来往挤来挤去，谓之"轧蚕花"。到了农历十二月十二日，是蚕的生日。养蚕人家均备酒菜香烛祭祀蚕神，乞丐捧着"马面王菩萨"印单，唱"唱蚕花"民歌，到蚕房走一圈，主人一定要给他大米和年糕。这些和蚕桑有关的民俗都很有趣。祭祀蚕神的民俗在江南一带都很普及。东部沿海的海盐、海宁一带，还有"接蚕花"的仪式。

江南古镇也有与其特别的物产相关的民俗活动，例如塘栖盛产枇杷，到现在每年五月都会举行枇杷节。所以去江南古镇的时候，也不妨了解一下当地民众的日常生活和民俗活动，甚至可以参与到当地的民俗活动中去。

江南古镇可以说的太多了，最后以一段笔者写塘栖古镇的文字结尾吧：

运河水穿行于翠绿的杭嘉湖平原，至塘栖地界，顿入明亮境界：水面的阳光突然摇曳不定，抬头刹那，只见酒旗迎风、市肆如织，千百船只穿越万家烟火……

是啊，阳光下、清晨中是塘栖最好的时光：

那时候，所有的房屋散发出暖暖的气息，似乎构筑房屋的百年古木都仍旧在生长着，绿草穿越高宅大院的屋脊，在麟瓦之中随风蔓延；房屋与房屋之间，流动着"七十二条半"弄堂和数不清的河流，阳光在其间变幻身影，洒下一首首灵动的诗歌；河流与河流之间，是最具江南多情气质的"三十六爿半"小桥，渡熙熙攘攘人群，看船来船往；沿河的廊檐与美人靠亲切依人，把清亮的小河变成了内家风景。

那时候，离镇子不远的郊外交替盛开着大片的色彩，是江南特有的泼墨写意：冬日的十里香雪海，梅花卷漫天大雪斜飞怒绽；三月是遍地桑林，嫩叶如烟笼罩清风白日；到六月枇杷收获，万点金色跳动于墨绿的叶海之中；霜降后甘蔗清甜，成片紫色酝酿着秋日成熟的气息。

那时候，镇上的人们起早迎接新的一天与新的过客，皎洁的晨曦被万户机杼织入洁白的新丝；气势恢宏的船队穿梭在如虹的七孔碧天长桥；笑语声声盈满二十六家依水靠岸的茶店；糯米白酒的香味满溢出酒楼酒坊；而过往的客商未到杭州，先已醉矣！

华东师范大学出版社编辑
时润民

醉梦客句吴，风味足江南
——郑文焯的半生幕旅与江南情结

郑文焯（1856—1918），字叔问，号小坡、大鹤，亦别题瘦碧闇主、冷红词客，晚岁自署樵风逸民、樵风遗老，所为词先后成《瘦碧词》二卷、《冷红词》四卷、《比竹余音》四卷，自删定为《樵风乐府》九卷，朱孝臧为别刻《苕雅余集》。故交吴昌绶辑其生平著述，如《说文引群说故》《高丽永乐好太王碑释文纂考》《医故》《词源斠律》《绝妙好词校释》等，并其词集，合刊为《大鹤山房全集》。殁后，其婿戴正诚为撰《郑叔问先生年谱》，另从遗箧选刊《大鹤山人诗集》二卷。郑文焯与王鹏运、朱孝臧、况周颐被并称"晚清四大词人""清季四大家"，除了最负盛名的词与词学领域，其人之诗、书画、金石、医学等方面

江南大义 319

成就亦颇精深。他客游苏幕三十年，长达半生，可谓与江南有着长久的精神维系。

郑文焯本名文焯。清朝时，清廷会将一些对其有功的汉人，编入满族旗籍，使这些人及其后代享受贵族身份的待遇，无论是在科举、仕途，还是社会地位等方面，都具有很多优越的照顾，朝廷认为这是一种"恩典"政策。但汉人入旗籍，普遍就不再贯以原来的汉姓，且连后代的起名也不再用汉姓，带有一种表忠心的意味。郑氏的先祖在清初"从龙入关"（郑文焯子郑复培《先考小坡府君行述》），后世被编入并隶属于内务府旗籍。郑文焯父亲名瑛棨，但实则其真正的名字应为郑瑛棨，郑文焯一开始的情况也即如此，人称其为文焯、文叔问、文小坡。但后来他到了苏州后，从一代大儒俞樾治经，自然就视此背离儒家传统的"弃汉入满"为不当，是数典忘祖之举，所以产生了非常坚定想要恢复自己原来的汉族"郑"姓，并溯托家世为东汉大儒郑玄后裔的念头。其选择的方法，就是在中举后参加进士考试时请求"添姓"（"复姓"），但这却是并不容易的，其最终成功"复姓"应已经迟至1900—1904年之间。

郑文焯后来一直自署籍贯为"高密""北海"人氏，乃因自以其先世居山东高密县通德里，目自己为东汉大儒郑玄之后裔，然其原籍实为辽宁铁岭。龙榆生《清季四大词人》一文最先阐明"其自称高密郑氏者，文焯自诡托于康成之后也"，"诡托"之说，很可能乃龙氏听闻自其师朱孝臧。郑氏的先祖在清初"从龙入关"，至其父瑛棨总计十代人，一直以"奉天铁岭"

为籍贯。郑文焯自己在《大鹤山人诗集》中的《园居杂感再迭前韵简易实父同年（之一）》一诗中也曾透露出消息："樵风家世托儒门，一卧烟萝复旧痕。"其中"托"字首先有栖托、靠托、寄托、庇托等义，如陈寅恪先生所谓："夫士族之特点既在其门风之优美，不同于凡庶，而优美之门风实基于学业之因袭。"(《唐代政治史述论稿·中篇》)郑氏用"托"字之意指，盖欲彰显其优美门风与学风，对汉儒之风的承志继德及有远大之象，强调其安身立命之本，但今日观之自难免有"托籍"之嫌。

上述此诗的赠予对象是易顺鼎，易顺鼎父亲易佩绅与郑文焯父亲瑛棨（曾任陕西巡抚）一样都曾是巡抚一方的大吏，易顺鼎也雅好文翰，与郑文焯同为光绪元年（1875）举人，份属同年，二人早先都被视为甚有才华的贵公子，后又都多次应进士试而不中，以上这些均是郑文焯会将易顺鼎引为知交的原因。易佩绅1886年从四川布政使移任江苏布政使，郑文焯与易顺鼎就相聚苏州，当时郑氏的文学创作已开始有从诗转向词的倾向，而易氏诗才早已名动天下，填词也很有水平，才子气十足，两人除了经历上的相类，又多了翰墨之交的愉悦。1886—1887年，易顺鼎和其弟易顺豫及郑文焯、张祥龄、蒋文鸿等在苏共结词社，遍和南宋姜夔之词，易顺鼎作序说：

> 藩使署有西楼三楹，城堞缺处，可望灵岩、上方诸山，视城外沙鸟风帆，皆自眉睫间过。叔问所居小园，命之以"壶"，才可数弓，然有石，有池，有桥，有篱，有阑，有

梅、竹、桃、柳、棕榈、木樨、芙蓉,芳树杂华,有鱼,有鹤。数人者非啸于楼,即歌于园。蝶晚蝉初,花晚叶初,星晚露初,云晚月初,宾主杂坐,竹肉相娱。当是时,辄和白石词以为乐。或棹乌篷六挂,载酒出金阊门,泛山塘,登虎丘,凭吊既倦,相羊于烟水之间,扣舷而歌,歌已,洗盏更酌。吴中伧儿,浮吹鹢首,盛陈水嬉,日竞熏服之乐,以娈童佼女,为采旄桂旗,樗蒲六博,效牧猪奴所为。闻吾歌者,群相指而笑之。当是时,亦和白石词以为乐。不水而尘,则在暝夜,有月无月,燌火一把,或荒窜草间,或槁立枫下,且行且吹笛,至于市犬竞吠,而高吟未罢。当是时,亦和白石词以为乐。城西南有石湖,范顺阳别业在焉,而白石风流赏心之地也。当夫画船尽归,明镜初拭,渔歌互起,沙鸥不惊,山水空冥,而其人已往,诵其词,绎其志,揽其迹,思其人。……于是遥吟俯唱,发思古之幽情,低回留之而不能去。……

(《连句和白石词序》)

在如此风物优美的苏州,文人雅士相聚流连唱叹,这样互相知文、知人乃至知心的诚挚友情,其深刻性是不须质疑的。其中更有一些可以解码的地域情感线索,体现出了郑文焯的江南情结。且先从其科举生涯说起。

据郑文焯女婿戴正诚《郑叔问先生年谱》记载,郑文焯一生,在中举之后,先后共参加了九次之多的会试,分别在1877

年丁丑、1883年癸未、1886年丙戌、1889年己丑、1890年庚寅、1892年壬辰、1894年甲午、1895年乙未及1898年戊戌。其中庚寅和甲午两次为恩科，其余七次为正常的丑、辰、未、戌年的会试。除了1880年庚辰，郑氏因为须为其父瑛棨服丧（瑛棨1878年戊寅卒）而未参加当年会试，其他的年份，均进京赶考。尤其是瑛棨病逝后，家居困苦，诸兄弟都只能出外依人谋食，郑文焯也将考中进士的志愿南下带到游幕的苏州。可是残酷的现实却是这九次进京赶考均名落孙山。其实参幕本来应该是一个郑氏为有能力参加会试而选的权宜之途径，但谁知旅幕竟终成其半生之职业，而他每到年份即北上应试，落第后辄南归继续安为苏抚幕僚的生活也就此展开。

郑文焯是在1880年应江苏巡抚吴元炳之聘赴苏的，对于他从此开始的游幕生涯，身后为作传记的亲朋好友及仰慕者，极尽褒奖：

> 君生于京师，长于豪华，少从其父河南巡抚瑛棨宦游南北，……遍交当代耆旧、贵要、名士、通人。博文学，妙才华，好训诂考据，尤长金石、书画、医学，旁沉酣声色饮馔古器以自娱，而感激于国事，超淡于荣利，……游吴而家焉。先后巡抚十九人，慕其才名，延赞幕府，君乃徜徉湖山，著书作歌词以老于吴下。
>
> （康有为《清词人郑叔问先生墓表》）

会试屡荐不售，遂绝意进取。爱吴中山水幽胜，客居三十余年，历为抚吴使者上客，事必咨而后行。

（孙雄《高密郑叔问先生别传》）

山人荫席勋阶，膏沐图史，姿致轶俗，行能卓伍，该涉而能精，通方而多才，年登弱冠，声誉流闻。既遘巡抚公之丧，江苏抚军吴元炳以聘币，邀入幕府，遂乃卜居吴会，入掌书翰。

（金天羽《大鹤山人传》）

其中有浓重的揄扬之意，后又经叶德辉《大鹤山人遗书序》广为传播："乐吴中山水清嘉，三试都堂不利，厌京师尘溷，浮湛诸侯幕，以著述自娱。"假如光看这些溢美之言，似乎郑文焯幕客苏州还带有主观的潇洒意愿，可是实际上其游幕就是起因于生活所迫的缘故。戴正诚《年谱》中说得较明白："兰坡先生（瑛棨）在官三十年，去官十五年，家赤贫，匀贷无路，每事阻及节迫，往往使老妇驵携书画折阅，初未尝计及子姓。殁后，先生昆季皆有谋四方之志。"郑文焯诗集中《有会而作》一首的诗题小序也说："己卯冬十月将就食上谷，不果，岁云夕矣，慨然永怀。……"诗曰："补梅书屋四壁悬，饥无担食寒无毡。落魄藏名苦萧索，诗魔画癖常纠缠。……画能补窗诗补壁，外人道此不值一文钱。"可见当时的生活状况已经非常窘迫，且此前曾计划到上谷郡（今河北省张家口市）谋食，但未能成行。所以对于其游幕实情，还是其子郑复培《行述》说得最质朴："以家贫，诸先伯先后出京谋食四方，是年冬，吴公元炳方抚苏，闻先府君名，浼李公鸿藻、毛公昶熙聘至幕府。……每遇兴革大政,多所赞画。"贫无所依,才是郑氏游幕的根本原因,在物质基础面前,精神只能暂居第二。但郑氏的家世以及之前的经历和声誉,还是对其旅幕很有帮助,高拜石《古春风楼琐记》云:"那些历任巡抚,对他都很体贴,或赠以干修,或罗致入幕,……所以他南居三十余年,生活都过得很好。他长于词令,工于尺牍,善诙谐,又兼擅书画,精音律,且为故家子弟,那班巡抚们多和他有世谊,而他那一手又都是做高级幕宾的上好材料。"所以说,上引康有为等人追捧的那些郑氏在文艺各方面的不俗造诣,虽非其游幕的前提与内因,然却是其参幕且得到各任苏抚长期优礼的必备要素。

郑文焯南游苏幕,根本出发点固然是因为现实的生存问题,但在其精神上,早于中举之后、参幕之前,就已产生了对于北地生活的不满。首先最重要的一点,因其父在1863年陕西巡抚任上被革职,此后去官的十多年中,带着家人在北方辗转迁徙,为一个又一个可以养家糊口的小职而到处奔走周旋,郑氏随父漂泊而居无定所,内心滋生了极大的感慨,其《宦游》诗句云"笑杀人情纸半张",在多为名利钩心斗角的围绕京师政治中心的北方官场世界中,郑氏感到了倦怠与失望。如果说家境的窘困还只是经济与物质上的塞顿,那么世事非昨、人情如纸的社会就是对郑氏精神的折磨。父亲还在世时,一家仍能维持,但父亲过世后,再困守这样的生活,则既没有能力,也毫无意义了,唯一的途径只有弟兄各自外出谋食,各自去追寻能为他们生命与精神提供安顿和止泊的地方。于郑文焯而言,这个地

江南大义 325

方正是江南！仿佛是命运的安排，郑氏最初的选择是拟往保阳，即上谷郡，却最终未果，后始在1880年受时任江苏巡抚的吴元炳之聘南下苏州。这次成行，开启了其三十余年的江南之缘。

初至江南的郑氏，立刻被迥然不同于北地寒芜的精丽山水与富饶风物吸引，兼之对此前十余年北方徙转愁苦生涯的厌弃情绪，加速了他对江南地区的接纳，迅猛发展出了一种奇特的地缘情结，即似乎感觉自己与此地深具某种宿有的联系，对地方所有的一切甚感亲切而熟悉。从心理认知角度看，这是由于"江南"作为一个语词符号，通过历代诗文的氛围营造，早已在文人的内心建构起了一个形象化的立体纬度世界，使得即便之前从未身历江南之士，也在亲历其境时感觉并不陌生，而且相反地产生融合性的体认。而对郑氏来说，又有全不美好的北地生涯的灰暗影响，在这样正反双重、立体两面的对比情境下，其心绪在诗中迸发。其婿戴正诚特别在《年谱》中说："（1880年）秋，偕张宜人游武林，泛舟西湖，先生有诗云：袖底烟霞重拾起，担头风月与平分。"此诗郑氏诗集刻本未收录，见于稿本和抄本，戴氏只截取了其中的一联，实则诗中另有"南岭曾生北岭云""十年前是梦游人"两句具有重要意义——当时那欣喜若狂、惬意江南的郑文焯身影逐渐浮现在我们眼前。

又如果从大视野上关照，这还并非郑氏独具的情态，而俨然是当日一个文士群体的炽热心绪。从前所提及的1886年时郑文焯与易顺鼎、易顺豫、张祥龄、蒋文鸿等人共结词社于吴中一事看，共同吟诗赋词、讴歌江南山水之乐的这群当日徜徉适意的才士，易氏兄弟是湘人，张、蒋二人出蜀地，加上客居的郑氏，竟没有一个人的籍贯是源出江南本地地区，实在是一个极为有趣的现象。而且，他们完全不是以一个匆匆过客或游人的心态在结社吟咏，而真是把江南作为一个庇护心灵与身躯的安详港湾了。这样融洽无间的人与地的相亲，早已是深深存在并根植于他们的生命与情怀之中的。易顺鼎曾深刻地描述这种维系：

声声慢　与蒋次香夜话江南感赋

春雨飘灯，秋星拥被，难忘水上楼高。守着欢娱，思量怎到今朝。谁料筝篷酒醒，向蛮天、独听寒潮。才提起、这江南两字，已毂魂销。　闻说青溪月冷，便君家小妹，住也无聊。何况清游，偶然吹过红箫。一幅布帆摇曳，认分明、不是鸳桡。寻梦去，到垂杨、二十四桥。

（易顺鼎《丁戊之间行卷》中词作）

所谓才提江南、便已销魂，确乎是如世间相传为朱元璋题写江南的一副对联所言："佳水佳山佳风佳月，千秋佳地；痴声痴色痴梦痴情，几辈痴人。"如易氏这样的才子，应该是早已就对江南心生向往之情了，其曾另有《玉京谣》词道出心事，小序曰："君特昔谱此词，有客燕飘零之感。余则江关倦旅，万绪悲秋。按律寻声，凄怀殆相倍矣。"词中云："问今夜、听雨江南，有几个、飘零才子。还料理。秋词半箧，腻尘盈纸。"又谓:"肥绫写尽相思字。向人间、但感纨忏绮。"显然"凄怀"是假、"矫情"为真,易氏特为怨责才子飘零江南,实仍是眷顾此间"相思"风情之反语。他另曾在一篇词序中讲述了自己和蒋文鸿的江南缘分以及当日共结词社诸人的意气风发,特别阐扬了才士若不得遇则不妨投老江南的纯真之想:

> 当其时,友朋相得甚欢,意气方盛,以词为性命,……未几散去,胥疏江湖。余亦渐近中年,伤于哀乐,惟时时借妇人醇酒,空山冷水,以自写其抑郁无聊。踪迹阔疏,不相闻问矣。壬午秋,遇君于长沙,以游吴门词一帙示余。明年余游吴门,以君故也。比余至吴,君又他去。尝独行沧浪亭疏柳下,吟君词云:"五百名贤祠宇在,看诸山分把人才葬。"为之酸鼻,亦如君曩诵余词时。后四年,吾父藩苏,而君以同知需次江宁,乃得重聚于苏,与汉军郑小坡及君乡人张子馥,以词唱和十余日。既又相见于金陵,每暑夜,与君散步清游,立文德桥,呼瓜皮艇子,不招一客,不携一妓,余词中所谓"一船风露,六朝烟浪,坐个愁人两"者也。

(《故友蒋君词叙》)

在易氏看来,他们这五个结社吴中、歌风送月的"胥疏江湖"之人,"渐近中年,伤于哀乐",可以聊以慰藉的就只有"空山冷水,自写抑郁无聊"的诗词唱和了,虽或不免于"五百名贤祠宇在，看诸山分把人才葬"的不遇命运，但能于牢落中得赋"六朝风露"、不负天假之才，也算是苦中作乐、无奈之中的积极了。

正如郑文焯自己在词句中表达的，所谓"梦痕总被吴波染"（《踏莎行·重别次湘，和白石道人江上感梦之作》），是一个时代中一群人的精神寄托与情怀安顿，郑氏则不过其中未免的一员罢了。他甚为认同这种江南情结，有赠易顺豫词云：

满江红　和易叔由同白石韵

骚佩横秋，蓦欲倒、词海万澜。泠然想、满怀冰玉，镂刻神山。冷咏但呼冲雪舫，远游何羡切云冠。看一笺、吴锦织同心，歌赠环。　觞弦地，回首看。醉云北，梦烟南。算过江名士，二仲当关。老我壶中闲日月，只宜黄绮姓名瞒。待五湖、风笛唤寻盟，鱼鸟间。

其中画意的吴锦同心、日月都闲，其中诗情的过江名士、醉梦江南，都是郑文焯幕旅生活的真实快慰。

当然，在江南吴中参幕的岁月中，郑氏也时或萦缠故乡之思，兼之其还仍有长久的科考之意，所以北方的意象也经常与江南一起出现在其词作之中。这里面自然有些非常积郁的羁旅愁思，如下词：

兰陵王　江上逢北使寄书和清真

片帆直。春草连江自碧。吴亭外、飞絮乱鸦，冉冉离天可怜色。青山恋去国。应识。长安旧客。归鸿尽、回首暮云，一纸京书泪盈尺。　　经年尚萍迹。叹梦堕吟鞭，香冷歌席。残花残酒过寒食。看十里村杏，数行门柳，东风吟恨遍水驿。甚天限南北。　　幽恻。暗怀积。念帐镜尘空，廊展音寂。前游到处成愁极。但逝水光景，过风箫笛。沉沉孤馆，更夜尽、断漏滴。

又譬如："庾郎词赋江关老，白发青山梦北朝。"（《鹧鸪天》）"西上行鱼东下水，南来候雁北归人。梦飞碧海几回尘。"（《浣溪沙·沪江雨泊》）"南雪乍占檐鹊喜，北云争共渚鸿飞。经年好计不成归。"（《浣溪沙》）这是种不能尽免的"漫把南枝赠北人"（《卜算子》）的宽泛感慨。但"江南好春似锦"（《台城路·为吴子述题春眠听雨图》）的安逸闲适，总能一定程度上冲淡这情绪，抚慰泛起茫然的郑氏。

并且，郑氏客居江南也非只享受了山水风物及物质生活上的富裕，社会交游亦有远胜北方的人文胜处。在吴中这块地方，官吏对其是青睐有加、敬重延誉，士绅也喜和其常相过从、宴如上宾，这一方面的典型事迹不妨以"寿苏"为例。所谓"寿苏"，是当时吴中官员和文士圈中最为流行的一个每年固定的文化活动，即为宋代大文豪苏轼庆祝生日，苏东坡生于宋景祐三年（1037）农历十二月十九日，所以每到一年中的这个时日前后，苏州大小官员和名望士绅都爱摆宴以寿之，是一种文化与精神上的象征性纪念。苏轼一生虽并未在苏州为官，也没有定居,但其曾六次经过,并均留下了诗文作品,与苏州可谓有不解之缘。且苏轼作为文人心中最具传奇色彩和伟大成就的仰慕对象,在这群苏州官僚、文士看来,正是和江南地域匹配绝佳的"国士无双",又因其仕宦经历是不得重用而被南放,简直就是客居或退隐苏州的官宦和士子们的最佳心意代言人。郑氏在苏结识的一些忘年交基本都曾参与"寿苏",如潘曾玮、李鸿裔、彭翰孙、沈仲复、严永华等,并写下了不少纪事诗,虽然诗歌创作各人有各人的侧重点,但都是围绕着苏轼其人与生平而觅得了各自的精神认同。擅长通过各种文艺途径一表心迹的郑氏当然不会放过如此的大好抒发机会,他在甲申(1884)借寿苏之名而写的诗中甚至盛称这样的聚会是"此乐八百年来无"。在苏轼这样不遇于时却名动天下、身后备受推崇的前贤身上找寻到一种精神认同,即使自己再如何感慨生不逢辰、流落苏州,也显得微不足道了。在人情温润、文化昌明的江南胜地,他终得到了所需的安慰。

所以,当这些初来苏州时结交的前辈知己此后逐个去世,再无"寿苏"之会可与时,他自然会伤痛过情,因为这代表了一种精神与意趣之交游关系网的破碎,也是他江南情结之一端的遗失,其《冷红词》卷二有《水调歌头》词悼此:

水调歌头

往岁与中江李眉老尝集侨吴诸贤作东坡生日,在城东双塔院酾酒赋诗,极赓续之乐。壬辰冬重会于此,既念眉老下世已久,旧社知交零落殆尽,因和苏词徐州中秋之作。岁晚凄然,不能无西园之思也。

春梦薄于酒,一醉已千秋。为花起舞回雪,花下玉尊愁。却笑髯仙多事,赢得人闲香火,歌咏又苏州。旧会几人在,残稿落沧州。 弄腰笛,怀蜀客,被紫裘。十年墨泪题处,双塔白云留。欲唱大江东去,又恐铜琶拨断,风月不分忧。待把寒梅荐,长啸上西楼。

张祥龄《子苾词钞》存《水调歌头·寿苏次日瘦碧用东坡韵见示和之》和作一首,有云:"贤使君,招野客,解貂裘。"正解释了郑文焯为何不甚满意于后来的幕客生活,因为如过去那样的"贤使君"已不复有,丧失人文色彩的江南生活,只剩单纯幕主宾客关系,虽然自己仍受礼遇和尊重,但缺失了精神意趣,又有何可恋?

纵使诗文契交零落,郑氏在江南游幕的岁月中,同时依靠沉潜于书画之间的方寸天地中寻找神思的知音。他在很多书画题跋中曾反复致敬南宗山水画,正是他以文人身份感认江南情结的又一大体现。中国传统的山水画,在唐代分为南北两宗,南宗以王维为代表,风格飘洒,重渲染,画法比较精简;北宗则以李思训父子为代表,风格刚劲,重勾勒,偏重工笔细绘。而文人画大都为表现自己的超逸气质,故多属南宗一派。郑氏曾专论江南画师的南宗山水画,抒发他游心此间的情绪,乃因南画尤具有令人神荡情缥的洒然意境,故特能得其钟爱,此不赘述。

郑氏既久居江南，不但入乡随俗，时时在诗词中增添所谓"吴俗"的故实，也习惯了江南的吴地方言，一些词作还依吴方言押韵。如其与词社词友们的联句《喜迁莺慢·吴船秋话》用姜夔词原韵之作，下片郑氏写的一句为："那堪芰衣还做。只赠寻秋吟侣。"（姜词此二句为："列仙更教谁做。一院双成俦侣。"）"做"即是以吴方言押韵的，虽然是姜夔原词韵字，但郑氏能依样画葫芦，表明他浸淫吴方言之语境，久之亦成熟谙。后来他又在自己《冷红词》卷二的《声声慢》词下片"故技重施"，写出"欲起还眠，好梦也愁重做"的句子，再押吴方言的"做"字韵，且这次是脱离了矩范的自由发挥，更能凸显其自如。这种以吴方言入韵的创作情况，多出现在郑氏前期词集《冷红词》与参与词社的作品集《吴波鸥语》之中，彼时他寓居江南尚不久，一方面是通过这样填词，彰显自己已熟谙吴语，颇具语言天分，援此以增词中雅致情趣与典实；另一方面，也可说其乃是在极力寻求与"江南"之间的地域与身份认同，乃是一种潜在心理意识的表现。

郑氏在江南完全适应生活后，就不愿长期远离了。他自己后来还时常用上面所引赠易顺豫词中的"过江"一语，来形容和概括自己的江南生涯，表达出一种既安于现状又略感无奈的难状情态。譬如他的一些词句云"过江如梦，清歌催老"（《瑞龙吟·春怨用清真体》），"十年空负过江名，一官直抵飞花溷"（《踏莎行》），等等。而《大鹤山人手写诗稿小册》（上海震亚书局民国十年石印本）中所载的他的一首赠诸宗元诗，更是清楚明白地对自己三十年的旅幕江南生涯做了总结：

> 千秋露迹一诗传，游客能诗不羡仙。
> 枫渚斜阳空旧泊，草堂人日有新篇。
> 过江风味知鱼美，闭户春愁对鹤眠。
> 长愧清时成懒病，多君高咏拟斜川。
>
> （《和贞壮人游寒山寺》其一）

过江名士如郑氏，啖鱼美之风味，枕鹤眠之春愁，竟已至"长愧清时成懒病"的疏颓境地了。正如其《梦江南·戏柬笃闇见饷梁溪佳果》词中所谓"风味足江南"，不知这自1880年之后，持续了其半生的江南幕旅生活状况与情思，对他来说，是不是真的乃其宿命。

不过，在季世文人，天涯流落本属寻常，正如孙雄在《高密郑叔问先生别传》慨叹他与郑文焯的生平交集和缘分时所说："余以南人而久羁燕赵，君以北人而久客句吴，……并信乎友朋离合、聚散之缘，亦有数焉。……怅触前尘，感怆身世，不觉百端之交集矣。"郑氏之半生幕旅与江南情结，此殆可为不易之论欤？

后记

这本书主要是多名从事古典文学专业的学者,从不同的文学现象与历史面向,探论江南文化的丰富内涵与重要特征,向学界与社会目前仍然关注的江南论述,提供参考。关于江南文化的基本特色与精神内核,尽管已经有熊月之、唐力行等不少学者发表过精到准确的提炼概括,此处不能一一赘述,但我还是认为,我在《江南文化诗学》一书中所论及"江南文化的四项特质":刚健、深厚、温馨、灵秀,最为简明易记,同也因其文学色彩而具有普及性。因而,当责任编辑石佳彦女士鉴于此书兼顾学术与可读性、普及性,试图于目前同类出版物中突围而出,建议书名为《江南大义》,并以上述四项特征为四个栏目来编排内容,我也理解,并以此强化"四特质"说。当然,"江南大义"绝非仅此而已。在本书中,为了保持文章和主题的完整性，我只着重提到了"四特质"说，为了补充本书未尽之意，我在这篇后记中试作"江南大义"的关键词若干，简述如次：

第一，江南认同。

江南文化内涵，一方面是特定地域历史发展的相对多元一体的结果，另一方面也是社会心理认同的长期积淀建构。从良渚稻作文明、吴越金戈铁马、东晋衣冠南渡、南朝文采风流、唐人耕读传家、宋元诗画天地、明清城市繁荣与人文渊薮，到近现代的海纳百川开放进取，江南是中华南北文化千年交融的瓜熟蒂落，是华夏传统与西方现代精神结合的文明结晶，是天时地利人和的大地精灵，是蕴蓄着巨大能量迈向新世纪的中国方程式。今天，江南文化研究涉及的区域，几乎已经完全可以用"长江中下游""长三角"来代替了，但是，毕竟有一点是不可代替的，那就是历史与文学上曾经那么广泛存在的对"江南"的认同与传播。我们不能发现那么悠久、那么丰富的东南认同或吴越认同（吴越本身常常是互不承认的）或长三角认同。换言之，只有"江南"才能"认同"，才有那么多的知识传统、特定论述、记忆与隐喻，以及地方感的一致性，由此而确立、由此而聚集，历史上中国人对江南的赞许与向往、憧憬与记忆、肯定性的描述与评价，以及这些评论与赞许在历史上形成的话题、经典与知识传统，以及这些传统所蕴藏的社会身份感、文化意义感，其至连接着更大共同体的中国文化价值的思想含义，对于什么样的生活更好、更值得追求的主张。其中包括：文教与文明的认同、进步与开放的认同、社会和谐的认同、自由精神的认同、环境的认同、审美的认同等；因而，以"江南认同"为中心的研究，即将江南认同作为中国文化精神的一个重要部分，即某一种特殊的思想传统，某一种社会历史文化心理的研究，关涉到中国自身的历史社会生命脉络，内发的现代精神，特殊的普世价值，以及扎根于本乡本土的文化自觉。

江南文化是一个具有实践品格的学理概念，同时又是富含学术积淀的当代论述。长三角是一个经济行政概念，而它的文化根脉与精神家园，正是江南文化。只有江南文化，才是长三角的文化认同，有根就有共同的土壤与水源，有共同的精神纽带，而且会不断加强加深加厚。长三角是互补的，既有中国最富庶的地区，最有活力的经济外贸科技与人才集聚之区，又有最具有开放性与国际性的城市，可以说是强强结合。有了顶层设计的长三角一体化，就是有了身体；有了江南文化的自觉，就是有了灵魂。打个比方，犹如一张弓，弓力更大、拉开更有力，内部含蓄更深厚的力量，一定会有远大的发射。

第二，四大特质。

刚健、深厚、温馨、灵秀。每一项都有现代创新转化的重要含义。

刚健，就是生生不已的活力与不屈不挠的生命。在现代，即勇于创新，长于创新，不断创造，追求卓越，新新不已。

深厚，就是传承、吸纳、包容、开放、笃实。最后一项现代内涵即"务实"，脚踏实地的精神，注重现实的态度。

温馨，就是仁爱、人道、善良、悦纳、秩序。

灵秀，就是重才、讲理、崇智、求精、爱美。

江南文化是古今贯通而面向未来的概念，也是不断重新发现的文化，它不同于一般的地域文化，而是越来越有生命力的华夏先进文化的代表，是古典中国与现代中国的结晶体，表现为长三角持续发展的新态势新契机。开放进取与深厚包容、融合古今与走向世界、和平理性与精致尚美，以及秩序与自由的平衡，是其核心价值。

刚健、深厚、温馨、灵秀这四大特质，又是有机结合在一起的。有的地域文化，刚健而不够温馨；有的地域文化，深厚而缺乏灵秀，只有江南，把这些特质很好地融合起来了。从地到人，既有优美的水乡特色，又有充分的海洋性格。

我把江南简单概括为一张牌、一座桥、一条血脉。

什么叫一张牌？我们今天重新发现江南，把这张牌抓到手上，这是非常好的牌，这张牌里面有大王、小鬼，还有"炸弹"，所有好东西都抓到手上了，中国最好的艺术家、思想家、诗人都在这张牌里面。虽然如此，然而它又是温柔的，低调的，内敛的。

什么叫一座桥？我们可以透过江南的文化，连通古典的中国和现代的中国，连接通俗文化的中国与精英文化的中国，连通城市的文明和乡村的文明。可以通过江南文化，走过去看古典文化的风景，走过来看现代文明的风景。如果没有江南，如果这座桥断了，就会产生很深的鸿沟，不能走到古代，不能理解我们自己的传统。

什么是一条血脉？就是说，这是我们父辈的文化，不在我们生命之外，不是生活在别处，所以经脉相通，血气相连。

第三，两大转型。

东汉与东晋，是江南有关华夏整体历史的两大转型。

中国历史，以东汉为界，从崇尚武力讨伐、你死我活的"东西对峙"，翻转过来，转型而为崇尚文明建设和平发展的"南北之异"，这是改写中国历史的大转变。江南文化当然有良渚的源头，然而这只是一源。东晋衣冠南渡及其魏晋南北朝的发展，表明中国文化中心的大迁移。江南的水暖风轻、可居可游、文明与温和的性情，与中原的崇德尚仁、礼乐文明与士大夫文化，发生了极为亲和的交融，形成与一般地域文化不同的江南文化。因而我强调江南文化之二源，强调中原与江南的交互性而非对立性。

第四，五波一线。

这是江南有关华夏整体史的线索。中国历史通过五波近代化进程实现，可以称为"江南时间"，即以金陵、扬州、杭州、苏州、上海五个地点为标志。18世纪产生了江南经济奇迹，是古代中国文化的高峰，也呈现出中国早期的现代性，江南文化至今仍最有活力的文化。从战争走向和平，从乡村走向城市，从破坏走向建设，从政治优先走向经济优先，这是江南时间纵贯的一条线索。

第五，东亚影响。

江南的东亚影响，以东南亚的江南文化传播为史实，马可·波罗为代表的欧洲旅行家与传教士、日本史家、旅行家与商人的集体记忆为典型。

第六，艺术两大系统。

汉唐系统与宋元系统，这两个系统有较大的风格差异与文本变化。几千年的中国艺术史，前一个系统主要以中原、敦煌为中心，后一个系统主要以江南为中心，产生了无数经典艺术家与艺术经典。

第七，美美与共的诗意之乡。

江南的地理位置非常独特，具备了山林、江河、湖、塘、海等极为丰富的环境因素。

正如研究表明，江南意象中的茶、荷花、杏花、梅花以及古寺、烟月、钟声，都不一定是江南特有的东西，但江南之所以成为江南，正是有一个奇妙的人文机制，一旦与江南相联系，一旦在江南，一旦江南的诗人或画家将这些东西唱出来画出来了，这些美好的东西就会好上加好，也就是说自古以来，江南就是一个生产"美"、释放"美"、传播"美"、放大"美"的地方，"江南"本身，也被放大、被生产出来，成为一个美美与共的中国意象。

这些都需要更多更大的篇幅，更多更广的专业领域学者，一起来加以论述。

二〇二三年十一月十九日于丽娃河畔

图书在版编目(CIP)数据

江南大义/胡晓明主编. —上海:学林出版社,
2023
ISBN 978-7-5486-1981-9

Ⅰ.①江… Ⅱ.①胡… Ⅲ.①文化史-研究-华东地区 Ⅳ.①K295

中国国家版本馆CIP数据核字(2023)第225684号

责任编辑 石佳彦
装帧设计 海未来

江南大义
胡晓明 主编

出 版	学林出版社
	(201101 上海市闵行区号景路159弄C座)
发 行	上海人民出版社发行中心
	(201101 上海市闵行区号景路159弄C座)
印 刷	上海雅昌艺术印刷有限公司
开 本	890×1240 1/32
印 张	11.25
插 页	8
字 数	23万
版 次	2024年3月第1版
印 次	2024年3月第1次印刷
ISBN 978-7-5486-1981-9/G·760	
定 价	68.00元

(如发生印刷、装订质量问题,读者可向工厂调换)